英雄

曹智 —— 主编

上海社会科学院出版社

图书在版编目(CIP)数据

英雄 / 曹智主编. --- 上海：上海社会科学院出版社，2017
 ISBN 978-7-5520-2164-6

Ⅰ.①英… Ⅱ.①曹… Ⅲ.①英雄—生平事迹—世界 Ⅳ.①K811

中国版本图书馆 CIP 数据核字(2017)第 262327 号

英雄

主　　编：曹　智
责任编辑：徐忠良　冯亚男
封面设计：黄婧昉
出版发行：上海社会科学院出版社
　　　　　上海市黄浦区顺昌路 622 号　邮编 200025
　　　　　电话总机 021-63315900　销售热线 021-53063735
　　　　　http://www.sassp.org.cn　E-mail：sassp@sass.org.cn
照　　排：南京前锦排版服务有限公司
印　　刷：上海景条印刷有限公司
开　　本：720×1010 毫米　1/16 开
印　　张：19.25
字　　数：319 千字
版　　次：2017 年 11 月第 1 版　2017 年 11 月第 1 次印刷

ISBN 978-7-5520-2164-6/K·421　　定价：68.00 元

版权所有　翻印必究

主　　编　曹　智
副主编　李宣良
编　　委　王经国　王玉山　梅常伟
　　　　　　黄　明　于晓泉　徐　毅
　　　　　　李　刚　刘　芳

Contents >>> **目　录**

代序：胸中有激情　落笔写华章　曹　智 / 1

陈树湘：湘江英魂，永不迟到的祭奠　樊永强 / 001
钱壮飞：我军谍报史上的红色传奇
　　王经国　王天德　秦富梁　蔡琳琳 / 011
大渡河连：勇士自有后来人　王玉山　周汉青 / 019
刘志丹：民族英雄，群众领袖　樊永强 / 027
雪泥鸿爪忆"一曼"　陈　曦　曾　涛 / 035
"靖宇"有传人
　　——寻找抗日英雄杨靖宇将军的印记
　　　　曾　涛　陈　曦 / 042
狼牙山　英雄魂　梅常伟　韩松豫 / 050
深情一曲赤子歌
　　——左权将军和他的 13 封家书　梅常伟　王楠楠 / 058
看血性怎么保鲜
　　——走进新时期的"刘老庄连"　李宣良　梅世雄 / 064

为了永不忘却的纪念
　　——农民摄影家赵文岭和回民支队的故事
　　　　梅常伟　王　瑶 / 073

张思德：为人民服务的光辉典范　樊永强 / 080

共产党人好榜样
　　——追记彭雪枫将军　张选杰　李兵峰 / 089

董存瑞部队：赓续血脉做传人
　　王天德　王经国　秦富梁　蔡琳琳 / 098

那座"塔山"　曾　涛　陈　曦 / 108

冲锋，踏着老连长的足迹
　　——走进新时期的"杨根思连"　梅世雄 / 117

邱少云：纪律重于生命，英雄从未走远
　　樊永强　唐　磊 / 127

永不褪色的热血传奇
　　——走进黄继光生前所在部队　吴　琪　张汨汨 / 136

雷锋，从未离开　王天德　王经国　秦富梁　蔡琳琳 / 144

从霓虹哨兵到特战新秀
　　——走进转型中的"南京路上好八连"
　　　　李大伟　黄　明　梅常伟 / 153

"举长矢兮射天狼"
　　——空军战斗英雄、地空导弹兵第二营首任营长岳振华
　　　　张汨汨　张　雷　冯　伟 / 162

解读英雄连队的英雄密码
　　——走进第72集团军合成某旅"硬骨头六连"
　　　　王玉山　李　勇　吴持巍 / 171

英雄王杰：人世间一束永不褪色的精神光芒
　　王玉山　戴　强　李怀坤 / 179

战斗，永不停歇
　　——记一级"战斗英雄"史光柱　梅常伟　韩松豫 / 187
并蒂莲花
　　——将军农民甘祖昌和夫人龚全珍的故事
　　　　曾　涛　陈　曦 / 195
英雄苏宁：热血化干城
　　王经国　王天德　秦富梁　蔡琳琳 / 205
英雄徐洪刚的多彩人生　李宣良　梅世雄 / 214
方红霄：一颗感恩心　满腔英雄气　王玉山　陈海龙 / 224
十九载，抗洪英模永在　曾　涛　陈　曦 / 232
航天英雄杨利伟　李国利　陈　曦 / 241
导弹司令
　　——追记"忠诚履行使命的模范指挥员"杨业功
　　　　张选杰　李兵峰　王　瑶 / 255
坚定前行　唯有信仰
　　——独臂将军丁晓兵的"广西时间"
　　　　王玉山　李国闯 / 264
奋飞！沿着"734"的航线　刘永华　韩松豫　王德思 / 273
听，渤海湾有风吹过来
　　——追记海军某舰载航空兵部队一级飞行员张超
　　　　梅常伟　王　瑶 / 281

后记　李宣良 / 289
出版后记 / 297

代序：胸中有激情　落笔写华章

曹　智

天地英雄气，千秋尚凛然。

在中华民族代代相传的精神血脉中，始终激荡着一股撼人心魄的英雄气。那澎湃在天地间的英雄气，是中华民族五千年生生不息、薪火相传的灵魂与支柱。"天地有正气，杂然赋流形。下则为河岳，上则为日星。"这正气，铺就了英雄气的巍巍底色。

英雄气激荡，国家有希望；英雄气飞扬，军队有力量。

脚踏着祖国的大地，背负着民族的希望。九十年来，在党的旗帜引领下，人民军队英雄辈出，群星灿烂。陈树湘、杨靖宇、赵一曼、张思德、董存瑞、邱少云、黄继光、雷锋、甘祖昌、苏宁、李向群、杨业功、张超……每一位英雄，都是永存的丰碑；每一个典范，都是闪耀的明星。他们的英雄气概和人格魅力，先锋事迹和榜样作用，历经风雨而不朽，饱经沧桑而弥新。沐浴在和平的阳光下，享受越来越好的生活，我们更加怀念"愿拼热血卫吾华"的烈士们，更加怀念"一不怕苦，二不怕死"的英雄们。是他们用鲜血和生命为共和国奠基，以奉献与牺牲为人民谋福祉，凭智慧和汗水创造了辉煌业绩。

"今天，中国正在发生日新月异的变化，我们比历史上任何时期都更加接近实现中华民族伟大复兴的目标。实现我们的目标，需要英雄，需要英雄精神。"新长征路上，让英雄气充盈神州大地，才能孕育出一个又一个英雄，才能续写一篇又一篇传奇。

英雄，永远是一支军队战无不胜、一个民族兴旺发达的重要基础。在人民军队迎来九十华诞之际，新华社解放军分社从我军各个历史时期涌现的著名英模中筛选出33位有代表性的英模人物和英模单位，抽取精干力量组成全媒体采访小分队赴英模所在单位或曾经工作生活过的地方,对英模本人或其亲属、战友进行深入采访,以富有新闻性、时代性和人性化、人情味的表达,挖掘老英雄的新故事,讲述老故事的新意义,以期揭示优良传统、红色基因的当代价值,大力弘扬崇尚英雄的强大正能量。

历时3个多月的采访过程中,记者们上高山、下海岛,走边关、寻闹市,一路采访,一路感动。许多记者对我讲,这不仅是一次宝贵的采访经历,更是一次难得的学习机会。通过采访,大家对人民军队有了更深的了解,对新时代中国军人有了更深的理解,对军事新闻工作者所肩负的职责使命有了更深的感受。

胸中有激情,落笔写华章。在英雄精神的激励下,他们采写了33篇有温度、有锐度、有品质的优秀作品,经新华社通稿和报纸、新媒体刊发后,引起强烈反响和共鸣,得到各级领导的高度赞扬和业界人士的广泛好评。现将这33篇文章,加上新华社记者拍摄和英雄生前所在部队及亲友提供的珍贵图片,交由上海社会科学院出版社公开出版,以期进一步弘扬英雄光辉事迹,赓续英雄血脉荣光。

时代需要英雄,事业呼唤英雄。置身于我们这样一个波澜壮阔、风起云涌的伟大时代,对于肩负着记录、观察与瞭望等特殊使命的新闻工作者而言,可谓生逢其时、躬逢其盛。弘扬英雄不屈不挠的伟大精神,让英雄成为人们心中永不熄灭的灯塔,是我们义不容辞的职责。

"盖有非常之功,必待非常之人。"实现中国梦、强军梦是一项无上光荣的伟大事业,需要许许多多"非常之人"为其奉献青春、奉献才华。我们缅怀英雄,就是要发扬其精神,继承其遗志,以改革发展的更大成就缅怀先烈、告慰英雄,创造属于我们这一代的新辉煌!

今天,让我们共同向英雄致敬!

(作者为新华社解放军分社分党组书记、社长)

陈树湘：湘江英魂，永不迟到的祭奠

樊永强

【人物小传】陈树湘，1905年1月生，湖南省长沙县人。在毛泽东、何叔衡等的影响下，投身革命。1927年参加北伐军叶挺部，历任班长、警卫团排长，同年9月随部参加毛泽东领导的湘赣边界秋收起义，不久加入中国共产党。在创建井冈山革命根据地和中央苏区的斗争中，他身经百战，屡建战功，逐步成长为红军的一位优秀指挥员。1934年10月，中央红军开始长征。陈树湘率领红34师担负全军后卫，掩护红军主力和中共中央、中革军委机关，同敌人追兵频繁作战。在惨烈的湘江之战中，他率领全师与十几倍于自己的敌人殊死激战四天五夜，后陷入敌人重重包围。他在率部突围时腹部中弹，身负重伤，最后弹尽粮绝，不幸被俘。1934年12月9日，在被押送途中，陈树湘趁敌不备，忍着剧痛，从伤口处掏出肠子，用力绞断，壮烈牺牲，年仅29岁，实现了他"为苏维埃新中国流尽最后一滴血"的誓言。

韩京京的追寻之路是从父亲去世那一天开始的。

韩京京的父亲、开国中将韩伟是湖北黄陂人。1992年，86岁的将军弥留之际，却对儿子说出了要"魂归闽西"的夙愿：

"湘江战役，我带出来的闽西子弟都牺牲了，我对不住他们和他们的亲人……我活着不能和他们在一起，死了也要和他们一起回到家乡。这样我的心才能安宁。"

遵照父亲的遗嘱，韩京京将骨灰送回到他带领

红5军团第34师师长陈树湘

闽西子弟开始长征的出发地——福建龙岩。

安放骨灰那天,四月的闽西细雨濛濛。当韩京京来到闽西革命公墓,眼前的场景让他瞬时泪奔:上百位白发苍苍的老人早早聚集在骨灰堂外的台阶上,来给"扩红团长"送行,说当年"韩团长"带出去的几千闽西子弟兵都牺牲了,如今他以自己的骨灰来告慰他那些战友的父老乡亲啦,我们来看看他,也给他送送行……

蓦然间,韩京京想起十多年前有一次陪父亲去看望民政部长程子华伯伯。民政部一位主管优抚工作的司长也如约来到,谈话开门见山:"韩老,您要求给红34师6000官兵追认烈士,可是按规定……"爸爸拍着桌子站了起来:"34师只剩了我一个团以上干部,我上哪儿去找证明人?!"

是啊,红34师那6000闽西子弟兵最后都到了哪里?带领他们浴血奋战的师长又在哪里?

20多年来,韩京京追寻着父亲和父亲战友们当年的足迹,从文家市到三湾,从井冈山到龙岩,最后来到了湘江之畔。

在这片曾经发生过惨烈大战的悲壮之地,韩京京寻找烈士遗骸,立起英雄墓碑,一步步弥补着困扰父亲一生的遗憾,也一点点走近了"义父"陈树湘的英雄世界——尽管他们从未谋面。

这是一场跨越八十年的追寻,这是一场永不迟到的祭奠。

血战湘江之侧,"为苏维埃新中国流尽最后一滴血"

在韩京京的记忆中,从出生起,他从未听父亲提起过湘江战役。直到1986年韩伟将军80岁时,中国人民解放军要编写《红军长征回忆史料》,有关同志找到他,让他回忆红34师浴血奋战的历史,韩京京才从父亲那里听到这场惊天动地的鏖战。

尘封了半个世纪的历史被重新打开无疑是非常痛苦的。

半年后,这篇回忆文章写成了。"父亲显然是把这段历史完好地保存在内心深处,每一个细节都记得非常清楚。"韩京京说,"其间,他经历了怎样的痛苦,怎样的纠结,我并不知道……"

在韩伟将军一气呵成写就的回忆录《红34师浴血奋战湘江之侧》中这样记述:"弹药打光了,红军指战员就用刺刀、枪托与冲上来的敌人拼杀,直杀得敌人尸横遍野。我团1营有位福建籍连长,在战斗中身负重伤,肠子被敌人炮弹炸出

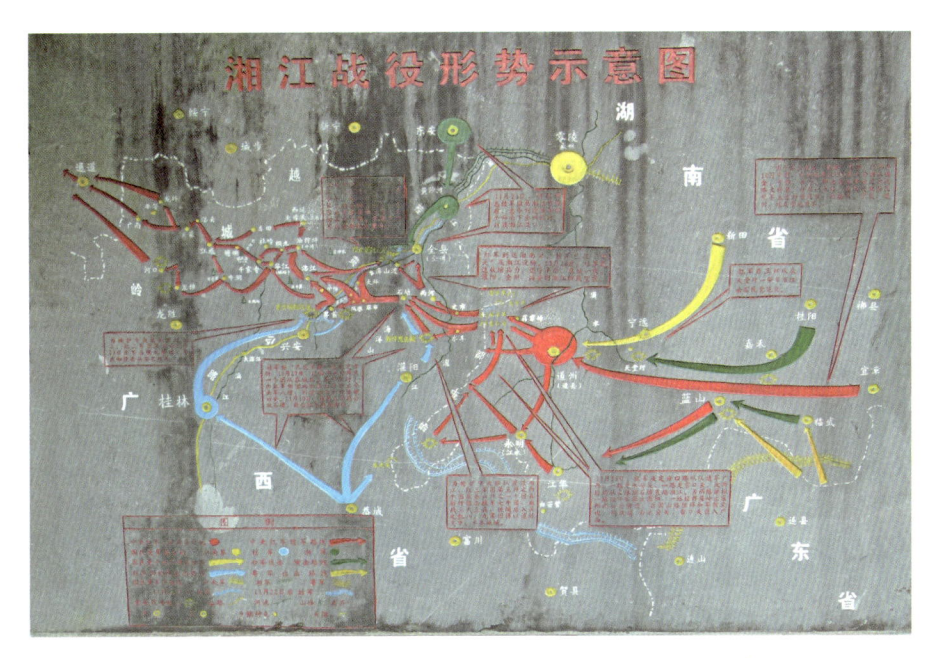

广西兴安县红军长征突破湘江烈士纪念碑园内的湘江战役示意图

来了,仍带领全连战斗。阵地上空铁火横飞,山上的松树烧得只剩下枝杆,但同志们仍英勇坚守阵地,顽强战斗。"

湘江战役是关系中央红军生死存亡的一战。1934年11月27日至12月1日,中央红军在湘江上游广西境内的兴安县、全州县、灌阳县,与国民党军苦战五昼夜,最终从全州、兴安之间强渡湘江,突破了国民党军的第四道封锁线,粉碎了蒋介石围歼中央红军于湘江以东的企图。为此,付出了极为惨重的代价——中央红军由长征出发时的8.6万人锐减至3万人。

最惨烈的战斗发生在担负全军总后卫的红34师的阵地上。最终,红34师在师长陈树湘的率领下,以全师6000名官兵的英勇牺牲完成了阻击敌人、保护党中央渡过湘江的重任。据说,因为湘江被红军战士的鲜血染红,当地老百姓从此有了"三年不饮湘江水,十年不食湘江鱼"的传闻。

"父亲生前很少讲自己的赫赫战功,而总说自己是一名幸存者。"韩京京说,父亲一生身经百战,但最为惦记、无法忘怀的还是湘江边上的那场战役。也正是从父亲的回忆文章中,韩京京才第一次了解到湘江之战的壮烈与震撼。

1992年韩伟将军去世。在翻阅父亲留下的战争年代的资料时,韩京京看到最多的名字是陈树湘,而父亲和陈树湘伯伯之间的生死约定也慢慢被韩京京所

了解。

从参加秋收起义开始,韩伟和陈树湘就一直在毛泽东的领导下并肩战斗,从井冈山到闽西,从普通战士到红军指挥员,两人在血与火的考验中结下了深厚情谊。湘江战役时,陈树湘担任红34师师长,韩伟担任下属的红100团团长。

韩京京说,他们在掩护中央红军渡过湘江、准备分头突围时曾留下最后的生死约定:"万一突围不成,誓为苏维埃新中国流尽最后一滴血。"随后便与敌人展开了新一轮血战。

最后,当时只有29岁的陈树湘伤重被俘。

"陈树湘大爹爹硬是从伤口处把自己的肠子掏出来绞断,也不让敌人的阴谋得逞。而我父亲打完最后一颗子弹,也从宝界岭的大山上跳了下去。"韩京京谈到这里几度哽咽。万幸的是,韩伟跳下悬崖后挂在了树丛上,被当地百姓发现,隐藏在地窖数天后,得以获救。韩伟也成为红34师唯一存活的团以上领导干部。

中华人民共和国成立后,韩伟历任军事师范学校校长、华北军区副参谋长、北京军区副司令员兼参谋长等职,1955年被授予中将军衔。无论职务和地位多么显赫,闽西和湘江都是将军一生的伤痛。

在闽西革命公墓内安放着的20位将军中,韩伟是唯一一位非福建籍的将军。

"生不能相伴,死却要相守。"韩京京说,"父亲是以这样的方式,守着那片家园,守着那片用万千闽西子弟的生命换来的幸福家园。"

牺牲79年后,终于找到了英雄失去头颅的遗骸

2009年,韩京京遵照父亲遗愿在湘江之畔为牺牲的红34师6000将士立了一块"无字碑"。碑面上,韩京京几经斟酌,始终找不到适当的言词来祭奠他们,最后只好在基座上刻下了:

"你们的姓名无人知晓　你们的功勋永世长存!"

2013年,湘江战役79年后的端午节,韩京京终于找到了陈树湘师长失去了头颅的遗骸。

当年陈树湘绞断肠子壮烈牺牲后,敌人不甘心,又残忍地砍下了他的头颅送往长沙领赏。他怒瞪双眼的头颅被悬于长沙城小吴门外,俯视着从小生活过的

广西兴安县红军长征突破湘江烈士纪念碑园

清水塘。

在那里,他在毛泽东的教诲下加入了中国社会主义青年团,加入了中国共产党;在那里,他为"苏维埃新中国流尽了最后一滴血"。

这位顶天立地的英雄师长,用这样壮烈的方式回到了故乡。

陈树湘烈士的无头遗骸与一同牺牲的警卫员,被当地百姓趁黑夜埋在了潇水堤岸的斜坡上。

2013年,韩京京几经周折找到了这里,经过详细走访调查最终核实了烈士的身份。

肃立在陈树湘的石碑前,韩京京和爱人张微微的泪水止不住淌了下来……他们摆上两盆鲜花,从北京带来的红星二锅头,从闽西带来的点心,一声"大爹爹,我们来看您了……"叫人撕心裂肺!

"陈师长没有后人,连外甥、侄子也没有。更让人心酸的是,他留下的唯一一张画像还是根据我父亲的口述画下来的……"讲到这里,韩京京早已泣不成声:"就让我们来当陈伯伯的儿女吧!"

陈树湘年长韩伟一岁,他们相识于1927年毛泽东领导的秋收起义部队中。当时两人同在国民革命军第二方面军总指挥部警卫团第3营第9连担任排长,陈树湘是二排长,韩伟是一排长,参加了三湾改编和井冈山斗争。1929年他们又随毛泽东、朱德、陈毅率领的红4军进军赣南闽西,并先后担负过毛泽东、朱

德、陈毅等前委领导的警卫工作,此后又长期在闽西并肩战斗,相互配合,相互支援,结下了深厚的战斗友谊。

1932年,陈树湘(独立第7师)、韩伟(独立第8师)同在闽西军区担任师长,1933年3月韩伟(红55师)、陈树湘(红56师)同在红19军担任师长。1933年6月红19军缩编时,韩伟(100团)、陈树湘(101团)又同在红34师担任团长。长征开始前,红34师师长彭绍辉调任,上级询问由谁来接任师长一职时,二人还曾互相推让。

在湘江战役中,他们生死与共,在共同完成了掩护党中央、中革军委和主力红军抢渡湘江的任务后,又把生的希望让给战友,把死的危险留给自己。

在红34师(尚有五六百人)冲出敌人合围向湘南转移的危险关头,陈树湘命令韩伟率师主力继续突围,自己率101团余部百余人做最后的掩护。韩伟第一次拒绝了师长的命令。他说:"你是师长,只要你还在,这个师就在,我带100团(尚余150余人)掩护,你率领师主力赶快突围。"

两位从秋收起义就在一起的战友就这样诀别了。

军旅画家张庆涛根据陈树湘与韩伟在湘江战役中的生死情义创作的油画《战友》

2014年,陈树湘牺牲80周年纪念日时,韩京京请著名军旅雕塑家刘林为陈树湘塑了像。三尊标准像,一尊被他的故乡长沙博物馆收藏,回到了他童年和青少年时代生活、战斗的地方；另一尊赠给了他早年带过的红4军特务大队——如今的某部红3连。这个英雄连队曾走出了罗荣桓、张宗逊、谭希林等一批开国将帅，连队官兵把陈树湘当成了自己的亲人，每年新兵入伍都会在他的塑像前宣誓！

"还有一尊安放在我们家中，与我父亲的塑像肩并肩，就像他们当年一起战斗的岁月那样。"韩京京说。

湖南道县潇水畔红34师师长陈树湘石像

没有句号的追寻，永不过时的祭奠

让韩伟将军魂牵梦萦的闽西大地，为中国革命付出了巨大牺牲。

对于"巨大牺牲"的概念，自父亲去世后几乎每年都回一趟闽西的韩京京有着深刻体会。

"闽西这片红土地曾走出了十万红军，活到新中国诞生的老红军却不足千

人,'十之九九'都为新中国捐躯了,在册的烈士不足两万。"韩京京说,据不完全统计,有两万多闽西家庭绝了后。

中国工农红军第5军团第34师,是一支基本上由闽西(龙岩市、三明市)子弟组成的英雄部队,全师辖100、101、102共3个团,近6000人。

在闽西上杭才溪乡纪念馆中,陈列着毛泽东的《才溪乡调查》一文。才溪是将军乡,当年"扩红",数千青、少、壮年男子参加了红军,但也仅仅是活下来了刘忠将军等总共不足50人。

解放后,很少为纪念馆题词的毛泽东,专门为才溪乡亲书写了"光荣亭"。纪念馆中还陈列着当年红34师100团团长韩伟、政委罗震霆写给地方政府的扩红介绍信原件。

父亲魂归闽西,韩京京的心也留在了这片走出十万红军但"十之九九"都为新中国捐躯的热土上。

退休以后,他更是把全部精力都放在了父亲生前没有完成的心愿上:寻找红34师6000烈士的名字和他们的家人,以另一种方式向先烈致敬!

这注定是一场永远没有终点的追寻。

2009年韩京京会同福建龙岩市、三明市政府开始了一项漫长的工程:认真查访闽西每一处村落,寻找在湘江战役中牺牲的红军将士的姓名。

最终,他们寻找到了1000多个红军烈士的名字,刻在花岗岩石板上,连同无字碑一起矗立在湘江之滨。

赖老石头、马二二、陈三哩子、吕太阳妹、李矮六、戴七子、李四古佬……这一个个在今天看来多半都不能算作名字的烈士英名,接受着后人的景仰和祭奠。

可以想象,当年这些红军战士的父母,可能连给他们取名的能力都没有。而正是这些生在旧时代、出身贫寒的鲜活生命,在"人民当家作主"的理想指引下,赴汤蹈火、奋不顾身,以自己的无畏牺牲推动着历史的车轮滚滚向前!

"他们才是真正的英雄。"韩京京说,像陈树湘和闽西6000将士一样,革命历史上的无数英雄"十之九九"都没有活到胜利的那一天,没有赶上评功、授勋、授衔,没有来得及让别人树碑立传,也没有机会返回故乡光宗耀祖,"作为后人,我们的职责就是不能遗忘。"

查找烈士姓名,是件耗费大量人力财力,却产生不了任何经济效益的事情,但韩京京却说还要坚持不懈做下去。

他说:"我们就是要向世人阐明这样一个道理:凡是对这个国家做出过牺牲

的人,哪怕过去了 70 年,甚至 100 年,哪怕你只是一个小山村的贫农之子,也一样将被历史记住!一个尊重英雄、牢记历史的民族,必是伟大的民族!"

金一南将军说过:"真正的英雄具有那种深刻的悲壮意味:播种,但不参加收获。"

血洒湘江的 6000 闽西子弟兵,家乡的父老乡亲从来都没有忘记。一次次树碑、修墓、凭吊、致祭——千里之外的湘江,成为镌刻在闽西人民心中永远的记忆、深刻的伤痛和永恒的丰碑。

2016 年,首部反映闽西 6000 将士在陈树湘师长带领下浴血奋战最后几乎全部壮烈牺牲的革命史诗大剧《绝命后卫师》在央视播出,好评如潮。

英雄归来、悲壮重现的这一刻,让很多很多人等了很久很久。开机仪式上,韩京京噙泪长叹:"我们终于等来了这一天!父辈叔叔伯伯们在九泉之下可以欣慰安息了!"

中共福建省委一位领导同志总结的一句话给韩京京留下了深刻印象,他说:"《绝命后卫师》证明了中国人民是用生命和鲜血,来投中国共产党的赞成票的。"

20 多年来,韩京京将自己和爱人的绝大多数收入都投到重走父辈长征路的事业上,他们照顾在世老红军,资助老区贫困学生,先后为陈树湘烈士和红 34 师 6000 子弟立碑、塑像、正名。

韩京京(中)在广西灌阳县水车乡修睦村红 34 师烈士墓前为前来扫墓的群众讲解红军官兵浴血奋战的经过

"纪念和祭奠没有终点。"韩京京动情地说,"陈树湘大爹爹英灵九泉之下应安息了吧？6000没有子嗣的红军将士应安息了吧？我想我就是你们的儿子、你们的后代,我还要把你们的信仰,把你们'为苏维埃流尽最后一滴血'的精神一代一代地传下去！"

钱壮飞：我军谍报史上的红色传奇

王经国　王天德　秦富梁　蔡琳琳

【人物小传】钱壮飞，浙江省湖州市人。1929年底打入国民党中央组织部党务调查科，任调查科主任徐恩曾的机要秘书。1931年4月25日，钱壮飞及时将顾顺章叛变的绝密消息报告给党中央，为保卫中共中央机关的安全做出了重大贡献。

随后，钱壮飞进入中央苏区，历任中央革命军事委员会政治保卫局局长、红一方面军政治保卫局局长、中央革命军事委员会第二局局长等。1934年10月参加长征，遵义会议后被任命为红军总政治部副秘书长。1935年4月牺牲于贵州金沙县后山乡。

钱壮飞

今年72岁的钱泓，已经退休12年了，可每天依然很忙碌：接受采访、到各地讲课、参加书稿撰写审校、查找资料、出席纪念馆开幕式……忙得不亦乐乎。

"这两年，我光是到社区、学校、国家部委讲课就60多次。"虽然年纪大了，但钱泓很喜欢这样的生活节奏，"我就是希望更多的人能知道他，了解他对共产党的忠诚和坚定。"

钱泓所说的"他"，就是他的爷爷，我党、我军历史上极具传奇色彩的人物——钱壮飞。

钱壮飞，我党早期在隐蔽战线斗争的杰出代表。他曾打入敌人特务机关的

核心，在上海的党中央机关面临巨大危险时，他和战友冒死送情报，及时保卫了上海党中央机关和包括周恩来在内的多名党的领导人的安全。周恩来曾多次提到："如果没有钱壮飞，我们这些人早就不在了。"

深入龙潭虎穴，钉入敌人"心脏"

钱泓没有见过钱壮飞，爷爷牺牲时，他还没有出生。小时候的钱泓就记得家里摆放着一张爷爷的相片，瘦削的脸庞戴着一副眼镜。"印象最深的就是，每逢过年时，饭桌旁肯定会留着一个位置，桌上摆着一副碗筷。"钱泓说，大家都知道，那个位置是给谁留的，谁也不会去动，就连平日里淘气的他们也变得十分规矩。

随着自己的成长，钱泓不断接触到有关爷爷的信息，特别是退休后，他把精力几乎全放在对爷爷的研究上。没事的时候，钱泓喜欢回想爷爷的传奇经历，有时自己仿佛也置身在那个动荡的年代。

钱泓说，1927年大革命失败后，爷爷被迫携家人来到上海。"李大钊壮烈牺牲后，中共北方区委领导下的党组织遭到严重破坏。爷爷的身份也暴露了，不得不走。"

在上海，为了生计，钱壮飞不停地去找工作。一次，他在报上看到了上海无线电管理处的招考广告，就去参加考试，结果以优异的成绩被录取。

"这是改变爷爷一生的一次选择。"钱泓说，由于工作能力强，而且和徐恩曾是浙江湖州老乡，钱壮飞很快就进入无线电管理处主任徐恩曾的视线并得到他的赏识。

徐恩曾，国民党中统特务头子陈立夫的亲戚，又是陈果夫留美时的同学，因此在国民党内深受重视。

徐恩曾十分好色，经常到外面与情妇厮混。他让钱壮飞帮他找个安全的住所。钱壮飞爽快地将徐的情妇，安排在自己的夫人在上海的住所里。

工作上的得力助手、生活中的"贴心知己"，让徐恩曾对钱壮飞视为知己。

1929年冬，陈立夫委派徐恩曾到南京担任国民党中央党部调查科主任兼上海无线电管理局局长。徐恩曾遂让"心腹"钱壮飞担任机要秘书，并负责筹建事宜。

钱壮飞立即向党组织汇报了这一情况。周恩来十分重视。显然，在敌人的特务机关里安置我们的内线，对于在白色恐怖下更好地保存自己、打击敌人十分重要，作用不言自明。中央特科随即决定派李克农和胡底一起打入敌特机关。

经过钱壮飞安排,李克农和胡底先后进入国民党特务机关,李克农成为上海无线电管理局的特务股长,胡底当上了天津"长城通讯社"社长。钱壮飞自己则主持"长江通讯社"和驻南京的"正元实业社""民智通讯社"。

三人在国民党情报机关形成一个铁三角,相互配合,共同战斗。这就是周恩来称他们为情报界的"龙潭三杰"的由来。

一支利剑直插国民党敌特机关的"心脏"。

危急关头沉着果断,挽救了上海党中央机关

1931年4月24日,中央特科负责保卫工作的第三科科长顾顺章,在执行一次任务后,在汉口被叛徒尤崇新发现并秘密逮捕。

由于工作原因,顾顺章掌握着中央一切核心机密,熟知在上海所有领导人的化名及秘密住址,包括钱壮飞的情况。他的被捕,对党中央的威胁可想而知。

没想到,顾顺章被捕后很快就叛变。他自称有一个消灭共产党中央的大计划,但必须要向蒋介石当面报告。为了证明自己的价值,他供出了中共中央驻汉口的秘密交通机关、湘鄂西苏区、红二军团和鄂豫皖根据地驻汉口办事处。

不过,顾顺章并没有泄露钱壮飞是"中共卧底"这一惊天秘密。钱泓分析,这是因为顾顺章有他的"小算盘"。"他知道,如果说出去,抓他的人必然会抢先一步把钱壮飞抓去,使他失去向蒋介石邀功请赏的机会。"

国民党中央党部调查科派驻武汉特派员蔡孟坚一看抓住了一条大鱼,自然不肯将功劳留给别人。虽然顾顺章提到不要向南京发电报,但为了抢头功,他接连拍发了6封密电给徐恩曾。

4月25日,星期六。这一天,按照惯例,徐恩曾又去上海会情妇了。南京国民党特务机关的"大本营"里,钱壮飞一个人值班。晚上,他接连收到武汉方面发给徐恩曾的5封特急电报,每封电报上都写着"徐恩曾亲译"。

钱壮飞意识到,武汉方面出大事了。他立即着手破译电报,结果让他大为震惊。

电报上写着,黎明被捕,并已自首。如能迅速押解至南京,三天之内可以将中共中央机关全部肃清。电报还说已乘舰押解黎明去南京。

钱壮飞知道,黎明就是顾顺章,他更知道顾顺章被抓意味着什么:如果顾顺

章把一切和盘托出，几天后的大上海将是一片腥风血雨。更可怕的是，党中央对即将到来的灭顶之灾还一无所知。

危急时刻，钱壮飞沉着冷静，他先派我党地下交通员，也是他的女婿刘杞夫连夜赶往上海通知李克农。

因为不是接头日期，刘杞夫几番周折后找到李克农，李克农又想尽办法于27日早晨将情况报告了周恩来。周恩来迅速作出决断，紧急转移上海的党组织，并切断一切与顾顺章的联系。

由于电报上没提钱壮飞的事。钱壮飞决定暂时留下来。"爷爷还想着，如果没被发现，可以继续为党工作。"钱泓说。

当钱壮飞送走刘杞夫回到办公室后，机要员又送来第6封加急密电，上面写着：切勿让钧座以外人知道，否则将中国共产党上海地下机关一网打尽的计划会落空。

钱壮飞明白，自己的身份已经暴露，必须要离开了。

为了给党的转移争取尽可能长的时间，不引起敌人注意，钱壮飞决定将子女暂留南京。出于爱子之心，他在办公桌内给徐恩曾留了一封"告别信"，说明两人政见不同，不要殃及孩子，否则就将他的丑事都捅出来。

事后，钱壮飞的女儿、女婿都被抓捕，不过，徐恩曾担心短处被揭发，关押一段时间就又将他们释放。

钱壮飞离开南京时，儿子钱江刚12岁，对于与父亲的最后一面，钱江曾回忆："那一天的早晨，父亲两眼噙着泪珠，嘴角上挂着一丝微笑，轻轻抚摸着我的头发，问我：'你会做饭吗？'我当时说：'做饭？我不会，但是我会煮面条。'之后他就摸着我的头说你去上学吧……"

年幼的钱江那时没想到，这竟是与父亲最后的诀别！

"把自己亲生子女留给敌人，来换取时间，使党能安全撤离。下这样的决心，做父亲的该是多么痛苦。"钱江生前这样回忆说。

国民党本以为可以将共产党中央机关一网打尽，没想到却是竹篮打水一场空。28日当敌人实施大抓捕时，党中央机关驻地和领导人住处早已人去楼空。"但是转移走的时间并不很长，有的仅仅是刚转移几分钟敌人就到了。如果再晚一点，后果不堪设想！"钱泓说。

周恩来后来曾多次提到："如果没有钱壮飞，我们这些人早就不在了……"

多才多艺为苏区文化添风采，后人传承艺术再放光芒

在第 26 届中国电视金鹰奖颁奖晚会上，钱滔因拍摄《中国地》一举夺得最佳摄影奖。作为钱滔的哥哥，钱泓对此十分自豪："这些年来，他拍摄过许多名片，比如《老店》《大辫子的诱惑》《火烧阿房宫》《中国地》《赵氏孤儿》……""这些成就应该说也遗传了爷爷的艺术细胞。"

1934 年 8 月 1 日《红星报》第 56 期第 2 版刊登的钱壮飞创作的漫画《工农红军北上抗日》

在钱泓珍藏的相册中，有许多珍贵的资料照片。"这是爷爷亲自设计的红星勋章""这是他编写的话剧"……钱泓说，爷爷不仅是一位勇敢无畏的革命者，还是一位博学多才、精通医道、擅长书画的艺术家。

"爷爷在去上海前，他就和其他人创办过电影公司。"钱泓说，1925 年，钱壮飞与胡底一起参与了徐光华在北京创办的"光华影片公司"。"因为有了电影公司的身份，便于进行地下工作。"钱泓说。

在这期间，钱壮飞拍过一部电影《燕山侠隐》。影片中，钱壮飞和胡底以及女儿黎莉莉（也叫钱蓁蓁）担任主演，妻子张振华、儿子钱江、钱一平一家五口在其中分别饰演了不同角色。至今钱泓还保存了一张这部电影海报的照片。"这可能是中国现存的最早的一张电影海报了。"钱泓说，经他研究，这张海报应该是爷爷钱壮飞设计的。"从海报上字体的书写看，与爷爷的笔法一致。"

英雄

1934年钱壮飞的《迅速完成廿万双草鞋送前方》和创作的漫画《要长大要结实》

1929年春,中国在杭州举办"西湖博览会",徐恩曾被派去负责博览会其中一个展馆"特种陈列所"的布展设计。此时的钱壮飞已在徐曾恩身边,徐恩曾就把这个任务交给了钱壮飞。

"从特种陈列所的设计到会务的准备,爷爷都安排得井井有条。"钱泓说,孔祥熙、宋蔼龄、陈立夫等参观了西湖博览会,大为欣赏。

"西湖博览会是中国从来没有举办过的大型博览会,当时很轰动。"黎莉莉回忆道。

这次博览会让徐恩曾大出风头,也更增添了他对钱壮飞的信任。

到苏区工作后,钱壮飞充分发挥自己的艺术特长,在部队官兵中开展了卓有成效的宣传教育活动。他执导并主演的《红色间谍》,执笔编写的《最后的晚餐》、参与编写的《为谁牺牲》等话剧,以丰富的政治内容和生动活泼的艺术形式,揭露敌人的反动丑恶面目,鼓舞战士的士气,深受苏区人民喜爱。

"他的书法也特别好,苏区的许多宣传画、标语都是他写的。中华苏维埃机关报《红色中华报》的报头就是他题写的。"钱泓说。

在瑞金,有一个造型特别的红军烈士纪念塔。塔身为炮弹形,上面布满了一粒粒小石块。如今,它已成为瑞金的胜景和重要标志,更是大家缅怀革命烈士的重要场所。

曾从事建筑工作的钱泓说,这个纪念塔是由钱壮飞设计的。塔的设计构思有很深的内涵和寓意。比如塔身上的一粒粒小石块,就象征着纪念塔是由无数革命烈士凝结而成。

"他设计的成果还不止于此,比如红军烈士纪念亭、红军检阅台、公略亭、博生堡等,就连中华苏维埃中央政府大礼堂也是爷爷的杰作。"钱泓说,他曾仔细研究过大礼堂,发现礼堂结构设计很巧妙。礼堂利用多棵树当作柱子,一方面可以起到支撑作用;另一方面利用露在房顶上面的树叶作为遮蔽礼堂的掩蔽物。"特别是爷爷设计时特意将礼堂内的主席台突出一块。这样的话,虽然没有扩音器,但台上的人讲话仍可以让能容纳 2000 人的礼堂的所有人都听见。"

钱壮飞在艺术、建筑等领域的才华,在他的后代身上得以传承下来。钱泓说,他们每一代人都有从事艺术工作的。姑姑黎莉莉是 20 世纪 30 年代有名的电影演员,曾拍过《大路》《智取华山》等名影片。父亲钱江是我国著名的摄影师和导演,曾拍摄影片《中华女儿》《白毛女》《林家铺子》《洪湖赤卫队》《东方红》等知名影片,导演过《海霞》《报童》和反映父亲钱壮飞的电影《金陵之夜》等。

在同辈当中,除了钱滔从事摄影外,妹妹钱泠泠也是一名导演,曾拍摄《天地告白》《我的上高》等颇有影响力的影片。黎莉莉的儿子罗丹是电影工作者,曾拍过《原野》《寒夜》等,女儿罗小玲和丈夫潘锦元也是电影工作者,他们的女儿潘婕现在也是文艺界的一名演员。

"一家四代都有电影工作者,这是比较少见的。"钱泓说。

钱壮飞到底是怎么牺牲的

1935 年 3 月底,钱壮飞在南渡乌江的时候就失踪了。周恩来在得知钱壮飞失踪后,派欧阳毅带了保卫队到乌江北岸寻找,没有找到。以至后来钱壮飞牺牲之谜众说纷纭。

钱泓说:"对于钱壮飞的牺牲地点也有六七种说法。"

2000—2001 年,中共贵州省委党史研究室和国家安全厅组成联合调查组,再一次针对钱壮飞的牺牲地点问题进行调研。调查组在经过深入的实地考察后,最后形成的意见是:在没有发现新的确定资料以前,将钱壮飞的牺牲地定为"贵州省金沙县后山乡"。

据金沙县党史办调查,当红军大部队过江后,有一位红军沿着主力部队过江的路线单独向乌江北岸方向走来。这位红军身穿青色军装,背一个黄布包和一个小皮包,随身带一支手枪,曾向当地群众买东西吃。快黑天时,他误跟一名叫

钱壮飞烈士墓

黎丛山的人问路。黎丛山见他单身一人还带着包裹,遂生歹意,便"热心"地为他带路。当行至后山乡梯子岩口时,趁他观看过江路线时,猛然将其推入30余米深的岩底,然后又下岩用乱石把他砸死,抢走了手枪和所有衣物。金沙县党史办经过多方调查论证后认为,这位遇害的红军就是钱壮飞。

据说当地群众当时冒着危险将钱壮飞的遗骨就地掩埋。中华人民共和国成立后修水库时又将其迁往后山乡张家垭口,并立着一块刻有"红军烈士之墓"的石碑。1997年金沙县建起了一个钱壮飞烈士纪念碑。2005年后,在国家安全部等有关部门支持下,金沙县后山乡修建了钱壮飞烈士陵园、钱壮飞烈士铜像、钱壮飞烈士事迹陈列室。如今这里已成为红色旅游基地,每年前来参观和吊唁的人络绎不绝。

"事实上,不管爷爷在哪里牺牲,他为革命而牺牲的事实早已确认。"钱泓说,作为钱壮飞的后代,他们希望能更好地缅怀爷爷,并将他的英雄事迹传承下去,激励教育下一代为了祖国的蓬勃事业无私奉献!"这就是我现在最主要的任务。"

大渡河连：勇士自有后来人

王玉山　周汉青

【连队名片】驻香港部队"大渡河连"是一支诞生于秋收起义烽火中的红军连队，是人民解放军中最早将党支部建在连上的连队之一，历经土地革命、抗日战争、解放战争和边境作战，参加大小战役战斗1000余次。长征途中，连队十七勇士强渡大渡河，为中央红军北上打开胜利通道，从此被誉为"大渡河连"。1997年7月1日，连队作为驻香港部队陆军部队的先锋，首批进驻香港履行防务使命。90年来，该连先后3次荣立集体一等功，9次荣立集体二等功，12次荣立集体三等功，涌现出了熊尚林、韩玉清、王成富等360多位战斗功臣和英雄模范。2000年6月被中央军委授予"香港驻军模范红二连"荣誉称号。

驻香港部队步兵二连诞生于1927年秋收起义，是"支部建在连上"最早的连队之一。

1935年5月25日，长征途中，二连17名勇士冒着枪林弹雨，强渡大渡河，为红军北上打开了胜利通道，被誉为英雄的"大渡河连"。

1997年7月1日，香港回归，二连21名官兵乘坐卡车率先越过文锦渡口岸桥上分界线，标志着人民解放军首次踏上香港这片神圣国土。

雄风不改，勇士本色。从大渡河到香江畔，从战争年代到和平时期，从驻守内地到进驻香港，勇士传人悄然间已走过82载不凡历程。

在二连，每个人都想多奉献一些

"每次营区开放、实弹射击等重大任务，基本上都会交给大渡河连来完成。"

英雄

二连所在营副营长马章华,这位当了6年兵提干、被大家亲切地称为"老黄牛"的二连老连长说,上级领导对二连的信任,源于连队多年来实打实的训练作风。

"每年新年开训第一跑,都是干部骨干先跑5000米;400米障碍,连长、指导员先跑,然后是排长、骨干,从来没有哪个干部躲在战士后面的。"马章华说,2015年驻军夜间实兵实弹训练,不管是班课目还是连课目,都是二连先示范试训,然后再推广到驻军部队。

"大渡河连"官兵注重发扬大渡河精神,在上级组织的各项活动中奋勇争先。这是五班班长黄宝在接力比赛中一马当先

严实的训风,让二连在一次又一次比武中披红折桂。

21岁的二连二班班长林宇轩,一个入伍才3年多的湖南小伙子,就多次代表连队在比武中摘金夺银。

2016年7月,驻香港部队首次举行"挂金牌、当标兵"比武,全程实行淘汰制。林宇轩和17名战友一起,代表二连参加7个项目比武,最终取得步兵专业第一名,5个班长个个金牌,总共8枚金牌的优异成绩。这个数字,甚至超过了其他单位一个营的金牌数。

这场令林宇轩自豪难忘的比武背后,是二连全体参赛选手超越常人的艰辛付出。

"为了提高射击水平,我们就在大米粒上雕洞练耐心和注意力,最多可以在一粒米上雕5个洞。"林宇轩说,"光秃秃的水泥地训练场,没有一丝荫凉的地方,天气热得可以在铁锹上煎鸡蛋!就这样,练战术、强技能……每个人的手都磨了好多泡。"

赛后表彰大会上,一位将军给林宇轩挂金牌时,问他是哪个连队的。

"我挺了挺胸膛,大声说,二连的!首长竖起大拇指说,大渡河连,我知道,好样的!"林宇轩说,"曾有人问我,你们这么拼为什么?又没有人给你们什么好处。我回答他,在二连,只有给连队增光添彩的义务,没有抹黑丢人的权利。"

从比武场到演习场,比林宇轩入伍早一年的二连十班长吴建飞,记忆里最铭心刻骨的,是2015年10月那场名为"香江卫士"的联合军演。

"大渡河连"官兵进行战术训练

那天中午,距离演习正式打响不到3个小时,趁休息时机,他与另一位班长用卡车给战友们拉烧开的淡盐水。因山路很陡,在距离目的地还有几百米的地方,他不小心被溅出来的开水重度烫伤。

"两只手都动不了,腿上烫了好多泡,有拳头那么大。头麻麻的,感觉自己快晕过去,只能不停地用力拍脸保持清醒。"吴建飞说。

十班是榴弹班,演习中要和装甲车协同,在300米外准确命中地堡靶。

"上级要求必须首发命中。我知道自己不能参加演习了,第一个念头就是让谁替我射击。"尽管嘴巴发抖、牙齿打颤,吴建飞却以惊人的毅力,用手持电台一一告诉保障射手、副班长李志良射击的距离和参数。

背负着班长的期望和重托,演习中,李志良沉着冷静,一发中的。

"入伍时本打算两年就回家的,可新兵的时候每次看到大家给比武尖子鼓掌的场景,就不由得热血沸腾,觉得就算是一次旅行,也不能白来。"吴建飞说,自从来到二连,就觉得自己再也离不开了,因为在这里能学到不一样的标准和精神。

不一样的标准和精神——这不仅仅是吴建飞一个人的感受。二连原连长康玉盼,刚当了半年连长,因为双腿受伤无法训练,为了不拖累连队训练成绩,拄着拐杖找到领导,要求调离二连。

"每个人都想着为连队多做点工作、多奉献一些,这是一种说不清的情结。"二连所在步兵旅政治部副主任肖海涛动情地说。

此前,肖海涛也曾当过其他连队的指导员,他说,全旅所有连队都以大渡河连为标杆,为追赶的目标。

"因为一直没有超过'大渡河连',突击英雄连的指导员直到离任时都耿耿于怀。"肖海涛说,"这么多年来,没有连队不想超过二连的,可连续19年了,二连年年先进,年年第一。"

"大渡河连"官兵为全旅示范步兵班综合演练

在二连,什么事都要干漂亮

21岁的二连七班副班长秦汉英,坦言自己入伍前是个不折不扣的"问题青年"。

"很叛逆!初中读了5年,换了4所学校,不停地转学,16岁才考上县一中。在家特别容易'爆起来',窗玻璃、门、电视,都砸过。"

2014年9月，秦汉英入伍来到驻香港部队步兵旅，经过几个月的集训，被分到二连。

"第一天就觉得它不一样，干部、班长没一个人闲着，都是拼命干工作。"这样的氛围，再加上连史馆"大渡河十七勇士"的英雄事迹，让秦汉英觉得自己来对了地方、找到了感觉。

"我没有别人那么好的身体素质，只能去拼。冲圈跑步，不要命地冲到吐，用生命去跑。"这样的拼劲，让秦汉英新兵时就当上了副班长，"每当跑不动的时候，遇到困难的时候，脑海里都会想起当年'大渡河十七勇士'的故事。"

多年来，定期参观连队荣誉室、上连史课、学唱连歌、读连史册，每当重大活动和执行重大任务时，面对荣誉锦旗表决心、立誓言——对英雄的崇拜和学习，始终是二连一代代官兵的自觉行动和前进动力。

在党的群众路线教育实践活动中，"大渡河连"组织党员重温入党誓词

二连原指导员、步兵旅政治部组织科干事范建超，2012年12月由新疆某部选调到驻香港部队。

"当兵在新疆石河子，毕业后分到库尔勒，从大西北到香港，没有了风沙，一开始特别满足。"范建超笑着说，可来到二连后，又感到不满足，因为在二连什么事都要干好，都要干漂亮，一种完美主义的标准。

这种标准和意识，来自这支红军连队历史深处的血脉激荡，源自"听党指挥，勇往直前，敢打必胜，顾全大局"的"大渡河连"精神。

"在二连,每次比武的时候都要唱一次连歌,喊一遍连魂。"来二连前,范建超一开始并没有充分认识到历史和英雄对一个连队的意义和作用,直到那一天——

"2015年5月25日,二连强渡大渡河80周年庆典。来了四五百名退伍老兵,许多人还带着家人一起来。雨后天晴,特别热,可所有退伍老兵都端坐在那,双手放在膝盖上,一动不动。他们有的都退伍十几年了,依然会唱连歌、记得连魂……"

那天,全体人员齐唱连歌时,范建超站在凳子上,边指挥打拍子,边泪水四溢。

与范建超偶尔流泪不同,左眼下长了一颗泪痣的二连列兵丁无忌简直是个"泪人"——记者在二连采访时,这个2016年9月刚从湖北省城市建设学院入伍的20岁小伙子,还没开口,眼泪就先流了下来,惹得战友们忍俊不禁,笑成一片。

"我大学是学给排水专业的,刚来时说被分到了'大渡河连',我想坏了,怎么来到一个挖河的部队了。当时的心情很沉重,后来却爱上了这个连队。"边哭边说的丁无忌,又引来一阵笑声。

"我是听说南海不平静,要打仗,才参军入伍的。"丁无忌说,虽然没有打仗有些遗憾,但比起没有入伍的朋友,感觉自己现在思考的更多了,每天都过得很有意义,"我把津贴攒下来,过年的时候给妈妈寄了2000元,这是我长大后第一次寄钱,妈妈哭着说我懂事了、长大了。"

世界上从来没有随随便便的成功。即便是一个小小的先进连队和优秀士兵,也不会无缘无故。

2016年12月底,32岁的六连指导员裴红炬从其他连队调到二连任指导员。从以前引导战士"看二连"到"零距离"接触二连,裴红炬一直在思考二连的"成功密码"。

"一是组织功能发挥得很好,党支部、军人委员会和团支部,个个都有阵地意识,人人都有责任意识;二是民主意识很强,不论是叠被子、晾衣服这些小事,还是立功受奖、先进评比等大事,事事坚持官兵一致;三是始终以传承革命优良传统为建连之本,保持了昂扬向上的精神状态。"裴红炬说,在传承红色基因中补足精神之钙,坚定理想信念,是二连年年先进、人人过硬的重要原因。

在二连,一举一动讲政治

环境特殊,任务艰巨——这8个字,对二连、对驻香港部队而言,有着特殊而

大渡河连：勇士自有后来人

春节期间，"大渡河连"组织"荣誉见证我成长"活动，并以合影方式向家人拜年

现实的意义。

驻香港部队担负着维护国家主权、安全和发展利益，践行"一国两制"伟大方针的神圣使命，是守卫香港的"定海神针"。在香港，官兵们的一言一行、一举一动，无不面临政治风浪、酒绿灯红的考验。

"驻港20年，共有3000多人次外出游览或执行任务，从来没有发生一起违规违纪的事情。"27岁的二连连长殷玺说，"驻港无小事，事事连政治。英雄连队，必须走在前列，否则就对不起党，对不起祖国和人民。"

2014年，二连担负保障香港橄榄球协会入营比赛执勤任务。七班长郑侃在巡逻时，一位香港女士试图用500港元购买他军装上的胸标，被拒绝后，提出再加500港元购买的要求。

"这里的五角星和长城，是人民军队的象征，也代表着我们驻港军人的坚定信念，无论给多少钱也不会卖。"郑侃严词拒绝了对方的无理要求。

20年来，从进驻港岛最南端的赤柱军营，到换防到香港最北端的新田军营，二连创造了驻香港部队建设史上的一个又一个"第一"：第一次开放军营，第一次在公众场所表演刺杀、仪仗和舞龙舞狮……

2004年，驻香港部队"八一"阅兵，二连许多战士被选入受阅方阵，并在多个方阵中担任基准兵、排头兵，成为战友们争相学习的队列标兵。

不仅仅是战友们，对于参观这些活动的香港市民而言，让他们近距离感受人民军队威武之师、文明之师风采的，往往也总是二连的官兵。

二连在香港的营区里有一条横穿而过的公路，按照有关规定，只需进行简单的登记，香港市民和车辆就可以通过。不知有多少次，每当香港的车辆与二连出操的队伍擦肩而过，民众的眼神里总是充满深情的赞许和由衷的信任。

2016年七八月份的时候，香港60多名大学生利用暑假时间到军营参加夏令营活动。13天的共同训练、生活，使得大学生和二连官兵结下了深厚友谊。

一名女学生在活动结束时的感言中写道："吹拂着维多利亚的海风，我们感到，香港的繁荣离不开祖国的支撑，离不开解放军的付出……"

"二连与香港的故事，也是20年来驻香港部队与香港市民加强互动联谊、增进军民理解和信任的一个缩影和窗口。"驻香港部队步兵旅政委周文军说。

周文军介绍，自2006年开始，驻香港部队先后8次与香港12所大学2000余名大学生互动交流，有效增强了香港青少年的国家观念和国防意识。从2015年春节开始，每年都组织5个营区官兵与周边8个社区居民互访，邀请营区周边区议会、乡理事会主席和村民代表入营参观，并应邀安排部分官兵参加驻地新春联欢活动，受到香港民众的普遍欢迎。

据统计，截至2017年1月，驻香港部队共组织1.3万余名官兵16次义务植树8.2万多株，组织7200多名官兵18次义务献血322万毫升，先后28次组织军营开放日，累计接待香港市民60余万人次入营参观。

"二连是红色基因的传人，是履行使命的主力，是展示形象的窗口，更是经得起时间和实践检验的老典型。"周文军说，"十七勇士是英雄，他们的传人也是英雄。"

刘志丹：民族英雄，群众领袖

樊永强

【人物小传】刘志丹，名景桂，字子丹、志丹，1903年生于陕西省保安（今志丹）县。中国工农红军高级将领，忠诚的共产主义战士，杰出的无产阶级革命家、军事家，西北红军和西北革命根据地的主要创建人之一。1936年4月14日东征战役中，在山西中阳县三交镇战斗中英勇牺牲，年仅33岁。为了永远纪念他，中共中央和陕甘宁边区政府决定将保安县改名为志丹县。1994年，他被中共中央军事委员会增补为中国人民解放军36位军事家之一。2009年9月14日，又被评为100位为新中国成立作出突出贡献的英雄模范之一。

他是美国记者埃德加·斯诺笔下的"现代侠盗罗宾汉"，他是毛泽东亲笔题词赞誉的"群众领袖，民族英雄"，他是老一辈革命家习仲勋心中的"好导师、好领导、好朋友、好兄长"。

在33岁壮烈牺牲后，他的家乡以他的名字命名。即使过去了80多年，在陕北、在陇东，在他战斗过的红色热土，他的故事仍在传颂，他的精神仍被继承，他的影响依然深远。他就是西北红军和西北革命根据地的主要创建人、中国工农红军高级将领刘志丹。

刘志丹牺牲时，留下的唯一骨肉是年仅6岁的女儿刘力贞。父亲没有为她留下什么有

刘志丹

形的财产,却为她留下了全心全意为国为民的朴实家风。

刘力贞一生致力于救死扶伤的医疗事业,晚年担任陕西省人大常委会副主任,已于2014年11月去世。2017年八一前夕,我们采访了刘志丹的女婿张光。

老人已是88岁高龄,仍保持着当年"一手拿枪,一手拿笔"的新闻战士的热情、谦虚与严谨的风格。在他时断时续但依然清晰的叙述中,我们读懂了刘志丹在短暂燃烧的生命中留下的巨大精神遗产和直到今天仍被继承发扬的革命风范。

"奋斗到底就是奋斗到死"

在张光眼中,从未谋面的岳父刘志丹在陕北群众中有着崇高威望。

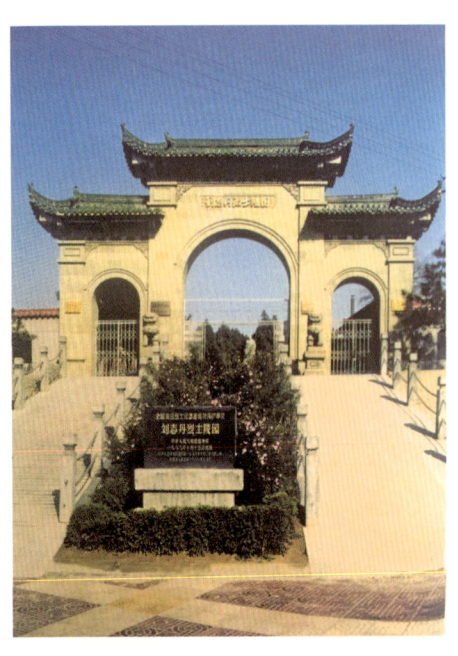

20世纪七八十年代岳母同桂荣还在世的时候,家里经常会有从陕甘老区的群众过来看望他们的"刘嫂子"。

"记得有一次,一位白发苍苍的老同志,一到家里就对着刘志丹的画像连磕了三个响头,说'总指挥我来看您了',最后流着泪离开了。"张光说,这反映了老区人民对刘志丹的怀念和敬仰。

一直到现在,他们家的大门都是"永远对外面敞开的"。

这也是岳父刘志丹当年留下的"好家风"。张光说,共产党员就是要时时刻刻与群众在一起,一刻也不能脱离群众。

陕西省志丹县城北门外炮楼山下的刘志丹烈士陵园

"刘志丹是个现代罗宾汉,怀有山里人对富人的仇恨;在穷人中间,他成了救星;而在地主和放债者中间,他又是上天的神鞭。"1936年,当美国记者斯诺走进红色政权下的陕甘宁边区,立即就被广泛流传的红军将领刘志丹的传奇故事深深吸引。

1903年10月,刘志丹出生于陕西省保安县(今志丹县)金丁镇。自幼目睹家乡饿殍遍野、民不聊生的凄惨景象,刘志丹十分同情穷苦大众,萌发了改造社会、复兴中华的愿望。他青年时期就投身革命,1925年加入中国共产党,并在组织的安排下,考入黄埔军校学习。

1927年大革命失败后,他奔走各地组织起义暴动,最终在陕甘两省边界地区建立起牢固的红色武装根据地,成为西北红军和西北革命根据地的重要创建者。

在这期间,刘志丹身经百战,经历了各种各样的失败、挫折、冒险、死里逃生,率领的部队在重重围剿中屡屡被打散,却又一次次奇迹般地发展壮大,甚至派来攻打的国民党军也常常在战斗中投诚过来,以至于在西北大地传开了他"刀枪不入"的神话。

"岳父名声很大,也很受群众爱戴,因为他打地主老财,让百姓吃上饭、有了田,自己却和红军战士一样过着艰苦的生活。"张光至今仍记着当年流传在西北的一首民谣:"正月里,是新年,陕北出了个刘志丹,刘志丹来是清官,他带上队伍上横山,一心要共产……"

西北地区民贫地瘠、灾荒不断,红色根据地长期处在国民党军队、地方军阀、土匪、民团的包围和分割中。刘志丹学习井冈山斗争的经验,积极探索本地区武装斗争规律,创造性地提出了许多具有独到见解的斗争原则。

"他深知,为人民打天下不是少数人能完成的事业,要团结一切可以团结的力量,朋友越多越好。"张光说,刘志丹提出了著名的"红色""白色""灰色"三种斗争形式,在创建红军和根据地时,团结了不少国民党的中下级军官、县乡官员、老秀才、民团头目和绿林好汉,影响和带动了很多仁人志士走上了革命道路。

在刘志丹、谢子长、习仲勋等领导人的正确领导下,西北革命根据地不断发展壮大。

1935年2月,刘志丹出任西北革命军事委员会主席、前敌总指挥。他指挥红军先后解放了安定、保安等6座县城,使陕甘、陕北两块根据地完全连成一片,主力红军发展到5000多人,游击队扩大到4000余人,在20多个县建立起红色政权。这块"硕果仅存"的根据地最终成为中共中央和各路红军长征的落脚点和抗日战争的出发点。

1935年10月初,受"左"倾教条主义路线影响,西北根据地发生严重错误的"肃反",刘志丹、习仲勋等领导人被错误关押,但他们的理想信念矢志不渝,中共中央及中央红军长征到陕北后,在毛泽东的亲自过问下获释。

英雄

　　1936年3月,刘志丹率红28军参加东征战役。出征前,刘志丹对妻子同桂荣回忆起当初的入党誓言说:"加入党,就要为共产主义信仰奋斗到底。作为个人来说,奋斗到底就是奋斗到死。"

　　东征中,刘志丹率领红军挺进晋西北,连克敌军,4月14日在中阳县三交镇战斗中英勇牺牲,年仅33岁。6月,中共中央决定将保安县改名为志丹县。

　　1943年5月,中共中央在延安举行刘志丹将军移陵公祭典礼。毛泽东题词赞誉他为"群众领袖,民族英雄",周恩来题词"上下五千年,英雄万万千,人民的英雄,要数刘志丹",朱德称他是"红军模范",表达了党和人民对刘志丹光辉一生的崇高敬意!

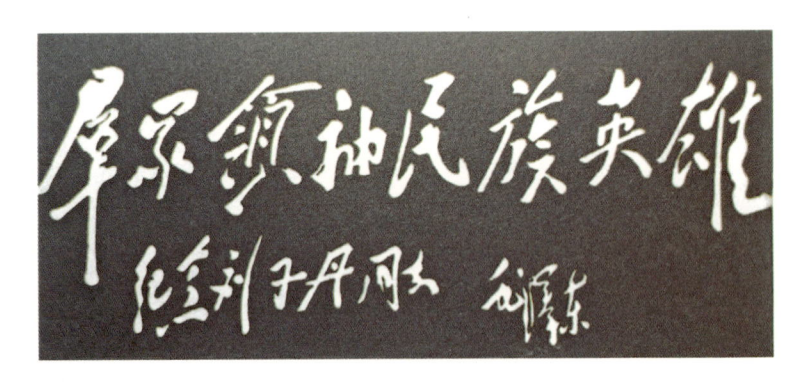

1943年毛泽东为刘志丹题词

"他的确是一位光辉四射的革命家"

　　解放战争时期,张光作为新华社西北总分社和《边区群众报》记者,开始了"一手拿枪,一手拿笔"的新闻战士生涯。在这期间,他与同学刘力贞开始了"革命之恋"。

　　因为工作关系,张光与时任西北局书记的习仲勋有过多次接触。他们的恋爱关系,也得到了习仲勋的由衷祝福。

　　要想"抱得美人归",还要过丈母娘这一关。1954年,刘力贞的母亲同桂荣来西安"调查"张光。作为刘志丹的挚友,习仲勋对刘力贞的终身大事同样关心。他非常了解张光的人品与才情,对同桂荣说:"张光,好娃娃呀!"

　　在与习仲勋老前辈的交往中,习仲勋多次谈到刘志丹对自己的关心和爱护。

张光说："他生前十分怀念刘志丹，多次写文章纪念这位革命的引路人，对其领导艺术和人格魅力给予很高评价。"

1998年，刘志丹诞辰95周年，习仲勋与马文瑞撰文纪念，文中写道："志丹同志虽然比我们年长十岁，但我们和他在一起工作时，却感到他是一位很好相处的同志，随和的好导师、好领导，也是好朋友、好兄长。他的确是一位光辉四射的革命家。"

1932年，年仅19岁的习仲勋在甘肃两当组织兵变，失败后辗转来到照金，在那里，见到了仰慕已久的刘志丹。

对于第一次见面，习仲勋始终记忆犹新，他在回忆文章中写道："我很早就听说过刘志丹的名字，也听到过他进行革命活动的许多传说。在传说中，常把刘志丹描绘成一个神奇的人物，但是初次见面，我得到的印象，他却完全像一个普通战士。他质朴无华，平易近人，常同战士们坐在一起，吸着旱烟袋，谈笑风生。同志们都亲切地叫他'老刘'。"

看到习仲勋因为两当兵变失败，心情很沉重。刘志丹鼓励他说："干革命还能怕失败？我失败的次数要比你多得多。"

刘志丹告诉习仲勋，几年来，陕甘地区先后发动过大大小小70多次兵变，都失败了。最根本的原因是军事运动没有同农民运动结合起来，没有建立起革命根据地。

习仲勋在回忆录中写道："刘志丹的谈话，给了我们很大的启发，也给我们指明了今后革命的道路。"

1934年11月，陕甘边根据地在南梁建立了革命政权，习仲勋当选为陕甘边区苏维埃政府主席。那一年，他才21岁。

当时担任陕甘边区军委主席的刘志丹比习仲勋年长10岁。有一次，刘志丹正带领红军学校的指战员操练，看见习仲勋来了，马上喊了一声"立正"，向习仲勋敬了一个军礼，并欢迎习主席给大家讲话，弄得习仲勋不知所措。事后刘志丹对习仲勋说："我们共产党员要拥护我们自己建立起来的政权，如果我们不敬重，老百姓也就不在乎了。"

刘志丹的谆谆教诲，使习仲勋受益匪浅。而刘志丹密切联系群众的一言一行，更对习仲勋有潜移默化的影响。

回顾这段难忘的时光，习仲勋深有体会地说："我一生注意听不同意见，听民主人士的意见，注意做好统一战线工作，就是遵从志丹同志的教导和从那时的实际经验得来的。"

1936年初,刘志丹率部东征时,与习仲勋见了最后一面。

刘志丹语重心长地说:"仲勋,向受过整的同志都说说,过去了的事,都不要放在心上,这不是哪一个人的问题,是路线问题,要相信党中央、毛主席会解决好。要听从中央分配,到各自岗位上去,积极工作。"他留给习仲勋和战友们的最后叮咛是:"不要想自己的委屈,坚持革命意志,我们的一切是为了人民大众,不是为了个人。"

习仲勋听了深为感动,他在回忆录里说:"一个人能这样一贯以大局为重,委曲求全,真是少见。"

刘志丹牺牲的噩耗传来时,习仲勋正在环县工作,那种悲痛欲绝的心情,他在几十年后还难以忘怀。

刘志丹的革命精神,永远留在习仲勋心中,他一生都在向这位老大哥学习。习仲勋在担任中共关中特委书记、绥德地委书记、西北局书记期间,每到一地,他都要向干部群众讲述刘志丹的事迹,教育干部群众,让刘志丹的革命精神发扬光大。

1993年10月4日,是刘志丹诞辰90周年。习仲勋撰文纪念,文章写道:"好作风是可以代代相传的,不忘他的革命精神,学习他的革命作风,就是对他最好的纪念。"

反映刘志丹在陕甘革命根据地的美术作品

"作为后代,要对得起先辈的牺牲"

这是一个流传很广的真实故事。

刘志丹出任红28军军长时,宋任穷任政治委员。短短几个月的"搭班子",却让宋任穷直到晚年还对刘志丹的军事才能和在当地群众中的威信感叹不已。他说:"附近敌人闻风丧胆,听说志丹同志领导的红28军来了,没等我们打,就连夜逃走。"

1936年3月下旬,红28军进入神木、府谷,当地百姓听说刘志丹来了,都专门跑来看望。宋任穷看到,"当地群众不称呼志丹同志为军长,都亲昵地叫他'老刘',有位双目失明的老大娘,十分激动地从人群中挤到志丹同志面前,拉着志丹同志,从头上摸到脚下,又从脚下摸到头上。"

直到几十年后,周恩来总理还向要去延安地区插队的知青讲述了当年这个感人的瞬间。1973年,他在陪同外宾参观延安革命旧址时,又强调说:"刘志丹是位很好的同志,陕北必须宣传刘志丹。"

刘志丹一心想着百姓,但在妻子同桂荣眼里却是一个"不知有家"的人。1921年,刘志丹和同桂荣结婚,可他一直南征北战,几乎不落家。

"他们虽然有15年的婚恋,但聚少离多,算起来相处总共也不到5年,其中还有很长一段时间,是因岳母给红军战士们送物资而相聚。"张光说。

作为红军家属,刘志丹的亲人们屡遭劫难。敌人来抄家、挖祖坟,几位亲人还被残忍杀害。

一次敌人搜捕,同桂荣不得不带着正在吃奶的女儿,躲进一个山洞,八天八夜不见天日,饿了以炒面充饥,渴了喝雨水。直到后来,习仲勋派游击队找到她们,才将她们娘俩接到南梁根据地。

张光说,爱人刘力贞本来的名字是"力真",就是父亲刘志丹起的。力真的意思是"力求真理",当时有人说"不像个女孩的名字",但刘志丹说"意义重要"。1979年她高票当选陕西省人大常委会副主任时,名字被误写为"刘力贞",这才将错就错地叫了下来。

刘力贞1946年加入中国共产党。在一些人看来,以她的家庭背景,在仕途上飞黄腾达本是"情理之中"的事儿。可是,她像父亲生前希望的那样,只想踏踏实实为老百姓干点实事、益事,义无反顾地选择了行医济世之路。

婚后,组织上也曾关心过张光的发展,准备让他到一个工厂担任党委书记,但被张光"主动拒绝"了。张光说:"我还是愿意当一辈子记者,实实在在地写报道,为老百姓服务,替老百姓说话。"

从战争年代的新闻战士到《陕西日报》总编辑,再到陕西省记协主席。在长

88岁的刘志丹女婿张光(右)在家中接受新华社记者采访

达50多年的新闻记者生涯中,张光留下了一件件倾听民意、反映民情、解除民忧的好作品,在新闻界享有很高声誉。

受优良家风的影响,张光和刘力贞一生都在勤勤恳恳地为党和人民的事业辛勤奉献,却从未用特权为个人谋取任何额外的利益。

两人育有一儿一女,由于他们一直为工作奔忙,顾不上孩子的教育,孩子们也都没有因为父母的身份而享受到工作安排上的关照,目前都做着普普通通的工作。

张光说,岳父刘志丹那一辈革命家留下的家风,就是本本分分做人,勤勤恳恳工作,始终把群众利益放在心上,不要过多考虑自己的私利。我们作为老一辈革命家的后人,有责任、有义务把这样的好作风、好家风一代代地传下去。

张光告诉记者,刘志丹去世时,他的皮包里只有6支香烟、半截铅笔。他没有给家人留下任何财物,他干革命后,家也被敌人抄了。但他却留下了最珍贵的精神遗产,就是全心全意为国为民的思想,密切联系群众,一切从实际出发的作风,还有他忍辱负重、顾全大局的高贵品德。

"今天,时代不同了,但这些精神遗产都需要得到更好的继承和发扬。"张光说,"作为后代,我们要对得起先辈的牺牲。"

雪泥鸿爪忆"一曼"

陈 曦 曾 涛

【人物小传】赵一曼,原名李坤泰,1905年10月生于四川省宜宾县一个地主家庭。在家乡求学时期接受"五四"进步思想,21岁加入中国共产党,此后在黄埔军校、莫斯科中山大学学习。1928年,赵一曼从莫斯科中山大学回国,在宜昌、南昌和上海等地进行党的秘密工作。九一八事变后,被党组织派往东北地区发动和组织群众进行抗日斗争。1935年秋,赵一曼在与日军作战中为掩护部队突围,身负重伤被俘。1936年8月2日,赵一曼英勇就义于黑龙江省珠河县(今尚志市)。

4月,春意盎然。白花镇,四川省宜宾市,川南丘陵。从一曼村伯阳嘴拾阶而上,山坡上盛开着油菜花。身边的村干部遥指前方:"这是赵一曼的故居。"

此时,黑龙江省哈尔滨市下辖的尚志市,冰雪尚未融化。因为抗日女英雄赵一曼,两个远隔千山万水之地有了千丝万缕的关联。

赵一曼,本名李坤泰,1905年10月25日生于宜宾县一个地主家庭。在家乡求学时期接受"五四"进步思想,21岁加入中国共产党。1928年,赵一曼从莫斯科中山大学回国,先后在宜昌、上海、江西等地从事地下工作。1931年日军发动"九一八事变"后,赵一曼被中国共产党派往东北地区领导革命斗争。1936年8月2日,赵一曼英勇就义于黑龙江省珠河县(今尚志市)。

人生到处知何似。从西南蜀地到白山黑水,3000多千米路,31个年头。寻访英雄当年足迹,记者试图

赵一曼

英雄

通过亲人的回忆、乡友的叙情，去还原一个真实的赵一曼，追寻一段如泣如诉的英雄往事。

孙女眼中的英雄奶奶

四川省宜宾市翠屏山赵一曼纪念馆内的赵一曼雕像

每年清明，赵一曼的孙女陈红都要和家人一起到四川宜宾翠屏山赵一曼雕像前祭扫。

纪念馆的同志介绍说，因为陈红和奶奶赵一曼很像，矗立在翠屏山的赵一曼塑像，就是以她为原型塑成的。

1958年，陈红出生于北京，之后来到四川与姨奶奶一起生活。赵一曼这个名字对于年幼的陈红来说还很陌生。直到第一次去赵一曼纪念馆时才把这个名字和"奶奶"联系起来。

在纪念馆里，革命、牺牲、鲜血最后凝结成墙上的铅字，后人读着，敬仰、崇敬的情感多一些，但对于陈红来说，这又意味着什么？

"纪念馆刚建成时，姨奶奶带着我去，说纪念馆里的英雄是我奶奶，我还懵懵懂懂的，觉得和自己联系不上。"陈红说，高大的英雄形象和"奶奶"相比，还是少了一些亲切感。

"到了高中入团仪式的时候去纪念馆，身边的同学都会羡慕地说，那是你奶奶啊。"陈红说,那时更多的可能是一种自豪吧。

关于奶奶的一些记忆,都是从身边的亲人、长辈处拼凑而来。这些碎片化的故事慢慢地在陈红脑海里形成了一个完整的奶奶赵一曼。

不像其他小孩的童年,听着安徒生童话,陈红的童年里都是奶奶的故事。从奶奶的童年,到奶奶如何走上革命道路。"听说奶奶小时候爱打抱不平,经常打架,很淘气。13岁那一年用藿麻赶走媒婆。我就偷偷跑去找藿麻,发现碰到身上真是又疼又痒。"陈红回忆。

尽管未曾谋面,但赵一曼毫无疑问是对陈红一生影响最大的人。小时候陈红爱哭。一哭,最常听的就是,"你要学你奶奶,像她一样坚强。"

于是,这就成了一种惯性,遇到什么事,就想起奶奶,觉得要像她一样坚强。"无论下岗、生病,都是抱着积极的心态,告诉自己要坚强。"

2005年,陈红跟着电视台拍摄赵一曼的纪录片。沿着奶奶的足迹,从宜宾、重庆、武汉、宜昌、上海再到东北,走了3个月。"这一趟行程让我对奶奶的理解和亲近感加深了一个层次。"

"第一次去沈阳的时候,茫茫大雪,睫毛都结了冰。我就在想,奶奶有肺病,却坚持在天寒地冻中革命。"陈红说,当时革命的环境是多么艰难,被日本人抓到的时候,大腿中弹,棉裤上又是血又是冰,但直到牺牲她都没有一丝怯懦,受刑前还要来纸笔写下遗书。

陈红说,因为我也结婚有了孩子,更能从一个妻子和母亲的角度去理解她。从奶奶留给父亲的遗书中,我读出了一个母亲在牺牲那一刻,心里对孩子的挂念。

这封160多字的短信是赵一曼在行刑前写给陈红的父亲的。"父亲第一次见到奶奶写给他的遗书,是在1954年东北烈士纪念馆里。他看完大哭一场,手抄一份留作纪念。回家后,父亲用钢针蘸着蓝墨水在自己手臂上刺下'赵一曼'三个字,也刻在了心里。"

多年过去了,父亲又把这封遗书交给陈红。时间摧枯拉朽般让纸张泛黄变脆,可当时的笔迹依然清晰,字里行间力透纸背的是母爱。

赵一曼和儿子陈掖贤的合影及陈掖贤手抄的母亲遗书

"从小,父亲和长辈都在给我灌输一些奶奶的品质,现在生怕做错什么事,影响奶奶的形象。"陈红说,"奶奶在东北参加抗日战争牺牲,东北人民特别敬重奶奶,尚志市曾希望我搬去定居,房子、单位都安排好了,但我谢绝了。"

因为父亲的教诲一直响彻耳边:"不要以烈士后代自居,要过平民百姓的生活,不要给组织上添任何麻烦。以后自己的事自己办,不要给国家添麻烦。"

陈红算了一下,2015年一共飞了40多趟,都是为了宣传奶奶的事迹。

白花镇的端女儿

川南宜宾被誉为万里长江第一城,金沙江和岷江在此合流汇入长江。

话剧《赵一曼》第四幕,场景从日军突审赵一曼的马料房切换到了四川宜宾县白花镇:阳光穿过竹林照在大地,一个小女孩拿着木剑,从竹林间跳跃而出。

漫山翠竹,凌霜傲雨。这里是赵一曼成长之地。

赵一曼在白花镇人人皆知。柴刀砍断裹脚布、藿麻撵走媒婆,这样的故事传诵至今。赵一曼的父亲李鸿绪曾说她"端女儿乃刚烈之女也"。

不太敢想像那个封建礼教根深蒂固的年代,距离蜀地宜宾县城尚有一二百里地的闭塞山村,走出了这样一个无论思想还是言行都敢于突破的女孩子。

10多年前,赵一曼的儿时玩伴赵宝廷老人回忆起往昔,说有两件事让他印象深刻。一件是一群男娃在田里捕鱼,雨后田间水大,他们起哄,问她敢不敢下来,一起捉鱼。他们原以为家境优越的赵一曼不敢下水,没想到她扑通一声跳进水里,从这件小事上看出,赵一曼很勇敢,也很随和。

第二件是赵一曼很大方很亲切,不会因为那时家里富裕就看不起别人。那个年代炒胡豆作为零食是一件很奢侈的事情,赵一曼经常从家里拿炒胡豆和小伙伴分享,还和小伙伴一起在自家后院种下桢楠树。

1951年,电影《赵一曼》公映,这部新中国最早拍摄的电影之一,风靡全国,民族的苦难和赵一曼的坚贞不屈令观者为之落泪。然而观众在感动之余,对"赵一曼"的真实身份却无从知晓。

当时,谁也不知道她是哪里人,真实姓名叫什么,她在哪里成长。她的丈夫陈达邦在寻找她,她的二姐李坤杰和大哥李席儒在寻找她。她在东北的抗日战友更急切地四处打听她的家乡、她的身世。

剧作家于敏在写《赵一曼》的剧本时连赵一曼的照片也没见过。不得已寻求

"第三手材料"——来自抗联女战士、后来担任过黑龙江省政协副主席的李敏。她向于敏忆述抗联战士怎样行军,怎样宿营,怎样在山里染布缝军衣,怎样在冰天雪地中找食物、吃乌拉草皮,这构成了于敏笔下赵一曼的战斗场景。

直到电影上映数年后,赵一曼的真实经历和身份才逐渐被还原。

原来幼时的玩伴,那个分胡豆给大家的"富家女",那个敢打架,敢上山下河的"端女儿"就是人人敬仰的女中豪杰、民族英雄赵一曼。当村民把"端女儿"和赵一曼对上号的时候,心里止不住地惋惜。

解放后,赵一曼故居分给了4户贫农。几经更迭,直到2012年住户全部迁出,所有人都十分注意保护这里。这也是对赵一曼、对英雄的尊重。

白花镇工作人员李文华说,赵一曼故居是2000年开始保护,逐步打造成一个爱国主义教育基地的。从那一年开始,各地慕名前来参观的人络绎不绝。"赵一曼她们那个时候只能靠两条腿,走到宜宾要3天2夜。1990年代才有了直接通往赵一曼故居的村道公路。"把路修好,也是为外来瞻仰她的人提供便利,让更多的人来参观。

在故居后方,有一株高耸入云的桢楠树,90多年前赵一曼亲手所植。如今这株树已高达30余米,最粗直径达50厘米。根系虬劲有力,牢牢抓握在山岩之上;树干粗大挺拔,笔直伸向天空;树叶青翠欲滴,一如烈士的精神代代传承,历久弥新。

四川省宜宾市宜宾县白花镇赵一曼故居

"一曼精神"薪火相传

作为一名地方党史工作者,胡登元从 1982 年开始研究赵一曼。为了最真实地还原赵一曼的事迹,不放过任何一点线索,但凡有点蛛丝马迹,就踏访寻找,奔波于全国各地。

最早开始写赵一曼生平的是《工人日报》的记者何家栋。胡登元和另一名地方党史工作者田若川找到何家栋的文章,根据他所写的线索,开始继续深挖。

在北京找资料的过程中,他们遇到了赵一曼在黄埔军校的同学谭乐华,从她那儿,胡登元和田若川了解了很多关于赵一曼的细节。

赵一曼曾受组织派遣去莫斯科中山大学留学。由于她有肺病,严重时还吐血。"去莫斯科这么寒冷的地方身体根本吃不消。"谭乐华告诉他们说。

从莫斯科中山大学回国后,赵一曼带着孩子从事地下工作。颠沛流离的生活,险象环生的经历,让赵一曼不得不考虑儿子的安置问题。自己的工作随时都有生命危险,任何一个母亲也不愿这种危险降临到孩子身上。

孩子和革命,赵一曼只能选择一个。

在返回上海途中,她险些狠下心来把孩子丢进江里。据谭乐华回忆,当她打开舱门时,一股冷风袭来,孩子冻得直往母亲怀里钻。赵一曼突然心软,狠不下心来就这样抛弃孩子。

于是,她抱着儿子来到上海,拍了一张合影,然后,把儿子送到了丈夫陈达邦的堂兄家里,由他们代为抚养。

骨肉分离时,儿子才 1 岁零 3 个月,从此,生死两茫茫。

20 年后,儿子陈掖贤才知道自己的母亲就是抗日英雄赵一曼。没有体会的母爱,只能伴着刺在手臂上的"赵一曼"3 个字陪伴终生。

一个母亲,离别爱人,扔下襁褓中的幼子,现在看来可能难以理解,但放到那个时代大背景下,那种超越平凡人情感的牺牲则显得弥足珍贵。

"我们研究赵一曼,就是为了让大众了解英雄,传承英雄精神。"地方党史研究者倪良端说,赵一曼这样的抗日英雄为了中国革命牺牲,他们应该被世人记住。

2005 年,一个参加过"二战"的欧洲老兵,在一次聚会聊天时得知陈红是赵一曼孙女时,立即向她竖起了大拇指。相比之下,还有很多年轻人并不知道赵一曼是谁,不知道她做了哪些惊天动地的大事。

所幸这些年各方面对赵一曼的宣传越来越重视。家乡的纪念馆得到修缮,各地组织纪念活动。馆长陈怀忠说,现在越来越多的人来赵一曼故居参观,推着轮椅的老人、聋哑学校的学生、幼儿园小孩,还有日本老兵专程到赵一曼雕像前鞠躬谢罪。"我在这里工作了30多年,甚感欣慰。"

"我们不应该忘记过去,忘记历史。我们的英雄,都应该被大家了解,这方面的教育应该要加强。"陈红说,我现在退休了,有时间去做更多的宣传,让更多的青少年接受红色传统文化熏陶,把红色基因和革命传统教育传承下去。

伯阳嘴有十棵桢楠,历经百年风吹。树高且直,像英雄的脊梁。如今在树荫下,后人坐着喝茶乘凉。赵一曼纪念馆外有一座茶馆,前来瞻仰的老百姓在此休息。"现世安好,因为有人替你负重前行。看到现在老百姓安居乐业,赵一曼一定会欣慰的。"陈怀忠说。

四川省宜宾市宜宾县翠屏山赵一曼纪念馆

"靖宇"有传人
——寻找抗日英雄杨靖宇将军的印记

曾 涛 陈 曦

【人物小传】杨靖宇，1905出生，原名马尚德，字骥生，汉族，河南省确山县人，中国共产党优秀党员，无产阶级革命家、军事家、著名抗日英雄，鄂豫皖苏区及其红军的创始人之一，东北抗日联军的主要创建者和领导人之一。1932年，受党中央委派到东北组织抗日联军，率领东北军民与日寇血战于白山黑水之间。1940年2月23日，他在冰天雪地，弹尽粮绝的紧急情况下，最后孤身一人与大量日寇周旋战斗几昼夜后壮烈牺牲。

杨靖宇

春风吹入长白山西麓，林中的积雪慢慢消融，化成涓涓细流，汇入松花江。

松花江的源头之一靖宇县，素有"矿泉城"之称。而相比这一称号，其县名本身更具影响力——"靖宇"。

漫步在县城街道，抑或是农舍、学校，处处都是"靖宇"的印记。

循着爷爷的步伐前进，他把杨靖宇当人生坐标

靖宇县政府办公楼4楼最东侧的办公室里，一位国字脸短头发的中年男子正在一个号码一个号码地拨打着电话。

他叫马继民，杨靖宇将军的嫡孙。他所联系的人，是东北抗日联军将领的后代。马继民想邀请他们，作为顾问，成立东北抗日联军文化研究会。

关于东北抗联的研究工作，正式算起来，马继民是从 2005 年开始的。然而，关于自己的爷爷杨靖宇和东北抗联的过往历史，马继民早已不记得自己关注多少年了。

1972 年，马继民随家人到了吉林通化烈士陵园——杨靖宇的安葬地，去祭拜这位被周围的人称为民族英雄的爷爷。7 岁的他，在陵园里奔跑玩闹，并不理解何为英雄，对从未见过的爷爷也没有任何概念。

时光的长河向前奔流，浸润着孩子懵懂的心灵。马继民长大后，对爷爷的了解也越来越多了。他终于明白，自己的爷爷就是那个化名杨靖宇的东北抗日联军第一路军总司令兼政治委员。

在马继民的家里，一直珍藏着一块桦树皮。这是 1958 年爷爷杨靖宇殉国 18 年后的安葬仪式上，东北抗联老战士交给马继民父母的。老战士说，杨靖宇将军当年最后关头就是吃着桦树皮跟敌人进行战斗的，希望他的后人永远不要忘记。

桦树皮成了传家宝。马继民告诉记者，他的父母一直教育他："作为英烈后人，要做到平凡中严要求，平静中不落后，平常中有责任，平淡中懂知足。"

青年时期的杨靖宇

马继民说，从小开始，母亲就告诉过他，要牢记的是爷爷的精神，而不仅仅是爷爷的身份。1982 年，马继民参军到南海舰队，在一艘猎潜艇上当了一名战士。直到 4 年后退伍，战友们都不知道他的爷爷就是著名的抗日英雄杨靖宇。

退伍后，马继民进入郑州铁路局物资供应总段工作，在机关从事党务工作。12 年前，他又多了一个身份——靖宇县县长助理，后改任靖宇县政府顾问。

一个身份意味着一份荣誉，更意味着一份责任。马继民在郑州与靖宇县两地间来回奔波，火车加大巴，单程就得 20 多个小时。

来到爷爷曾经战斗过的地方，马继民找到了更多记忆与历史的重合点，为他研究东北抗联文化，宣传东北抗联精神，推广靖宇红色旅游增加了无穷的灵感与动力。

英雄

磐石、通化、江源、本溪、桓仁、抚松……马继民沿着当年爷爷抗日的线路，一遍一遍走访调研，把东南满的抗日遗址都跑遍了。每到一处遗址，马继民都会俯首轻抚，肃立瞻仰，想在这白山黑水间寻找更多关于爷爷的印记。

抗联线路的最后一站是靖宇县的三道崴子。1940年2月23日，杨靖宇就是在这里英勇牺牲的。

杨靖宇殉国前最后一夜住过的"地呛子"（窝棚）

在杨靖宇将军纪念馆，马继民站在一幅三道崴子的老照片前，指着图中大雪深处的一个小窝棚说："爷爷人生中的最后一个晚上，就是在这里度过的，那一天，恰好是1940年的元宵节。"

杨靖宇牺牲后，靖宇县人民自发筹款，建了一个"人民英雄杨靖宇将军殉国地"塔碑。每次来到靖宇县，马继民都会选择一个清早，一个人来到这里，静静地和爷爷说说话，讲讲家里的事情。

出于对杨靖宇英雄的崇拜，靖宇县人民对马继民也很尊敬，这让马继民很有压力。

马继民把所有的精力，都集中在东北抗联精神宣讲、文化研究等"红色"工作上。他当名誉校长，做编外辅导员，到学校、进社区、跑部队，和大家共同回顾东北抗联的历史，一起学习英雄前辈们的抗日精神。

一有东北抗联英雄后代的活动，马继民都会担任带头者、召集人，把大家聚拢在一起。2015年,在纪念抗战胜利70周年之际,马继民多方联络,牵头组织了"东北抗联后代靖宇行"活动。类似这样的活动,马继民几乎每年都要组织,"常联络常交流,是为了能更好地对革命先烈的英雄事迹进行宣传,让抗日精神更好地传承下去。"

与马继民办公室相通的一个房间里,放着一张单人床、一台21英寸的彩电、一个柜子和两张沙发椅。这是马继民在靖宇县的住处,每年他要在这里住上100天左右。在床头的一只小塑料袋里,装着大大小小的药瓶。常年奔波,让马继民的血压、肠胃都出现了一些小毛病。

然而,马继民从来没有怨言,而且干劲越来越足:红色电视剧拍摄、东北抗联教育基地……马继民的案头,工作计划列得满满当当。"爷爷的一生都在为革命为人民作奉献,还献出了生命,我作为他的后代,要循着他革命的步伐,在弘扬抗联精神的道路上,不停地奋斗下去。"

沿着将军的足迹追随,他们把"杨靖宇"当事业

吉林省靖宇县杨靖宇将军殉国地的杨靖宇雕像

位于三道崴子的杨靖宇将军殉国地，春分时节还飘着雪。在牌楼下，仍有不少人进出。

3位年轻人在将军的雕像前，静静站立，鞠了三个躬。这3位来自长春的参观者，是来隔壁县城走亲戚的，他们特意驱车来将军殉国地瞻仰参谒。

负责解说的，是一个名叫王琳的姑娘。门牌、台阶、雕像、碑石……每一处地方、每一个数据，王琳都记得滚瓜烂熟，张口就来。

2011年，大学毕业的王琳来到了杨靖宇将军殉国地管理处工作，每月拿着2000余元的工资，没有编制，只是"临时工"待遇。6年过去了，王琳依然用心地坚守在这个岗位上，日复一日地接待每一位前来参谒的来客，从未萌生退意。

"我从小听着杨靖宇将军的故事长大，非常崇拜他，能在英雄的殉国地工作，我觉得是一种荣幸。"每当有人问起在这里工作的感受，王琳总是这样回答。

对于女儿的这份工作，父亲王天祥倍感骄傲："女承父业嘛。"王天祥从部队退伍后，在将军殉国地工作了近10年，把最美好的青春都留在了这里，他担任过将军殉国地管理所所长、管理处处长，把这一方土地打理得正规有序而又庄严肃穆。王天祥说，这里是整个靖宇县人民的圣地，在这里工作既是荣耀又是责任。

杨靖宇将军牺牲后，靖宇县人民十分怀念他，自发筹款，在三道崴子修建了纪念碑，后又建造了纪念塔、雕塑等，把整个山岭规划修整，建成了一个成规模的纪念地。春来夏往，秋去冬来，来这里瞻仰凭吊英雄杨靖宇的人络绎不绝。在纪念碑前的水泥地上，还有一片黑色的痕迹，那是香烛纸钱焚烧留下的。

殉国地西侧有一个两层高的建筑，那是杨靖宇将军纪念馆。纪念馆正在装修，暂停对外开放。东北抗日联军文化研究会秘书长李立斌说，装修之后的纪念馆，资料收集会更丰富，呈现手段会更多元，展览效果会更好。

从1989年开始，李立斌就见证并参与了杨靖宇将军纪念馆的整个建造过程。其间，付出了多少心血，他从未与人说。已年过半百的李立斌，一辈子都离不开"杨靖宇"三个字。

李立斌的老家是与靖宇县一江之隔的抚松县。小时候，他听了不少"杨司令"的故事，有一回来靖宇县的姐姐家做客，带着外甥去将军殉国地参观，看到纪念碑后关于杨靖宇将军最后战斗经历的文字后，深深地被震撼了，从此像着魔了一样把"杨靖宇"三个字烙进了心里。

大学毕业分配时，李立斌毫不犹豫地在申请表中填报了靖宇县。来到靖宇县，李立斌感觉与英雄更加拉近了距离，开始杨靖宇将军事迹挖掘与线索寻找，进行系统、深入的研究。

为了研究杨靖宇将军,李立斌沿着当年杨靖宇将军战斗的路线,一站一站找线索,四处寻找抗联老战士,听他们回忆抗日岁月。东北三省,涉及抗日联军的县、村,李立斌走了个遍:"连跟着我的司机都成了抗联研究专家了。"

为了编印《抗联文化》期刊,他联系军史专家,翻阅海量资料,反复进行比对查证;为了改进完善杨靖宇殉国地建设,他外出不去景点,专挑陵园墓地进行参观调查;为了修建纪念馆,他辗转各地收集实物,想尽办法再现历史场景。

"有关杨靖宇将军、有关东北抗联的事,我都要管起来。"这不是李立斌的海口,而是他半辈子工作生活的写照,"将军的事迹、抗联的历史,总要有人投入进去研究,并宣传出去。"

让李立斌心痛的是,在一些地区,抗联遗迹正在或已经遭受破坏,他试图通过实际行动,来呼吁民众保护好这些遗迹:"这是我们整个民族的记忆。"

还有不到6年,李立斌就要退休了,他给自己定了一个小目标:退休前把所有关于杨靖宇和抗联的素材整理完毕,作为历史资料交给政府。"如果政府愿意继续聘用我,我愿意无偿工作下去。"

采访结束前,李立斌交给记者一个小纸条,拜托记者寻找1958年拍摄的《杨靖宇将军战斗一生》纪录片:"这个资料片,我找了好几年都没有下落。"

像李立斌一样,研究杨靖宇将军事迹和抗联文化的人,在靖宇县和整个白山

吉林省靖宇县杨靖宇将军殉国地纪念碑

地区并不少见。这些"追随者"的研究虽然没有李立斌专业、系统,但热情一个比一个高。

听着英雄的故事长大,他们把杨靖宇当信仰

进入靖宇县,到处都是以英雄名字命名的地方:靖宇镇、靖宇村、靖宇大街、靖宇路、靖宇宾馆、靖宇学校、靖宇支队……

将军的名字,渗透在靖宇人民生活的点点滴滴,更深深地烙在了靖宇人民的心中。曾在北京上大学的佟鑫告诉记者,他们出门在外介绍自己,不说自己是吉林人、白山人,直接说"靖宇人":"这是一个自豪的称谓。"

记者在采访过程中发现,靖宇的年轻人称呼杨靖宇将军,除了用"英雄"之外,更多的是叫"爷爷"。"觉得亲切,就像杨靖宇将军没有远离一样。"每个靖宇人,心灵深处都有一个属于杨靖宇将军的地方。

靖宇县城西北侧的杨靖宇小学里,传来了嘹亮的歌声:

我们是东北联合抗日军/创造出联合军的第一路军/乒乓的冲锋杀敌缴械声/那就是革命胜利的铁证……

这首由杨靖宇将军创作的《东北抗日联军第一路军军歌》,曾经在白山黑水间广为传唱,鼓舞着广大东北抗联将士。时隔80余年,抗战军歌仍在高唱。

正在合唱歌曲的是杨靖宇小学四年级学生,他们正在为清明节的祭扫活动进行排练。

每年的清明节,杨靖宇小学都会组织学生到杨靖宇将军殉国地进行祭扫,同时还会通过唱东北抗联军歌、讲杨靖宇抗日故事等形式,开展爱国主义教育。

9岁的二年级学生吕俊良和尹国安,对杨靖宇将军的认识是"打过仗",11岁的四年级学生韩松延、孟凡翔知道杨靖宇将军是"民族英雄""抗日英雄",13岁的六年级学生赵书缘、高一鸣和李忠迅已经会讲杨靖宇将军"最后的五天五夜"的故事……

德育副校长于学慧告诉记者,杨靖宇小学把弘扬靖宇精神摆在突出位置,采取多种形式开展革命传统教育,让每一个学生都了解杨靖宇将军的英雄事迹,会讲杨靖宇将军的战斗故事:"青少年学生是国家和民族的未来,我们要教会他们

铭记先烈、铭记历史。"

让人惋惜的是,以前给孩子们讲抗日故事的东北抗联老战士黄殿君,再也无法来到孩子们中间了。2016年8月16日,91岁的老人离开了人世。从此,靖宇县再无在世的抗联老战士。

一个多月后,30名靖宇籍青年戴上大红花,参军来到了有"杨靖宇支队"之称的原第二十集团军某旅。这支部队前身为杨靖宇将军领导组建的东北抗日联军第一路军一部。英雄城的青年来到英雄的部队,当上了英雄的兵。

东北抗联的前辈们虽已远去,但革命的火把越烧越旺,一批批青年正沿着先辈的足迹前仆后继。

大学生士兵温程祥打小就崇拜杨靖宇将军,来到杨靖宇支队,他想考个军校,实在不行就转个士官:"总之一定要留在部队干出个样子,不给靖宇人民和靖宇将军抹黑。"

华灯初上,靖宇广场上响起了节奏明快的乐曲,人们踩着节拍,跳起了舞蹈。街道两旁的路灯和彩灯放射出炫丽的光芒,更为整个靖宇县城增添了几分繁华与热闹。

在这片深深烙下杨靖宇将军印记的土地上,靖宇精神和抗联精神激励着一代又一代人努力建设。今年,靖宇县即将脱掉贫困县的"帽子",这座英雄的县城,正在和谐社会的康庄大道上稳步前行。

狼牙山　英雄魂

梅常伟　韩松豫

"狼牙山五壮士"中的葛振林(右)和宋学义

【人物小传】马宝玉(1920—1941),河北省张家口市蔚县下元皂村人。1937年参加八路军,两年后加入中国共产党。1941年9月25日在易县狼牙山为掩护主力部队和人民群众安全转移,他带领全班4名战士奋勇杀敌,同数千日军巧妙周旋一整天,将敌人引上绝路,胜利完成阻击掩护任务,宁死不屈,毅然跳崖牺牲,年仅21岁。

葛振林(1917—2005),河北省保定市曲阳县党城乡喜峪村人。1937年参加革命,1940年加入中国共产党。1941年9月25日,在河北省易县狼牙山阻击日军战斗中,与4位战友宁死不屈,壮烈跳崖后被挂在树上,幸免于难。伤愈后,先后参加解放战争和抗美援朝战争,屡建战功。朝鲜停战后回国,历任湖南省警卫团后勤处副主任、湖南省公安大队副大队长、衡阳市人武部副部长、衡阳警备区后勤部副部长,1982年离休。2005年3月,葛振林在衡阳病逝,终年88岁。

胡德林(1922—1941)、胡福才(1923—1941),河北省保定市容城县人。他们和葛振林一样,小时候受苦,日本鬼子来了,又增添了民族恨。1940年,八路军攻打容城县城,他们踊跃支前。县城打开后,他们又自告奋勇帮助部队运送战利品。当部队领导夸奖他们任务完成得好,要他们回家时,他们却不肯回去,一再要求留下,跟着部队上前线打鬼子。就这样,胡德林、胡福才一起参了军。此后葛振林、胡德林、胡福才多次一起参加战斗。1941年9月25日，在狼牙山阻击战中壮烈牺牲。

宋学义（1918—1971），河南省沁阳市北孔村人，出身佃农。1939年参加抗日游击队，后编入晋察冀一分区一团七连当战士，1941年加入中国共产党。1941年9月25日，在狼牙山纵身跳崖后，被山腰上的树挂住。1944年，转业到河北省保定市易县北管头村，任农会主席。1947年，宋学义得知家乡解放，遂和爱人一起返回沁阳北孔村，带领群众艰苦创业。1971年6月逝世。

李振玉是河北易县人，家就在狼牙山脚下的东西水村。

他的父亲李怀林1938年参加游击队，岳父黄彩云是晋察冀一分区的一名侦察排长。

1989年，狼牙山还没被开发成景区的时候，李振玉就在主峰棋盘陀摆过摊，向慕名来登山的人售卖食物和水，并提供免费讲解。

狼牙山的名字，是从什么时候叫起来的，没人说得清楚，但是因为什么开始叫响的，在中国却尽人皆知——狼牙山五壮士。

一场气壮山河的硬仗

易县，古称易州，位于河北省中部。

因地处太行山区向华北平原过渡的倾斜地带，易县境内多山，平地仅占全县面积的两成左右。

抗日战争时期，便于藏匿、适合游击的地形让易县成为重要抗日根据地，八路军、游击队从这里出发，给敌人以沉重打击。

1941年8月，日军对晋察冀边区所属根据地进行"大扫荡"，并于9月下旬，对狼牙山根据地进行铁壁合围。一旦敌人阴谋得逞，4万抗日军民生死难料。

由于敌强我弱，上级决定我军主力带领群众撤出狼牙山，转到外线安全地区。掩护主力部队撤离的任务，交给了八路军晋察冀军区第一军分区第一团第七连。

为了争取更多时间，七连官兵边打边退，接连鏖战。

在一个叫作石门的地方，七连据守地利巧妙用兵，采取设置地雷、分兵把口、灵活御敌等战术，让敌人误以为他们是主力部队，一路紧追不舍。

"就在石门一带,大大小小的阻击战,打了好几天。"李振玉说,八路军虽然武器不如敌人,但打仗不怕死,鬼子吃了不少亏。

阎王鼻子山因看起来像鼻梁一样陡峭而得名。在这里,战士们用滚石做武器,砸死砸伤了几十个敌人。

敌人占据数量优势,源源不断涌上山来,七连只能撤向棋盘陀。敌人调来大炮猛轰,七连官兵伤亡惨重,连长刘福山也不幸身负重伤。

指导员蔡展鹏命令六班进行阻击,而后带领连队撤离。

这时,六班只剩下5个人:班长马宝玉,副班长葛振林,战士胡德林、胡福才、宋学义。

马宝玉和战友们利用地形节节阻击,引诱敌人往牛角壶、大小莲花峰方向前进。敌人被他们牵着鼻子,越追离我军主力部队越远。

激战中,一批又一批日军被地雷、石头、手榴弹、子弹击中,或倒在狭窄的山道边,或滚落在深不见底的悬崖下。

敌人打红了眼拼命追击,马宝玉等人登上小莲花峰时,已经无路可退,子弹打光了,手榴弹也扔完了。

敌人仍在一步步紧逼,眼看就要追上来,他们5人砸毁枪支,高呼口号,在各自抗击日军的地方跳下悬崖。

跳崖后,马宝玉、胡福才、胡福林英勇牺牲,葛振林、宋学义因跳崖方向有小树、灌木,在山腰被挂住获救。

五壮士跳崖处

1941年10月18日,晋察冀军区司令员兼政治委员聂荣臻、政治部主任舒同、副主任朱良才共同签署颁布《晋察冀军区关于学习狼牙山五壮士的训令》,对马宝玉等5名战士英勇顽强的战斗精神给予高度评价,号召全军区指战员向五壮士学习。

如今,由于长年无人通行,五壮士当年打仗时走过的小路已经难觅踪迹,但他们的事迹却早已广为传颂、家喻户晓。

一群宁死不屈的军人

敌强我弱的艰苦抗战中,狼牙山上的悲壮一幕并非个例。

1943年1月,聂荣臻还签署过另一份表彰通令,表彰5名八路军战士在河北省涞水县曹霸岗村鸡蛋坨血战不降的壮烈事迹。

那是在1942年12月,一位叫李连山的副排长率领一个班掩护主力撤退。敌人疯狂追击,我军伤亡惨重,仅剩下5人,仍坚持战斗。

撤退到鸡蛋坨时,八路军战士把最后一颗子弹射向敌人,再也无路可退。李连山决定跳崖,宁死不当俘虏。但还没等他跳崖,敌人的子弹击中了他,李连山当场牺牲。

剩下的4名战士遵从副排长遗志,从20余丈高的山崖纵身跳下,全部壮烈牺牲。历史记录下了他们的名字:王文兴、刘荣奎、宋聚奎、邢贵满。

据载,当时只有18岁的王文兴,跳崖前因为"恐高"心生怯意,便让战友在自己眼前蒙上一块白毛巾,随后毅然跳了下去。

这令人心碎的一幕,被藏在远处山洞中的人们目睹。第二天,抗日军民在悬崖下找到王文兴的遗体时,白毛巾仍然蒙在他的眼睛上。

遗憾的是,王文兴连一张照片都没有留下来。根据目前的史料,只能查出:他是北京市门头沟区斋堂镇灵水村人,1924年出生,1939年加入中国共产党,1940年参加地方游击队,1942年所在部队编入晋察冀军区七团……

年轻的生命,如火的青春,就这样绽放在保家卫国的战场。

1943年春,在北京市房山区十渡镇老帽山,八路军某部一个排奉命赶到老帽山下的小山头阻击敌人。

激战过后,全排只剩下6名战士,弹尽粮绝,被鬼子一路疯狂追至悬崖边上,战士们纵身跳下悬崖。

1944年3月,内蒙古宁城县山头乡李营子前山,在敌人三面围攻下,50余位八路军战士突围时全体跳下悬崖,9人牺牲,只有3人留下姓名……

如果只有一个"狼牙山五壮士",或许可以用偶然来解释,但出现一个又一个宁死不屈、跳崖殉国的英雄群体，背后必然是坚定的理想信念、高洁的民族气节在支撑。

"狼牙山五壮士"纪念馆馆长李芳说，八路军战士的理想和信念，就是打败日本帝国主义，把侵略者赶出中国，并且坚信在中国共产党的领导下一定会取得胜利，所以他们不怕牺牲，宁愿流尽最后一滴血，也绝不投降。

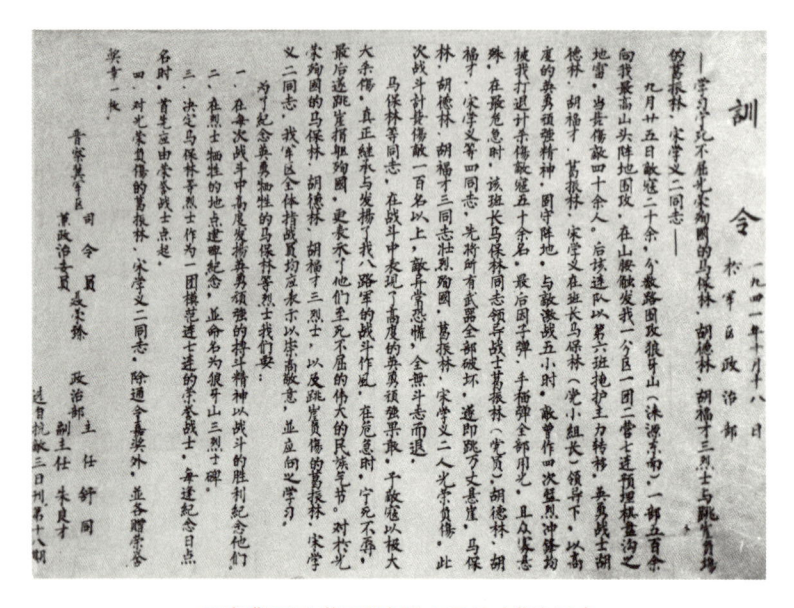

晋察冀军区学习"狼牙山五壮士"的训令

一条英勇无畏的根脉

1997年出生的贾森是易县人，现在陆军第81集团军某旅服役。

贾森第一次上狼牙山，是在小学五年级。那时候，老师刚讲完《狼牙山五壮士》不久，带着他和同学们去参观纪念馆，拜谒纪念塔。

对十二三岁的孩子来说，狼牙山实在太高太险。

"连绵不绝的山头，一座比一座高，看不到边也看不到顶，觉得根本爬不上去。"贾森说，只有到了狼牙山，才能对五壮士那种不怕死的精神有更深切的理解。

但贾森没想到的是，他与"狼牙山五壮士"的故事才刚刚开始。

2015年9月，高中毕业的贾森报名参军，入伍的部队就是"狼牙山五壮士"生前所在部队。

那是一支英雄的部队,参加过反"围剿",走过两万五千里长征,也在抗日战争中驰骋晋察冀,参加了平型关、百团大战等重要战役战斗,击毙了日军"名将之花"阿部规秀……

新兵连组织参观旅史馆,贾森被部队辉煌的战史所震撼,也看到了一茬茬"狼牙山五壮士"成长的红色根脉——

20世纪60年代,全军组织基础课目大比武,这个旅前身部队从零开始组训,所属"大功团"七连七班参加7项课目比武6项获得第一。

1981年,在军委华北诸兵种协同作战演习中,部队组建仅一年的炮兵团导弹连奉命出战,两次实弹射击12发全部命中。

2008年,部队出色完成陆军兵种8个分册17个专业共计340个课目的新大纲试训论证任务,为陆军部队转型建设蹚出新路。

2013年,部队由师改旅,开始探索合成营的作战训练模式。官兵们面对分流、转业、调动,无条件服从命令,仅用3个月时间,就完成了改编任务。

每一次冲锋,每一轮阵痛,都是一次换羽重生,都需要拿出五壮士跳崖的胆魄和勇气。

面对合成营建设这个全新课题,他们主动联系院校开展仿真模拟对抗,先后组织演习130余场,调控作战行动220余次,摸准了自身存在的50多个问题,一批懂合成的新型指挥员迅速成长。

一次演练,合成二营参谋长付亚宾与几名参谋密切配合,处理情报、调控兵力、提出决心……全营数十种装备、近百个专业力量都在他们敲击键盘声中,灵活运用。

工兵分队开辟通路,通信分队实施抗电磁干扰,突击力量随时准备抵近火力支援,远程打击和防空火力也已准备就绪……

全新的练兵图景,让大学生士兵曾翔宇看到了大有可为的舞台。

入伍前,曾翔宇是武汉理工大学的大三学生。2013年,两年服役期满,他没有像多数大学生士兵那样返校继续学业,而是选择了留在部队。

"在我们部队,每一个人都能成为英勇无畏、不辱使命的壮士。"曾翔宇说。

一段不容置疑的历史

葛长生,葛振林之子。宋福保,宋学义之子。

2015年9月抗战胜利日大阅兵训练期间,"狼牙山五壮士"英模部队方队组织宣誓活动

2015年8月25日,葛长生、宋福保分别以原告身份,同时将撰写多篇侮辱、诽谤"狼牙山五壮士"文章的洪振快起诉至北京市西城区人民法院。

这件事,引起社会舆论的广泛关注。大家认识到,以研究历史为名,行歪曲事实、抹黑英雄之实,是一些别有用心之人的惯用伎俩。

每每听到类似诋毁英雄的事,李振玉都感到不可思议。

"我从小生活在狼牙山,听父辈讲五壮士的故事长大,没人能否定历史。他们来过这儿吗?他们有发言权吗?"李振玉说。

村民李建国的母亲王贵兰,是当时东西水村的妇救会主任。五壮士在狼牙山激战时,王贵兰就在那支安全转移的队伍中。

李建国说,母亲常说要是没有共产党没有八路军,大家活不了。

"那时反'扫荡'斗争十分艰难,八路军一天只吃两顿饭,省下一顿给老百姓,我就是这样长大的。"李建国说。

李芳的爷爷当时是东西水村的村长及民兵负责人,也参加了1941年掩护群众转移的那场战斗。爷爷经常嘱托她:"就算我们不在了,你们也要把英雄的故事讲下去。"

作为那场战争的亲历者,不仅狼牙山附近的百姓可以作证,侵华日军的老兵也是证人。

1997年,原易县县长刘建军就曾接待过这样一位日本老兵。他叫茅田幸助,是日本横滨大华株式会社社长。

在前往狼牙山的路上,茅田幸助说,他就是和"狼牙山五壮士"打仗的那个日军小队长,是他们把五壮士逼上悬崖的。

"狼牙山五壮士"跳崖壮举是茅田幸助亲眼目睹的,他还命令士兵脱帽敬礼、朝天鸣枪致敬。后来,此事被人告发,茅田幸助被调回日本国内并受到处分。

时隔几十年,面对狼牙山,茅田幸助跪在地上,一边磕头一边号啕大哭。他说,自己对这个地方有罪。而谢罪,是他寻求解脱的唯一途径。

除了当事人回忆,侵华日军史料《冈山步兵第百十联队史》,也有关于"狼牙山、棋盘陀附近战斗"的记录,日军称这次战斗源自"在9月25日拂晓对棋盘陀附近的八路军展开包围、攻击、歼灭的行动"。

杨成武等同葛振林、宋学义合影

这一史料从日军的视角,在时间、地点和作战细节上与中方史料记录实现了互证互照,进一步确认"狼牙山五壮士"事迹属实。

2016年6月27日,北京市西城区人民法院宣判,判决被告洪振快停止侵害、赔礼道歉、消除影响。

人们是在捍卫英雄,也是在捍卫中华民族的共同记忆。

深情一曲赤子歌
——左权将军和他的13封家书

梅常伟　王楠楠

【人物小传】左权，1905年3月15日生于湖南省醴陵县一个农民家庭。1924年入黄埔军校第1期学习，是"青年军人联合会"的负责人之一。1925年2月加入中国共产党。先后在莫斯科中山大学、伏龙芝军事学院学习。回国后任红15军军长兼政治委员。1933年12月任红一军团参谋长。1934年10月参加长征。

全国抗战爆发后，左权担任八路军副参谋长、八路军前方总部参谋长，后兼任八路军第2纵队司令员，协助朱德、彭德怀指挥八路军开赴华北抗日前线，开展敌后游击战争，扩大抗日武装，创建根据地。1940年8月，参与指挥百团大战。

1942年5月，日军对太行区抗日根据地进行"铁壁合围"。5月25日，在山西辽县麻田附近指挥部队掩护中共中央北方局和八路军总部机关突围转移时，左权于十字岭战斗中壮烈殉国，年仅37岁。

"父亲牺牲的时候，我还不到2岁，哪里会有印象呢？"

在首都北京一家社会福利院里，今年77岁的左太北坐在轮椅里，面前的小桌板上摆着七八本关于父亲左权的书，其中有两本是她自己主编的，一本是《我的父亲左权》，另一本是《左权家书》。

2000年退休后,左太北把大部分的精力都用在寻访父亲战斗足迹、整理研究与父亲有关的资料上,左权将军遗留下来的文章特别是写给家人的13封书信,成为她了解父亲的主要来源。

捧读那些泛黄的纸张,左权将军留下的一个个字词、一个个标点宛若音符,交汇成一曲深情的赤子之歌,真实呈现出他作为军人、儿子、丈夫、父亲的丰富形象……

报国志坚

一封写于1937年9月18日的信,是左权给叔父左铭三的回信。

那时,卢沟桥事变刚刚过去两个多月,日本侵略者叫嚣"三个月灭亡中国",数十万中国军人正在淞沪抗战的战场上,以血肉之躯顽强抗击。中国工农红军被改编为国民革命军第十八集团军,陆续奔赴抗日前线。

作为八路军副参谋长,左权一连几个月都"在外东跑西跑",直到叔父的信寄出后将近4个月才收到。而从回信的内容看,这是左权10多年时间里第一次得到家乡亲人的消息。

如果不是这封信,左权不知还要再过多久才能知道,自己的大哥左育林因为得了肺病,已经在1933年去世了。

突如其来的噩耗,让左权"悲痛万分",也让他感到深深的自责与不安。

早在1930年,左权从苏联伏龙芝军事学院毕业回国后,曾给家里写过一封信,告诉家人自己虽然回国"却恐十年不能回家","老母赡养,托于长兄",他自己"将全力贡献革命"。

如今,家里的顶梁柱没有了,一家老小还能指望谁呢?

国与家无法兼顾,忠和孝不能两全,左权像千千万万投身于民族独立和人民解放事业的革命者一样,内心深处撕扯着、煎熬着,但他同时也清醒着、坚定着,他清楚地知道自己和同志们为之浴血奋斗的道路是什么。

左权恳请叔父相信"这一道路是光明的、伟大的",他愿以"成功的事业",报答叔父与母亲对自己的恩爱,报答大哥对自己的培养。

时隔3个月,抗战形势发生剧变,华北、淞沪抗战均遭失败,国民政府宣布迁都重庆,左权在行军和战事间隙,又给母亲写了一封信。

"亡国奴的确不好当",左权的信从控诉日本侵略者灭绝人性的暴行开始,

英雄

"有些地方全村男女老幼全被杀光,所谓集体屠杀,有些捉来活埋活烧。有些地方的青年妇女,全部捉去,供其兽行。"

"日寇不仅要亡我之国,并要灭我之种,亡国灭种之惨祸,已临到每一个中国人的头上。"左权写道,眼下抗战失败,不是中国军队打不得,不是武器不好,不是军队少,而是战略战术指挥上的错误,是政府政策上的错误。

"我们曾一再向政府建议,并提出改善良策,他们却不能接受。"左权说,"这确是中国抗战的危机",如不能改善,"抗战的前途,是黑暗的、悲惨的"。

他的字里行间,充满对当时抗战情况的不满和忧虑。

但与此同时,八路军在华北战场"取得光荣的战绩"以及山西民众、华北民众的真心拥戴,让左权深受鼓舞,也更加坚定了他抗战到底的决心和信心,"我们决心与华北人民共甘苦、共生死,不管敌人怎样进攻,都不回黄河南岸。"

信末,左权写道:"我军将士,都有一个决心,为了民族国家的利益,过去没有一个铜板,现在仍然是没有一个铜板,过去吃过草,准备还吃草。"

1940年8月,左权送夫人刘志兰赴延安学习,夫妻分别时与怀中的女儿左太北合影

不知,远在湖南的母亲看到这些文字,心中该是何等欣慰,又是何等心疼……

伉俪情深

"志兰亲爱的",这是从1940年到1942年写的11封家信中,左权对妻子刘志兰最常用的称呼。

或许以现代人的眼光来看,这样的爱称显得有些正式。但回到那个纯真质朴的革命年代,"亲爱的"三个字,对于身为八路军高级指挥员的左权而言,已经是最炽热的情话了。

两人相识于 1939 年早春,介绍人是朱德总司令。在此之前,刘志兰作为从北京投奔延安参加革命的热血青年,曾在晋冀鲁豫一次党的会议上听过左权做军事报告,知道这是一个大家都很敬佩的人。

当年 4 月 16 日,太行山区春暖花开的时候,左权和刘志兰结婚了。第二年 5 月,他们有了一个可爱的女儿,彭德怀给她取名"太北",那是太行山八路军总部一个区的名字。

34 岁娶妻,中年得女,在浓浓的天伦之乐中,左权露出了难得的露齿笑容。在那张唯一的全家福中,左权抱着未满百日的女儿,身边坐着年轻漂亮的妻子,开怀而笑。而在仅存至今的其他几张照片中,他总是嘴唇紧闭,军容极为严整,站在照片一角。

然而,革命年代的爱情,相守只是一种奢望,离别才是常态。拍完全家福不久,左权就在村口挥别妻女,依依不舍地把她们送上了前往延安的路……

鸿雁传情的日子,就这样开始了。

"你们走后,确感寂寞。"1940 年 11 月 12 日,得知母女二人已安全到达延安,左权在百团大战进入第三阶段、敌人实施大规模连续"扫荡"、作战任务十分繁重的情况下,专门挤出时间给刘志兰写了一封信,告诉她前方的战况,也告诉她自己的思念。

1941 年,太行山战事暂缓,官兵们在院子里种了不少花。9 月,花开得欢实,左权在信中告诉妻子,"每次打开门帘,见到各种花的时候,就想着我的兰,我最亲爱的兰。"

那一刻,是爱,让这位久经沙场的抗日骁将坦露出内心深处的温润与柔情。

夫妻久别,左权时常感到寂寞、孤单,不少人劝他将妻子接回太行山,左权没有同意。送刘志兰去延安,本就是他出于尊重妻子学习进步的愿望,明知会有相思之苦而忍痛做出的决定。

"我决不以满足我之私欲来处理你的问题,我想这是夫妻间应有的态度。"左权在信中对妻子说。

战时艰险、邮路不畅,信件只能靠往来延安的人捎带,能不能寄到、什么时候能寄到都很难说。所以只要有人去延安,只要方便,左权不论长短总会手书一封

英雄

带给刘志兰。

1942年5月22日,前一封信刚刚发出半个月,一位叫江明的同志因事去延安,左权又给妻子写了2页纸,信中写道:"志兰!亲爱的,别时容易见时难。分离廿一个月了,何日相聚,念念、念念。"

21个月!谁能想到,这位心里装着千军万马、谋划抗日大计的将军,一直都在默默地数着日子盼望一家团聚。

可就在3天后,日军纠集3万多人,对太行山麓的八路军总部和129师首脑机关进行"铁壁合围",左权带领部队突围时,不幸被日本鬼子的炮弹夺去生命,年仅37岁。

信,最终寄到了妻子手上,可相聚的日子,她却再也等不到了……

舐犊之慈

左权的女儿左太北

父亲牺牲那天,左太北还差2天过2岁生日,被母亲寄养在延安一个托儿所里。"那个托儿所叫洛杉矶托儿所……"

"6岁时,我被母亲送回北京,由外公、外婆抚养。我说陕北方言,又喜欢唱《白毛女》,外公外婆担心我捅娄子,就把我关在家里,不许出门。"

回想幼时的生活,左太北只能记起这样零星的碎片,而与父亲有关的记忆,是从12岁那年的儿童节开始的。

1952年6月1日,左太北和八一小学的同学们代表少先队员到中南海向毛主席敬献鲜花。毛主席听说她是左权的女儿,特意跟她一起照了张相。现在,这张照片和那张唯一的全家福一起摆在床尾的柜子上,一抬头就能看见。

读中学、上大学、参加工作……左太北慢慢长大,可关于父亲的印象却始终是近乎空白,直到1982年她收到了"文革"抄家后发还的物品,看到了父亲在分别近两年间写给母亲的11封信。

"每一封信,父亲都大段大段地提到我,问我'身体好吗''长大些了没''更活泼些了没'……"左太北说,如果不是亲眼看这些信,谁能想到一个天天打仗的将军,对女儿的爱竟然如此细腻。

在他口中,女儿是小鬼、小家伙、小东西、小宝贝、小天使;夏天,他给女儿带来热天穿的小衣服;冬天,他记挂着小家伙别冻坏了手脚;太北病了,他焦急地反复在信里念叨:"急性痢疾是极危险的""有了病必须找医生";别人给的糖果,他舍不得吃,连省下的钱一起托人带去延安……

1941年7月,左权给小太北买了两件夏天的衣服,但不知道一两岁的孩子到底长得多快,衣服大了许多,改过一次仍有些大,"大概明年还不能穿",言语之间有些遗憾。

信中,左权不止一次地"提醒"妻子,"不要忘记教育小太北学会喊爸爸,慢慢地给她懂得她的爸爸在遥远的华北与敌寇战斗着",还开玩笑地说"勿教她弄错了爸爸"。

他时常想着,如果能跟妻子、女儿一起,能够听到小太北叫爸爸妈妈的声音,牵着她走走,抱着她玩玩,闹着她笑笑,打着她哭一哭,该是多么快乐啊!

直到给妻子的最后一封信里,左权还想象着与妻女团聚的情景:"有时总仿佛有你及北北与我在一块玩着、谈着。特别是北北非常调皮,一时在地下,一时爬到妈妈怀里,又由妈妈怀里转到爸爸怀里来……"

一转眼,这个再寻常不过的团聚心愿,已经碎了75年。

看血性怎么保鲜
——走进新时期的"刘老庄连"

李宣良　梅世雄

【连队名片】刘老庄连,1943年3月18日,新四军第3师第7旅第19团第4连82名官兵,在江苏省淮安市淮阴区刘老庄乡,在与1200余日伪军的战斗中全部壮烈殉国。战后,淮阴的父老乡亲就把82名优秀子弟送到部队,组建了新的4连。7旅随即命名4连为"刘老庄连"。很长一段时间,这个连队一直保持着82人的特殊编制。如今,中部战区陆军第83集团军某旅"刘老庄连"几乎每年都有来自刘老庄的兵。

这个梦想,杨永杰打小就有。

曾经,杨永杰以为这辈子再也不可能实现这个梦想了。

突然有一天,梦想照进现实!

男儿有泪不轻弹,但杨永杰还是喜极而泣!

"那是2015年5月份,贵阳市花溪区武装部到我们学校做征兵宣传。"正在贵州民族大学美术系上大一的杨永杰惊喜地意识到,那个埋藏在内心深处许久的从军报国梦或许有机会实现了。

血气方刚的杨永杰迫不及待地拨开人群,闯到征兵人员面前,坚定地喊道:"我要当兵!"

几番周折,来自江苏省淮安市淮阴区刘老庄镇的杨永杰,成为原第54集团军某红军师"刘老庄连"的一员。

2017年4月底,就在记者采访结束后不久,"刘老庄连"被转隶到中部战区陆军第83集团军某旅。

"有血性,是'刘老庄连'的核心标识。"今年22岁的上等兵杨永杰接受新华社记者采访时说,"几十年来,连队那种'忠勇无畏,血战到底'的血性代代相传,又历久弥新!"

血性荣光
——全连苦战殉刘庄,朱德称其为"我军指战员的英雄主义的最高表现"

这是一支以自己的家乡命名的英雄连队,对它的英雄史,杨永杰熟悉得如同自己的双手。

"八十二烈士陵园,与我的母校刘老庄初级中学,仅有一墙之隔。"杨永杰从小就接受了深深的红色传统熏陶。

"从记事起,我就发现,每年的3月18日,也就是勇士们牺牲的那一天,父老乡亲都会自发地到陵园扫墓。"杨永杰介绍。

位于江苏省淮安市淮阴区刘老庄的八十二烈士陵园

杨永杰说,几乎每一位街坊邻居都能详细地讲述82位烈士血战刘老庄的英雄传奇。

那是怎样一种血性,竟在青年杨永杰心里烙下刻骨的印记?!

1943年3月18日,日军正对新四军第3师所在的苏北革命根据地进行疯狂大扫荡。当时,3 师 7 旅 19 团 2 营的驻地就在刘老庄。

"我们营长看形势不对,就对我说,'我们不要叫日本鬼子都吃掉了,你看从哪里突围便利就往哪里走,能走一个是一个',战士们盛起饭,边走边吃边战斗,4 连留下掩护。"2005 年,时任新四军 3 师 7 旅 19 团 2 营 3 连连长霍继光在南京接受记者采访时说。

一年多之后,老人走完了 88 年的人生历程。

4 连在炊事班随部队撤离后,仅有指战员 82 人,而日伪军则多达 1200 余人。

力量的悬殊并没有吓倒英雄的 4 连,他们在连长白思才、指导员李云鹏率领下,迅速展开战斗。

"那是我们在苏北拼得最惨的一次,4 连 82 个人全部战死了。"霍继光生前痛苦地回忆,白思才曾是他的老排长,指导员李云鹏则是他的同班同学。

"在苏北这样的平原水网地带,4 连唯一可用来打阻击的工事就是交通沟。"霍继光生前回忆,这种被当地群众称为"抗日沟"的交通沟,就是在地面上挖半人多深的沟道,人在里面弯腰跑,地面上看不见。

"4 连是完全可以顺利突围的。"时任 19 团团长的胡炳云,1955 年被授予少将军衔,新中国成立后曾担任原兰州军区副司令员。

胡炳云生前回忆,为了掩住敌人、争取时间,让领导机关和群众安全转移,4 连放弃了突围,同敌人打了一次防御战。"4 连凭借防御的'抗日沟',哪里经受得住雨点般的炮弹!但 4 连全体指战员有一种比钢铁更坚硬的东西——革命的意志!工事摧毁了,立即又修复了;掩体坍塌了,马上用背包填上去;人负伤了,包扎起来,继续战斗。任凭敌人炮弹再多,轰击再猛,4 连的阵地依旧稳如泰山,使敌人不能前进一步。"

连续 5 次冲锋未果后,日伪军更加疯狂。

"于是,敌人改变战术,集中所有的山炮、92 步兵炮、迫击炮、掷弹筒,向 4 连阵地轰击。"胡炳云生前回忆。

淮海区党政军机关转移了,人民群众转移了,而 4 连 82 位勇士却发出了生命最后的呐喊……

开国大将、时任新四军第 3 师师长的黄克诚在回忆录中写道:"第 7 旅 19 团 4 连 82 名指战员激战竟日,反复肉搏,毙敌 170 多人后,全部壮烈牺牲……"

"最后收葬的有 84 具尸体,有两个实在和鬼子兵分不开了。"战斗过后,霍继

位于江苏省淮安市淮阴区刘老庄的刘老庄战斗战壕遗迹

光的3连又回到了刘老庄,收敛埋葬战友们的遗体。

"在清理遗体时,我们发现还有一个战士活着。"霍继光生前回忆,可是他的伤势太重了,"胸前有3个枪眼。"

淮阴县张集区区长周文科、联防大队大队长周文忠等人赶到阵地。

周文忠立即在一片血污中抱起这位没有留下姓名的战士,找来一副担架,把他送往3师的野战医院。

这位战士以顽强的毅力,硬是断断续续地向周文科等人叙述完了一天来的惨烈战斗。但他的伤势太重了,第三天早晨,他就永远地安息了。

四里八乡的乡亲们在烈士牺牲的地方,建起了一座10多米高的纪念碑,永远铭记那段不朽的传奇。

八路军总司令朱德在《八路军、新四军的英雄主义》一文中说:"淮北全连82人全部殉国的刘老庄战斗……是我军指战员的英雄主义的最高表现。"

淮阴人民日夜怀念这些英雄的子弟兵。"老人们对我讲,没过多久,父老乡亲就把82名优秀子弟送到部队,组建了新的4连。"杨永杰说。

在杨永杰看来,这是为4连"忠勇无畏,血战到底"的血性寻找到的最好的传人。

7旅随即命名4连为"刘老庄连"。很长一段时间,这个连队一直保持着82人的特殊编制。

如今,"刘老庄连"几乎每年都有来自刘老庄镇的兵。

英雄

1943年"刘老庄连"重组时，刘老庄青年踊跃参军

血性突击
——涉外军演、国际维和……在一项项重大军事行动中上演英雄连队的"士兵突击"

2015年9月，杨永杰入伍来到著名的原第54集团军某红军师"叶挺独立团"。

"我们团是共产党最早掌握的一支部队，参加了南昌起义。"在踏进那写着红彤彤的"叶挺独立团"5个大字的部队大门时，杨永杰脸上写满了自豪。

然而，一进入新兵连，杨永杰就失落了。"我被分在了炮兵营新兵5班，与梦想中的'刘老庄连'不在一个营。"

到部队第9天，在排长的鼓励下，杨永杰鼓足勇气向团领导写了一封自荐信，表达了刘老庄人想当"刘老庄连"传人的强烈愿望。

就在几乎快要绝望之时，"刘老庄连"的新兵排长突然出现在了杨永杰面前。他如愿加入了光荣的"刘老庄连"。

在"刘老庄连"，杨永杰耳闻目睹了这个钢铁连队太多的"血性突击"！

2004年深秋，代号为"铁拳-2004"的演习在中原腹地的原济南军区确山综合训练基地激战正酣。

60多名来自16个国家的军队领导人和军事观察员，以及13国驻华武官正观摩着"刘老庄连"所在师山地进攻战斗演习。

新兵入连当天在"刘老庄连"连史馆进行新兵入连仪式

这是截至当时中国军队邀请国家最多、军事观察员层次最高、对外展示规模最大的实兵实弹演习。

担任主攻任务的"刘老庄连"官兵感到"压力山大"。1997年,"刘老庄连"就已经改制换装,成为驾驭我军新型轮式步战车的新型步兵连。

在导弹、榴弹炮、火箭炮交织而成的火力遮障下,下士张飞驾驶新型步战车快速机动,出其不意直插"蓝军"侧翼纵深,打得"敌"晕头转向,阵地上四处开花……

"那一仗,我们连的步战车冲得快、打得猛,立了头功!"已于2016年底退伍的原四级军士长张飞曾对杨永杰说。

1万余人参演却不见几个兵!中国步兵脱胎换骨的变化,令现场观摩的外军领导人、军事观察员和驻华武官们惊叹不已。

这是中国陆军轻型机械化步兵第一次向世界公开亮相,也是中国步兵从摩托化到机械化的华丽跨越和转身!

2005年8月,"和平使命-2005"中俄联合军事演习一天天逼近,装甲车泛水试验和抢滩登陆科目摆上导演组的议事日程。

由于装甲车涉水易熄火,海上编队难度大,许多参演分队望而却步。

大战在即,怎么办?

正当指挥部着急之时,"刘老庄连"官兵勇敢地站了出来。

英雄

冬季野营拉练途中，"刘老庄连"官兵互帮互助

"刘老庄连"的官兵们经过合力攻关，在极短的时间内摸索出"装甲车涉水登陆八步法"。演习当天，海面涌大浪高，尽管实地条件超过装甲车泛水极限，但官兵们沉着应战，强行涉水抢滩，驾驶的装甲车全部抢滩上陆，展示了中国新型陆军的风采。

2012年秋，"刘老庄连"以"特战飞兵"的雄姿出现在演习战场上，一阵猛烈的火力急袭过后，担任前沿攻击任务的特战小分队搭乘直升机飞临战区上空，战士们迅速完成"敌后"机降，以迅猛的战术动作攻取了蓝军阵地，随后又连续捣毁了蓝军指挥所。

2014年，连队参与原济南军区合成营战斗试点任务，配属陆航、炮兵、工兵等多个不同兵种后如虎添翼，探索出10余种合成进攻战斗新战法。

同样是在2014年，中国首支维和步兵营赴南苏丹维和，从刘老庄连抽调的官兵以过硬的能力素质，在万里之遥的异国他乡赢得赞誉。

最近一次让杨永杰对自己的连队感到血脉贲张的是2015年的"9·3"胜利日大阅兵。

当看到'刘老庄连'英模部队方队威武雄壮地走过天安门时，我感到十分的荣耀。"杨永杰说。

阅兵期间，"刘老庄连"英模部队方队始终盯着三军仪仗队，比正步、比排面、比士气，平均每人踢坏了4双作战靴，瘦了十几斤，有7人推迟婚期，10人家庭发生变故都没有返回，最终以一流的标准、一流的作风接受了习近平主席和全国人民的检阅。

血性男儿

——白思才、龙海宇、任周刚……血性的连队血性的兵

"敌人炮击一开始，白思才同志就被炸伤了，一只手失去了活动能力，立即昏

迷过去。"胡炳云生前回忆，当他苏醒过来后，马上挣扎着爬起来，来往于交通壕内指挥战斗。

倒下的是白思才的身躯，挺起的却是中国军人最具血性的脊梁！

"在我们连官兵的眼里，最美的军人都是血性男儿。"从走进"刘老庄连"的第一天起，杨永杰就决心像老连长白思才那样，做一个有血性的军人。

新兵连下连之后，杨永杰就遭遇了一次"滑铁卢"。"连队第一次考核5000米，我只跑了24分钟，成绩非常差。"

立志想成为有血性的钢铁战士的杨永杰，主动给自己"开小灶"。"其他人徒手跑5000米，他就绑着沙袋跑；晚上别人休息，他就一个人悄悄练。2个多月下来，他比别人多跑了300多千米。"连指导员王里告诉记者。

最终，杨永杰5000米成绩提高到19分钟，成为团5000米尖子成员。2016年，他被评为优秀士兵。

"我的战友们，个个比我有血性。"尽管取得了很大的进步，但杨永杰认为，自己离最有血性的军人标准还有很大距离，还要向战友们多学习。

2016年7月2日，"中部战区铁拳—坦克·铁骑"竞赛在贺兰山下拉开战幕。

10时30分，"刘老庄连"参赛车组的驾驶员、四级军士长张飞驾驶步战车越出赛道起跑线。

"装到第10发炮弹时，张飞左手无名指不小心被装弹机夹开一道大口子，鲜血直流。"时任连长、现任团战勤股长李晓回忆。

张飞忍着剧痛，驾驶车辆跑完全程。

"方向盘上、装弹机上都沾满了鲜血。"李晓回忆，到达终点，张飞一下车就抓住他的胳膊问起了成绩。

张飞车组取得了金牌。

记者在采访中了解到，每一个"刘老庄连"官兵，几乎都是类似张飞这样的血性男儿！

2013年1月，军事素质过硬的副连长龙海宇被选到师侦察

"刘老庄连"连史馆"镇馆之宝"——连旗。1943年，刘老庄战斗时全连82名指战员全部牺牲，同年连队重新组建，新四军命名连队为"刘老庄连"并授予连旗

营集训，准备参加全军特种兵大比武。

"你一个步兵参加什么侦察兵比武啊。"对侦察兵专业毫不了解的龙海宇，遭到质疑。

"'刘老庄连'的人没有不行的！"为尽快掌握侦察兵专业技能，龙海宇白天苦练技能，晚上学习至少2万字的军事理论。

半年后，龙海宇取得大比武1个第一、4个第二的优异成绩。

2014年10月，上等兵李凯为完成对抗演习抵近侦察任务，即使大雨不停，依然坚持在"敌"防御前沿草丛深处潜伏3天3夜，仅靠4块压缩饼干充饥，发现"敌"碉堡、隐蔽部、装甲车辆等16个目标。

上士任周刚参加武装5000米比武考核，发现携行具里少了一双作训鞋，他把脚上的鞋子脱下来放进去，不顾劝阻光脚跑完全程，脚板上血迹斑斑；上等兵寿林杰在考核中左臂脱臼，继续坚持考核，夺得全营第5名……

"面对挑战敢亮剑，敢与高手决高低。"在原师政委杨友斌眼中，"刘老庄连"的每一名官兵都具有英勇无畏、舍我其谁的血性胆气。

杨永杰说，能够成为"刘老庄连"的士兵，是他一辈子的财富，一生的荣耀！

为了永不忘却的纪念
——农民摄影家赵文岭和回民支队的故事

梅常伟 王 瑶

【人物小传】马本斋,1902年出生,河北省献县人,回族。抗日战争爆发以后,马本斋响应中国共产党提出的建立抗日民族统一战线的号召,组织"回民义勇队",英勇抗击日本侵略者。1938年,马本斋率部参加八路军,同年加入中国共产党。1939年,回民教导总队改编为八路军第三纵队回民支队,马本斋任司令员。1942年8月,回民支队奉命到达冀鲁豫抗日根据地,他被任命为冀鲁豫军区第三军分区司令员兼回民支队司令员。1937—1944年,马本斋率领回民支队,经历大小战斗870余次,歼灭日伪军3.6万余人,八路军冀中军区授予回民支队"无攻不克,无坚不摧,打不垮、拖不烂的铁军"的锦旗。马本斋因积劳成疾于1944年2月7日病逝于冀鲁豫军区后方医院。毛泽东、周恩来、朱德曾分别为他题写挽词:"马本斋同志不死!""壮志难移,汉回各族模范;大节不死,母子两代英雄""民族英雄 吾党战士"。

一场淅淅沥沥的小雨不期而至,河北省献县苗庄村村口的水泥路变得湿漉漉的。

这样的天气没法下地干活,很多难得闲下来的村民选择窝在床上懒懒地睡上一觉,也有些人喊上左邻右舍,泡一壶香气腾腾的茶,在家里聊天、打牌消磨时光。

今年62岁的赵文岭是舍不得这样休闲的,不到外地寻访拍照的日子,他总是喜欢静静地待在家里,给那些慕名来参观的人留着门,顺便整理整理照片,写写马本斋和回民支队的故事。

算起来,赵文岭拍摄回民支队,已经整整27年了。

"别的啥也不图,就图让后人记住这些打日本鬼子的英雄们。"他说,只要自

英雄

己还走得动,就要继续拍下去……

马本斋的故事

马本斋(赵文岭提供)

献县,是马本斋的故乡。

1902年,马本斋出生于献县东辛庄一个贫苦的回族家庭,13岁因贫辍学后不得不在外奔波,给大户人家放马、打工、当学徒,小小年纪便吃尽苦头。

19岁时,马本斋与一位有着新思想的爱国警察一起参加奉军,凭着过人胆识和卓著战功,被破格提拔为团长。

1932年,日军占领东北大部,东北军执行国民党不抵抗政策撤回关内,马本斋激愤难平,毅然解甲返乡,以习武为名把全村100多名回族青年组织起来,讲救亡图存之理,练抗日杀敌之法。

"七七"事变爆发后,日军大举进犯、烧杀抢掠,马本斋率"回民义勇队"奋起抗击,并于1938年参加了八路军,加入了共产党。

位于献县城北的马本斋纪念馆,艺术地再现了将军的英姿:骑着战马,高举大刀,目光如炬。赵文岭介绍,据回民支队的老兵回忆,这是战前动员的时候,马司令最常见的动作和神态。

时至今日,当地群众依旧习惯称呼马本斋一声"马司令"。

"为什么70多年过去了,大家都还记着马司令?因为他是抗日的民族英雄。"赵文岭说。

1941年7月1日,党的20岁生日那天,马本斋率部进驻河间青沧交一带展开斗争,牵制日军山本联队。不到短短两个月的时间里,马本斋主动出击27次,歼灭日伪军1500多人,缴获大批军用物资,以致敌人100人以下的小股部队连城门、据点都不敢出。

打不过,吓不住,劝不降……黔驴技穷的敌人,采纳叛徒哈少甫的毒计,把马本斋的母亲白文冠抓走,企图以此为要挟,逼迫素有孝子之名的马本斋投降。

"日本鬼子心里还打着另一副算盘,是用马母当诱饵,让马本斋上钩带部队来救,他们好趁机消灭回民支队。"赵文岭说。

敌人万没料到,深明大义的白文冠宁愿死,也决不屈服。她毅然绝食,7天后以身殉国。

回民支队指战员纷纷请战,要为马母报仇。马本斋深知,那是敌人的圈套,他强忍丧母之痛,按下官兵的怒火,转战冀中,屡建战功。

1944年2月,马本斋颈后毒疮发作,由于战事繁忙、缺医少药,未能及时治疗,在冀鲁豫军区后方医院不幸病逝,年仅42岁。

为了纪念这对胸怀民族大义的英雄母子,人们把东辛庄更名为本斋村,还为他们修建了母子烈士陵园。

如今,园内苍松滴翠,草木葱茏,庄严的汉白玉纪念碑高高矗立,前后分别镌刻着毛泽东与朱德的挽词:"马本斋同志不死!""壮志难移,汉回各族模范;大节不死,母子两代英雄!"

马本斋母亲白文冠(赵文岭提供)

追寻回民支队

作为同乡,赵文岭从小听着马本斋的故事长大。但拍摄马本斋和回民支队,却源于一次偶然的机会。

1989年,喜爱摄影的赵文岭花1000元钱买了一部相机,还专门报名上了函授培训班。没想到,在宁夏打工时,他拍的第一张照片就入选了当地画报举办的摄影展,这让赵文岭进入了画报工作人员的视野。

第二年年初,画报需要一组反映马本斋家乡变化的照片,大家想到了赵文岭。3月,当春风裹着暖意唤醒华北大地,柳条开始抽出鹅黄色嫩芽的时候,赵文岭挎上相机,骑着自行车来到了本斋村。

拍摄很顺利,更难能可贵的是,赵文岭见到了4位健在的回民支队老队员,听他们讲马本斋、讲回民支队、讲打仗的事。他决定用自己的相机做点什么,留住那些正在老去的英雄。

追寻的足迹,就这样开始了。

20多年来,他从冀中平原拍到祁连山脉,从黄土高坡拍到江南鱼米之乡,几乎走遍了大江南北的所有省份，走访拍摄回民支队的老队员，还有他们战斗过的地方，相机用坏了十几部，照片拍了几万张。

2006年，赵文岭几经周折，在最低气温达-35℃的中蒙边境线上，找到了回民支队的血脉——驻新疆某部的一个边防连。

在那里，赵文岭给战士们讲马本斋的故事，讲回民支队打过的仗，还跟战士们一起为祖国站岗。

"在连队感觉很亲切、很踏实，就像回家了一样。"他说。

这些年，赵文岭还搜集到了回民支队队员的入党转正表、职务胸章、用过的针线包，都捐给了马本斋纪念馆。

"这件事从一开始，就没有停下来的可能了。"赵文岭说，"那些东西如果没能记录下来，我会觉得自己有罪。"

马本斋纪念馆内展陈的许多照片，都是赵文岭拍的。每当有人参观，讲解员总会停下来，讲讲他拍的那座纪念碑的故事。

那是位于深泽县城的回民支队烈士纪念碑，最初由日军所立。

1940年11月初，马本斋率部与敌人在深泽县激战。日军不仅调兵增援，还用飞机进行扫射，回民支队血战4昼夜，两度攻入城内，将敌人逼入绝境。

当回民支队完成任务撤出阵地后，日军把回民支队阵亡战士的遗体埋于城东，竖了一块木板，上书："回民支队战死者之墓"，以表达对回民支队英勇战斗精神的敬畏。

后来，当地政府在此基础上重修，就有了现在的纪念碑。

"一支连日本鬼子都尊重的部队，我们不管到什么时候都不能忘。"赵文岭说。

最后的影像

赵文岭的家，是村里数得着的好房子。那是一座2层小楼，贴着白亮的瓷砖。

然而，与寻常人家不同，赵文岭家里大部分的房间不是用于居住，而是拿来做展览了。

沿楼梯拾阶而上，眼前的景象让人仿佛穿越进另一个时空——房间中央的玻璃展柜里摆放着锈迹斑斑的大刀，四周墙壁被一幅接一幅大尺寸老年人物肖像照片挂得满满当当。

照片上的人，都曾是回民支队的队员。70多年前，他们并肩作战打击日寇；

70多年后,他们以这种特殊的形式,再度聚首。

抗日民族英雄马本斋领导的回民支队

赵文岭说,每幅照片都有故事,每个人都是传奇。

王文进是赵文岭拍摄的年龄最小的回民支队队员。照片中,王文进满头银发,双目有神,他用两只手同时比画着,嘴里的话仿佛下一秒就要从照片中迸出来。

"他13岁就参加了回民支队,15岁时在北苏战斗中立功火线入党。"赵文岭说,那一仗发生在1939年,马本斋兵走奇招,不把部队埋伏在高大的玉米地,而是低矮的豆子地,让敌人放松警惕,干掉了他们19辆汽车。

2006年,赵文岭辗转找到王文进时,他还能骑自行车去集市。可现在,王文进已经走了好几年了。

事实上,赵文岭拍摄过的138位回民支队队员,都已经先后离开人世了。但他们的故事,赵文岭都记在心里,片刻未敢忘记。

代文悌,回民支队中为数不多的女同志之一,曾在冀中军区前线报社工作。她告诉赵文岭,报社的3个记者被侵华日军抓去,将要被砍头时,其中一个说:"眼看就要光明了……",另一个接着说:"咱是看不见了,别人看见就行了嘛……"

说完,代文悌陷入回忆,久久不语,赵文岭趁机摁下快门。咔嚓声响起的瞬间,代文悌缓过神,赶忙伸手制止——这个动作被相机定格,成为赵文岭为她拍

英雄

回民支队老兵王文进(2013年1月18日赵文岭摄)

摄的唯一一张照片。

白玉峰,1939年6月参加回民支队,突围负伤后躲在老百姓家中养伤。日伪军疯狂搜查伤员,当地村民就在祖坟旁挖了一座假坟,打通墓碑底座当透气孔,3名伤员在坟里埋了7天,最终全部得救。

张刚剑,曾任回民支队参谋长。赵文岭打了几百个电话,才找到他。遗憾的是,张刚剑那时已经陷入昏迷,不能说话。

"以前总担心找不到他们,或者找到了没时间去拍,现在却是一个也找不到了。"说话时,赵文岭神色凝重,语气中满是感伤。

而这些照片,恐怕是回民支队队员最后的影像了……

为情意再出发

在赵文岭正房的客厅里,有一张用精美相框装裱起来的人物肖像,背景是绿油油的玉米地。相框右下角,已经褪色的红纸条上用毛笔写着:我的蒙娜丽莎。

她,是赵文岭的妻子。

赵文岭说,自己这些年在外面四处奔波,全靠家人默默支持。

那年,为了给他筹钱办展览,父母把家里唯一一头驴卖了。要知道,在尚未实现机械化生产的农村,毛驴之类的牲口可是最重要的力畜。

接下来很长一段时间里,拉车耕地的力气活,都是妹妹和赵文岭一起干的。

其实,这不是家里第一次卖东西筹钱了。在那之前,他们把辛辛苦苦喂了好几年的羊拉到集市上,打算卖了钱给赵文岭当路费,可是钱还没焐热,却被小偷偷走了。

"每一分钱,都是家里的心血。"赵文岭说,走访拍摄的时候,他从来都是怎么省钱怎么来,舍不得多花,更不会乱花。

有一次,赵文岭去天津走访一位回民支队老队员,出于敬意和礼节,买了一只烧鸡作为"见面礼"。但他自己骑了一整天自行车,饭都没吃一口,又累又饿。

烧鸡的香味飘出来,赵文岭觉得肚子更饿了。好几回,他把烧鸡掏出来,想拽下一个鸡大腿吃,猛咽了几口口水,却又放了回去,赶紧喝两口凉水压一压。

就这样,他一路闻着肉香,忍着饿坚持到了老战士家里……

1993年清明,赵文岭听说了马本斋的弟弟马进坡的下落,就借钱买了胶卷、车票,着急忙慌赶到石家庄拜访,可没想到,马进坡已经去世了。

庆幸的是,马进坡留下了许多珍贵的遗物,马本斋全身像瓷画就是其中之一。赵文岭如获珍宝,白天到马进坡家中和有关地方采访拍摄,晚上就在华北烈士陵园马本斋墓前的松树上睡一觉。

在石家庄4天,他只花了7元钱。

前几年,华北烈士陵园的负责人在一次活动中遇见赵文岭,反复叮嘱他,如果再去石家庄就找他们,管吃管住,千万别睡树上了。

赵文岭笑着答应了,一阵暖意涌上心头。

2007年,赵文岭病了,生命垂危。

当地老百姓听说后,自发在网上发起募捐活动,沧州市摄影家协会也给他送来爱心捐款。

"家人理解我,大家认可我,再苦再累都值了。"赵文岭说,"为了这份情意,我会继续拍下去,让更多的人了解马本斋,了解回民支队。"

马本斋(赵文岭提供)

张思德：为人民服务的光辉典范

樊永强

【人物小传】张思德，1915年出生，四川省仪陇县人，1933年参加中国工农红军，1937年加入中国共产党，原中央警备团直属警卫队战士，经历过长征，多次参加作战，警卫过毛泽东主席，执行过生产任务。1944年9月5日，在陕北安塞山中烧炭时，因炭窑崩塌不幸牺牲，年仅29岁。9月8日，在中央直属机关和中央警备团为张思德举行的追悼会上，毛泽东主席作了题为《为人民服务》的著名演讲，对他的一生给予高度评价，称赞他的死"比泰山还重"。1996年，原解放军总政治部将其画像制作印发全军，在连以上单位悬挂、张贴。

和战友一起烧炭的张思德（左），这是张思德生前留下的唯一一张照片

1944年9月8日，毛泽东在一位普通战士的追悼会上，第一次以"为人民服务"为题发表了影响深远的演讲。

这位战士叫张思德，是一名经历过长征的红军战士，牺牲在平凡的岗位上。这篇演讲，既是一篇悼念革命战士的沉痛祭文，更是一篇为人民服务的光辉宣言。

从此，全心全意为人民服务，成为中国共产党和人民军队矢志不渝的宗旨。张思德，这个平凡而伟大的名字，也与党和军队紧紧连在一起，成为无数后来者学习景仰的典范!

一名普通战士的牺牲,为什么会让党的领袖、军队的统帅如此动容?历经70多年风雨洗礼,张思德和他所代表的精神为什么依旧弥足珍贵?

怀着对英雄先辈的无比崇敬,2017年4月,记者来到北京卫戍区某干休所和陆军某医院,现场采访了张思德的老班长、百岁老红军杜泽洲和爱人关玉清。

"作战勇敢、顽强,警卫忠诚、机智"

与张思德同龄同籍又同时入伍的杜泽洲,今年已经102岁高龄。虽然年事已高,说话已不太利索,但一聊起张思德的故事,老人仍旧心潮难平,仿佛又回到那段难忘的战斗岁月。在爱人关玉清的补充和转述下,张思德的英雄形象一点点清晰起来。

"张思德的故事就像天上的星星,数也数不清。"杜泽洲告诉记者,从长征路上到陕甘宁边区,他亲眼目睹了张思德不怕牺牲、勇往直前、团结互助、百折不挠的革命精神和全心全意为人民服务的一件件事例。在延安枣园广场,他现场聆听了毛泽东主席发表的《为人民服务》的演讲。

杜泽洲出生在贫苦农民家庭,17岁那年,红军从家门口路过,他义无反顾地加入了红军。1935年,结束包围万源的战斗后,杜泽洲因病留在红四方面军总部通信营担任班长,张思德正好也分在这个班。从此,这对同乡同龄同时入伍的战友并肩战斗,开始了短暂却永远难忘的革命历程。

张思德,四川仪陇县人,出身贫苦,对共产党和人民军队有着深厚感情,1933年参加红军,在炮火硝烟中成长为一名坚强的红军战士,同年加入中国共产主义青年团。

"他作战勇敢、顽强,警卫忠诚、机智。"杜泽洲回忆,在一次战斗中,张思德不怕牺牲,深入敌阵,创造了一人夺得两挺机枪的战绩,自己也负了重伤,荣立战功。

在长征路上,张思德和战友们曾两度经过人迹罕至的雪山、草地,历尽千辛万苦。"他舍己为人的品质在困难面前体现得非常明显。"杜泽洲说。

草地上的沼泽,随时会吞噬年轻的生命。一天,通信营一排战士小李不幸陷入泥沼,拼命向上挣扎。有的战士伸手去拉,险些也被陷进去,眼看着泥沼一点点从小李的大腿没到胸口,大家都很着急,却又束手无策。

关键时刻,张思德对杜泽洲说:"班长,我有办法,我趴在泥沼上,你踩在我身上,拉小李的左手,试试看。"说完,他便毫不犹豫地趴在泥沼上。

起初,杜泽洲不忍心踩在他身上,立在那儿没动,张思德着急地喊道:"班长,快上呀,否则小李就没命了!"看着张思德急切的目光,杜泽洲迈出了双脚。在另外两名战士的协助下,小李终于得救了。大家都为张思德奋不顾身救战友的精神所感动。

杜泽洲说,那时候,张思德还没有入党,但他处处按党员的标准严格要求自己。在进草地20多天后,战士们身上带的干粮都吃完了。张思德为了同志们的安全,多次冒着生命危险试吃野菜,见到一种草,他总是先尝,发现能吃的,就马上告诉兄弟单位,为此还中过毒。

1936年到达陕北后,张思德进入云阳荣誉军人学校学习和养伤,1937年10月,光荣地加入中国共产党。从此,他更加严格要求自己,勤勤恳恳,兢兢业业,一切服从党和人民的利益,党叫干啥就干啥。

"班长和战士的职责不同,但为党工作是一样的"

杜泽洲回忆说:"我和张思德一同战斗、生活的日子里,他那淳朴、忠诚的品德,勤勤恳恳、任劳任怨的工作作风,大公无私、全心全意为人民服务的精神,始终激励着我工作、学习和生活。"

作为一名警卫战士,除了有对党、对首长无限忠诚和勇于献身的精神外,还要有高度的警惕性,能灵活机动地处置各种突发情况。杜泽洲说,张思德在警卫执勤时,非常注意观察周围情况,他的枪总是跟着人,人到哪里,枪到哪里,保证了每项警卫任务圆满完成。他对武器也十分爱护,枪总是擦得干干净净。

1939年春,张思德跟随部队在延安修建八路军大礼堂,架大梁时,他临危不惧,勇敢地排除险情,避免了一次坍塌人亡事故。当时毛泽东主席、朱德总司令正在现场巡视,目睹这一情景后,毛主席高兴地表扬道:"这个战士值得我们学习!"

杜泽洲说,至少从这个时候开始,毛主席对张思德已经留下了深刻印象。

张思德干一行爱一行,能上能下。1942年秋,张思德所在的中央军委警卫营和中央教导大队合并,成立中央警备团,负责党中央的保卫工作。部队整编合并后,一些连排干部要去当班长,多数班长、副班长要精简下去当战士。消息传开后，一些骨干思想有些波动。

张思德以前当过班长，由于工作需要，又当了战士，他没有任何怨言。在座谈会上，他第一个站起来发言："当班长是革命的需要，当战士也是革命的需要，班长和战士的职责不同，但为党工作是一样的。"在他的影响带动下，其他骨干也纷纷放下思想包袱，愉快地服从了组织的安排。

虽然和他同时期入伍的同志有许多已当上了团长甚至是旅长，而张思德当了普通战士之后工作热情却更加高涨。杜泽洲说，有的战友衣服破了，他怕战友伤寒感冒，总是第一时间给缝补好；有的战友草鞋坏了，他宁愿不睡觉也要编织出来给战友穿上。他经常带头帮助驻地群众生产劳动，起早贪黑帮老乡干农活，当地百姓都认识他，称赞他是好战士。张思德踏实苦干的行动感染了身边的每一位战友。

1943年初夏的一天，时任警卫营二连指导员的杜泽洲刚给战士们上完课，就看见张思德背着背包神采奕奕地赶来向他辞行："组织上决定调我到枣园毛主席的内务班当警卫战士，这是组织上对我的信任，我一定要忠实地守卫在毛主席身边！"兴奋、自豪之情写在张思德的脸上，也深深地烙印在杜泽洲的记忆中。

这次分别竟成了永诀。

"为人民利益而死的，他的死比泰山还重"

张思德在毛主席身边工作的时候，吃苦耐劳、忠诚可靠，项项工作都完成得很出色，毛主席非常喜欢他。

1944年春，张思德响应党中央关于开展大生产运动的号召，主动报名参加中央机关生产小分队，到距延安70多里的安塞县农场组织烧木炭。在工作中，他处处起模范带头作用，不怕苦，不怕累，哪里最苦最累，他就出现在哪里，每到出炭时总是最先钻进窑中作业。

9月5日，天下着雨，张思德带着突击队的战友们照常进山赶挖新窑。中午时分，炭窑在雨中发生崩塌。危急时刻，张思德一把将战士白满仓推出窑口，自己却被埋在了坍塌的土堆里。战友得救了，张思德却献出了年仅29岁的生命。

由于张思德是毛主席等中央领导同志的警卫员，中央警备团、毛主席警卫队队长古远兴决定把消息直接报告给毛主席。当时毛主席正聚精会神地批阅文件，听到张思德牺牲的消息，毛主席惊讶地放下笔，双手按着桌子站起来，他沉痛

英雄

地说:"前方打仗死人是没办法的,后方生产劳动死人不应该!"

毛主席问:"张思德现在在什么地方?"古远兴答:"还在窑洞里。""这怎么行呢!"毛主席一听,更生气了,"怎么能这样呢?要赶快挖出来!放哨看好。山里狼多,要是被狼吃了,你这个队长就不要当了。"沉思片刻,毛主席扳着指头向古远兴交代:"第一,把张思德身上擦干净,换上新衣服;第二,搞口好棺材;第三,要开个追悼会,我要去讲话。"

战友们把张思德遗体抬到安塞当地的村子里,毛主席专门派一辆汽车将遗体拉到了延安枣园。

9月8日下午,天空灰蒙蒙的。延安凤凰山脚下的枣园广场上,张思德追悼大会现场庄严肃穆。主席台两侧摆满了战友们用山花编织而成的花圈,台中央悬挂着张思德的遗像,旁边挂着毛主席亲笔题写的挽帐"向为人民利益而牺牲的张思德同志致敬"。

毛主席神情庄重地走进会场,参加一个普通而伟大的战士的追悼会。他站在一个土墩上,操着浓重的湖南口音,打着强有力的手势,发表了感人肺腑的讲话。他说:"人固有一死,或重于泰山或轻于鸿毛,为人民利益而死,就比泰山还重;替法西斯卖力,替剥削人民和压迫人民的人去死,就比鸿毛还轻。张思德同志是为人民利益而死的,他的死是比泰山还要重的……"

"毛主席把张思德身上闪光的思想和品德凝炼为5个大字——为人民服

每逢重大节日,张思德生前所在部队官兵都会在张思德塑像前缅怀革命先辈,接受传统精神教育

务。"现场聆听毛主席讲话的杜泽洲说,毛主席对一名普通战士的死,给予这么高的评价,就是因为在张思德的身上,集中体现了中国共产党全心全意为人民服务的宗旨,而坚持这个宗旨,正是我们党和军队战胜一切敌人、战胜一切困难的力量所在。

在杜泽洲看来,因张思德事迹的触发,毛主席长期以来形成的"为人民服务"的思想更加清晰、明朗和完善。张思德的牺牲是偶然的,但毛主席要把"为人民服务"的思想倡导推广到全党全军全国人民中去却是必然的。

这篇著名的演讲——《为人民服务》,后来影响了几代人的思想和行动。

"有幸与英雄同行,是一生最感荣耀的事情"

毛主席亲自出席张思德同志的追悼会并讲话,无论是在当时的延安,还是在全国各抗日根据地,都引起了强烈反响。作为一名战士,享此殊荣的,在我党我军历史上只有张思德一人。

"毛主席的讲话让我们深受教育和鼓舞。"杜泽洲说,与身边绝大多数战友相比,张思德的牺牲算不得惊天动地、壮怀激烈,他倒在了为人民服务的普通工作岗位上。在张思德的影响下,大家对人民军队的宗旨有了新的认识:"过去大伙一心只想着冲锋陷阵去前线,听完毛主席讲话才明白,在什么岗位上都是为人民服务。"

中国人民解放军三军仪仗大队作为张思德精神传人,以一流标准、过硬素质成为"祖国窗口""军旅标兵"

杜泽洲回忆说，当时的一位炊事员回家后一气儿挑了几十担水，有人问他今天为啥特别卖劲儿，他说："张思德也是个战士，他烧炭是为人民，死了，连毛主席都给他送葬，还讲话悼念他。我挑水也是为人民，也是有功的，为啥不好好干呢？"

据考证，"为人民服务"是毛泽东一生中题词用语最多的一句话。张思德的形象也成了"为人民服务"的代名词，成了一种全新世界观的纪念碑。

1953年，《为人民服务》一文收入《毛泽东选集》。这篇经典著作也被选入小学语文教科书，成为教育培养社会主义现代化建设接班人的有力思想武器。1996年，解放军总政治部将张思德画像制作印发全军，在连以上单位悬挂、张贴。

在中共中央所在地，北京中南海新华门的影壁上，毛泽东手书的"为人民服务"5个大字同门前飘扬的国旗、高悬的国徽交相辉映。

在杜泽洲的家中，张思德的画像始终挂在最显要的位置。

1983年12月，杜泽洲离开北京卫戍区政治部副主任岗位，在北京一个普通住所里休养。可他并没有赋闲，而是更加积极地投入传播张思德精神的事业中。这些年来，他奔波在首都的城市乡村、厂矿企业、学校机关、商场公司，先后有180多家单位、1万余名干部群众聆听过他的革命传统教育，不少人对张思德精神有了更深入的了解。

张思德的班长、老红军杜泽洲离休后积极投入到传播张思德精神的事业中。图为杜泽洲老人向青年官兵讲述张思德的感人事迹

张思德：为人民服务的光辉典范

2000年后，杜泽洲所住的柳荫街成了首都精神文明建设窗口，吸引了大批国外游客参观访问，他又当上了精神文明的"国际宣传员"。来自亚非、欧美等国家和港台地区的100多个代表团，数千人走进了杜老家的小院，张思德的名字也传遍世界。有位美国记者被张思德的精神感动了，多次专程来北京到杜老家，请杜老详细介绍张思德的事迹。那位记者说："张思德的精神太好了，不仅中国需要，全世界人民都需要。"

老人说，有幸与英雄同行，有幸向后人传播英雄的精神，是他"一生最感荣耀的事情"。

红色的种子一旦种下，基因的流淌必将代代相传。

如今，在张思德的墓前，在张思德生前所在部队，在革命先辈战斗过的地方，经常回荡着一支《张思德行动》主题歌："你是炭，我是火，没有你的燃烧哪有我……"

张思德生前所在部队——北京卫戍区某警卫师，常年开展"大力弘扬张思德精神，培育张思德式的警卫战士"系列活动，在张思德精神感召下，警卫部队官兵始终与人民群众保持着鱼水相依、血肉相连的深厚感情。

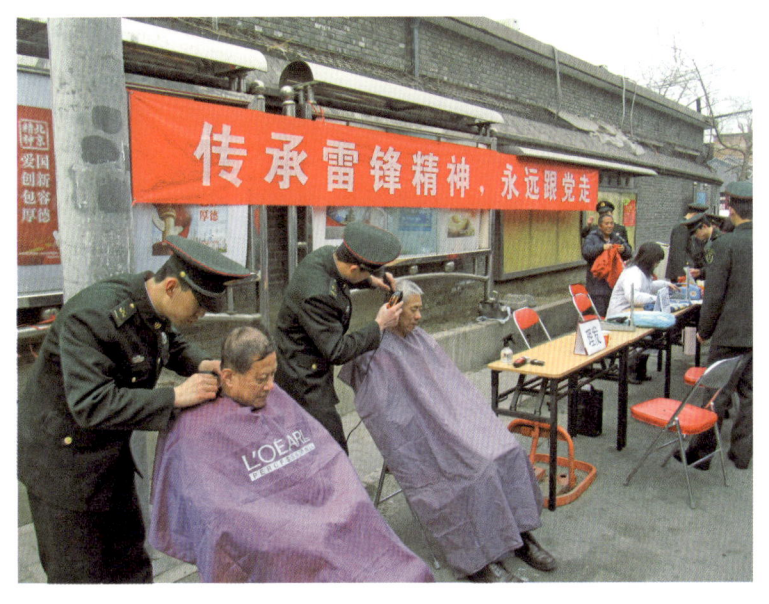

张思德生前所在部队——北京卫戍区某警卫师常年为驻地群众排忧解难，图为驻柳荫街部队官兵为社区群众义务理发

"为人民服务是每个军人的最高价值追求,张思德精神蕴藏着人民军队爱人民,人民军队人民爱的朴素道理。"对新一代青年官兵,杜泽洲老人寄予厚望。他说:"哪里有危险,哪里有困难,哪里就有人民子弟兵,全心全意为人民服务,永远是我们这支军队战无不胜的力量源泉!"

共产党人好榜样
——追记彭雪枫将军

张选杰　李兵峰

【人物小传】 彭雪枫，1907年出生于河南省镇平县，1925年6月加入中国共产主义青年团，1926年9月加入中国共产党。先后任红军第5军第5纵队教导队大队长、第8军第1纵队副政治委员、师政委、师长、江西军区政委、中革军委第一局局长、八路军总部参谋处长兼驻晋办事处主任、新四军游击支队司令员兼政治委员、第4师师长兼政委等职，不幸于1944年9月11日在一次战斗中英勇捐躯，被毛泽东、朱德誉为"中华民族英雄""共产党人好榜样"。

2017年是彭雪枫将军诞辰110周年。

从中国历史上最腐败没落的年代出生，到国难当头之际支撑起民族救亡图存的希望，从驰骋抗日救亡的烽火之中，到陨落在指挥打仗的最前沿，他用年仅37岁的生命，书写了一段不朽的传奇。

风云岁月，大浪淘沙。今天，为什么在江苏省泗洪县的雪枫墓园，每年清明节给他扫墓的群众络绎不绝、人山人海？

陵园大门之上"半壁河山留战绩，两淮风雨慰忠魂"的题联，是对他短暂一生的生动描述，这或许就是最好的答案。

今天，为什么在河南省夏邑县彭雪枫将军纪

抗战时期的彭雪枫

念馆里,"雪枫小学"的一茬茬学生总是用稚嫩的声音赞颂他;在河南省镇平县,一批批党员总要来彭雪枫纪念馆,面向党旗庄严宣誓?

"中华民族英雄""共产党人好榜样"——毛泽东、朱德题写的挽联上的这两个评语,是对他光辉一生的高度概括,或许就是最好的答案。

一 世 忠 贞

在河南省夏邑县城东北 10 余公里处,有一座纪念馆,它是为纪念新四军第 4 师师长兼政委彭雪枫壮烈殉国于此所建的。

在纪念馆外,占地 8000 多平方米的雪枫广场正中间,一座彭雪枫将军骑马的雕像威武屹立。走进纪念馆,一座高 1.5 米的彭雪枫将军汉白玉半身雕像,坐落在高 2 米的长方体立柱底座上,雕像清秀典雅、形象逼真,栩栩如生地再现了将军当年的风采。

每当参观的人站在这里,遥想当年将军的英雄事迹,耳畔常常会响起纪念馆隔壁的"雪枫小学"学生们朗朗的读书声。

纪念馆老馆长刘金城告诉记者,纪念馆从 1985 年 10 月落成之后,每年都要接待二三十万各界人士参观学习,已经成了著名的爱国主义教育基地。

走进馆内,一个个故事、一幅幅图片生动地讲述了彭雪枫将军"对党忠诚,为民赴汤"的壮烈一生。

大革命时期,生于灾难深重、民族危亡时代的彭雪枫,在党的影响教育下,接受了马列主义,开始了他"出生入死,致力革命二十年"的光辉斗争历程。

他怀着立志报国的一腔热血,在"五卅"反帝爱国运动中脱颖而出、崭露头角,并于 1925 年 6 月加入中国共产主义青年团。次年 9 月,转为共产党员。之后,积极从事学运、农运、兵运活动。

1930 年 5 月,彭雪枫奉命到红军工作,开启了他的战斗岁月。

回忆起自己的父亲,第二炮兵原政委彭小枫介绍,正是因为父亲始终对党忠诚,所以投身革命以来,在一次次的大小战斗和各种考验中,誓死忠于革命事业,用鲜血和生命书写了一名共产党人的本色。

在彭雪枫将军的遗物中,有一枚珍贵的"红星勋章"。它的背后,讲述的是他在粉碎红 2 师师长郭炳生叛变中立下殊功的故事。

1932 年,经过乐宜战役后,红三军团奉命在南丰、南城、宜黄一线休整。彭雪枫等率领红2师师部驻乐宜地区官仓前村,抓紧部署整训,准备迎击国民党第四次"围剿"。8月底,国民党军突然由北进逼,大军压境袭占宜黄。

这时,师长郭炳生产生畏敌消极情绪,思想出现动摇,师政治委员彭雪枫当面指出他的错误,并将情况向军团长彭德怀反映。彭德怀派组织部长黄克诚到红2师召开团以上干部会议,对郭炳生的错误进行严厉批评。

9月上旬,国民党军突然插入红2师驻区,发起猛烈进攻,彭雪枫带领师部直属队和第7团转移到江西军区驻地凤岗圩。政治部主任李志民带领第5团边打边撤,在巴山与郭炳生带领的师部特务连会合,郭炳生决定继续西进。彭雪枫知道这个情况后,联想到郭炳生之前的思想和行为,敏锐地感觉到这是郭炳生企图挟第5团叛变投敌。

此时,师部特务连和第5团已对红2师主力和彭雪枫的生死谣传四起。于是,彭雪枫到江西军区找到总指挥兼政委陈毅,不顾个人安危,于9月5日仅带随行武装潜行北上去追第5团。追了5天,终于追上并安全地将全体指战员带回与主力会合。而郭炳生见大势已去,趁着雨天路滑,带着特务连逃入乐安县城,投降了国民党。

在乐安事变中,彭雪枫立场坚定,见微知著,措施得当,赢得了上级领导的高度赞扬。1934年,在第二次全国苏维埃代表大会上,他因此荣获"红星奖章"。

1934年8月,彭雪枫由江西军区政治委员调任红军第6师师长,后来率部参加了天虎山和长胜岭等战斗。

10月,在中央红军第五次反"围剿"失败后,进行战略转移的危难形势下,中革军委对他高度信任,调他任中革军委第一局(作战局)局长,协助军委主席朱德、副主席周恩来等进行军事指挥。

1935年1月15日至17日,中共中央政治局在遵义召开扩大会议,在生死存亡的危急关头,挽救了红军、挽救了党、挽救了革命。

这是中国共产党历史上的一个伟大的转折点。在遵义会议召开之前,彭雪枫作为军委作战局长,为中革军委领导人进行了军事资料准备。在会议过程中,红3军团第5师在遵义城南刀靶水、乌江沿岸执行警戒任务,突然遭到国民党中央军吴奇伟部的袭击,形势十分紧迫。彭德怀和彭雪枫返回红3军团司令部,阻止敌军进攻。彭雪枫任红5师师长协助彭德怀部署和指挥作战,取得了刀靶水大捷,保障了遵义会议的顺利进行。

在中央红军一渡赤水中,彭雪枫派出掩护部队,掩护中央纵队过河,进入川南；在二渡赤水时，红军缩编，彭雪枫任红13团团长，率领红13团，与兄弟部队一起，在赤水河左岸的二郎滩背水作战，为中央红军二渡赤水创造了条件。

"西风烈，长空雁叫霜晨月。霜晨月，马蹄声碎，喇叭声咽。雄关漫道真如铁，而今迈步从头越……"毛泽东一首气势磅礴的词《忆秦娥·娄山关》，表达了伟人内心的无比兴奋，这是他在中央红军取得遵义战役胜利时所作。

而在这次战役中，最关键的战斗就是攻打娄山关。彭雪枫率领的红13团担任正面主攻任务。

彭德怀(左)与彭雪枫在一起

受领任务后，他立即带领部队向娄山关急进。1935年2月26日拂晓，先头部队临近关口时，突然遇到一队国民党军，就埋伏在公路两侧，待敌军靠近时猛烈开火，击毙大部分敌人之后，乘胜追击一鼓作气冲到了关口。

彭雪枫指挥赶到的部队，向占据关隘的敌军发起猛烈进攻，在遭受阻击的情况下不懈努力，终于攻占了娄山关口，并迅速占领了山腰的阵地。

当日10时，敌军以6个团的兵力，连续向娄山关口发起攻击。彭雪枫一边带领全团投入战斗，一边组织特等射手向敌军督战队军官射击和向敌军喊话来瓦解敌军。最后，在其他兄弟部队的一起努力下，终于使敌军乱了阵脚，纷纷向后溃逃，取得了战斗的胜利。

这次胜利是中央红军长征以来的第一个大胜仗，极大地鼓舞了全军的士气。战斗之后，彭雪枫不顾连日行军和作战的疲惫，又率部向遵义方向猛追，最后带领部队协同红10、红11、红12团经过3小时激战，全歼守军，重占了遵义城。后来，又在彭德怀等率领下，占领了老鸭山，最终取得了遵义战役的胜利。

在红军长征以来最大的这次胜利中，红13团作为军团和全军的先锋团，能守善攻，所向披靡，为取得战役的胜利立下了卓越的功勋。而作为团长的彭雪枫，也在这次关键战役中起到关键作用。

抢渡金沙江、大渡河，过雪山草地，参加直罗镇和东征战役……不管是在什么时候，即使在异常困难的情况下，彭雪枫也从未动摇过战胜侵略者的信心，对革命胜利始终怀有旺盛不灭的热忱。

虎胆英雄

在一次次的硝烟战斗中，彭雪枫英勇奋战，赢得了一次次的胜利。他还以大无畏的精神、卓越的胆识和杰出的智慧，一次次深入敌后险境，圆满完成党交给的特殊任务，堪称"虎胆英雄"。

1936年9月，毛泽东亲点彭雪枫担任"特使"，他和同志们一起辗转半个中国，力促国共合作，"逼蒋抗日"，为我党争取在战略大环境中的有利局势。

彭雪枫（左）和陈毅在一起

那段时期，他随叶剑英密赴西安会晤张学良等人，巩固我党与国民党东北军、西北军的统一战线，并携毛泽东亲笔信拜会甘肃省政府主席兼东北军第51军军长于学忠，为实现"西北停战议和"，后续红军主力会师甘北，"打通苏联"，进而夺取宁夏接通外蒙古的战略任务创造条件。

1936年11月12日，他第二次接受毛泽东的重托，肩负着联阎抗日的重大使命抵达太原，与阎锡山进行谈判，表达了红军与晋军联合抗日的真诚愿望。

其间，西安事变爆发，阎锡山的政治倾向成为国共能否合作共同抗日的重要一环。彭雪枫沉着冷静，不急不躁，向阎锡山转达中共中央与毛泽东的抗战主张，促使其态度从反对到中立，再从中立转到"共维大局"的立场上来，为西安事变的和平解决，国共两党以及其他各方势力的联合抗战作出了卓越贡献。

西安事变解决后，国共两党进行了公开而艰巨的合作抗日谈判。与此同时，彭雪枫与阎锡山的各种谈判也在秘密进行，举步维艰。

这段时间，彭雪枫一方面采取了策略上的说服，将阎锡山"守土抗战"、力图自保的心理与蒋介石之间的矛盾作为谈判工作的突破口，使阎锡山产生了"不亡于日，亦亡于蒋"的压力；另一方面则晓以民族大义，以火热的革命情怀，忠实转达党中央"非抗日无以图存，非抗日无以救国"的通电精神，使其权衡利弊，转变立场,从而为晋绥两省的统战工作打开了一条通道。

1937年7月,全面抗战爆发,毛泽东又令回到延安汇报工作的彭雪枫"速返太原",就"红军开赴前线协同作战问题"再次晤阎。8月,彭雪枫被任命为八路军总部参谋处少将参谋处长兼八路军驻晋办事处主任。

这段时间,他利用自己的公开身份,向社会各界广泛宣传中国共产党抗日救亡的方针,以巧妙的方式和智慧说服阎锡山,使其在国家危亡之际不仅同意红军入晋,还共同商定东渡黄河的渡口、行军路线,并提供军需等后援物资。

这为后来的八路军开赴抗日最前线铺平了道路,也为抗战以来中国军队的第一个伟大胜利——平型关大捷创造了条件,为八路军指挥部和3个主力师进入晋东北、晋西北、晋东南创建根据地,奠定了重要的政治基础,开拓了新的战略空间。

1937年冬,在日本侵略军大举进攻下,由于国民党实行片面抗战,太原、上海、南京、杭州等大城市和地区相继失陷,日军进犯中原形势日益严峻。

在山河破碎、中原危急的情况下,1938年1月下旬,彭雪枫再次肩负毛泽东赋予的"开展豫西敌后游击战"的新使命,走上了运筹中原抗战的第一线。

3月中旬,受命担任中共河南省委军事部部长,揭开了中原抗战的壮丽篇章。其间,对所属武装力量进行整编,并筹建和开办了竹沟军政教导大队,培训军政干部近1000人,大大缓解了当时干部缺乏的紧张状况。

9月27日,彭雪枫组建新四军游击支队,任司令员兼政治委员,出兵豫东开展敌后平原抗日游击战争,挑起国家民族存亡、经略中原的重担。30日,游击支队在河南省确山县竹沟召开东征誓师大会,全体指战员庄严宣誓:"日寇犯境,大敌当前……不复失地,誓不生还!"

不负众望,这支孤军深入的东征队伍,很快就从几百人的游击队,发展到1万余人,实现了与吴芝圃等部在杜岗的胜利会师,取得了淮阳窦楼首战首捷,并在回师睢县、杞县、太康一带的过程中,不断取得了清剿日寇与统一战线两方面的成功。

1939年2月,书案店干部会议作出开辟豫皖苏抗日敌后根据地的战略决策后,彭雪枫立即率领部队挺进敌后,宛如一把利刃再次插入了敌人的心脏。

1940年2月至1941年5月,彭雪枫灵活执行了中共中央抗日民族统一战线政策,运用自卫反击这一有力武器,使豫皖苏边区新四军避免了类似后来皖南新四军悲剧事件的发生,把损失降到了最低点。

为更好地开展平原游击作战,彭雪枫当时组建了让敌人闻风丧胆的骑兵团。这是他亲手创建倾注心血最多的,其战术、技术师法苏联红军的骑兵,被称为"红色哥萨克"。1942年,在洪泽湖地区沙山集一战中,彭雪枫的骑兵团仅用9分钟就将300余名日军砍倒大半,80余名日军因恐惧而投降。

不幸的是,就在抗战胜利前夕的1944年9月11日,彭雪枫带着驱逐日寇和收复失地的壮志豪情,率领新四军第4师再次奔赴豫东战场,在指挥河南夏邑八里庄战役时,被流弹击中,壮烈殉国。

1941年金秋时节,在党组织的介绍下,彭雪枫和淮宝县妇女主任林颖建立了恋爱关系,9月24日,他们在半城喜结良缘

德政丰碑

江苏省泗洪县半城镇是一个有着2000多年历史的文明古镇。今天这个小镇繁荣昌盛,是远近闻名的水产和旅游胜地。彭雪枫将军就安葬在这个集洪泽湖秀美风光和独特资源于一体的地方。

1945年2月2日,淮北各界7000余人恭迎彭雪枫灵柩。从洪泽湖到半城,沿途数十千米,灵柩经过之处人们摆下桌子,上面放着两样东西——一碗清水、一面明镜。

这是淮北人民在用最高的礼节,赞颂彭雪枫将军一生清如水、明如镜。

毛泽东、朱德、彭德怀、陈毅共同为他题写挽联:

二十年艰难事业,即将彻底完成,忍看功绩辉煌,英名永在,一世忠贞,是共产党人好榜样;

千万里破碎河山,正待从头收拾,孰料血花飞溅,为国牺牲,满腔悲愤,为中华民族悼英雄。

今天,坐落在江苏省泗洪县占地126亩的雪枫墓园,庄严肃穆,建筑古朴典雅,树木郁郁苍苍,芳草依依,一年四季常青的松柏,象征着彭雪枫将军的精神万

英雄

古长青。

还有那高高耸立的"国民革命军新编第四军淮北解放区抗日阵亡将士纪念塔",环塔立着烈士名录碑,上面镌刻着烈士的英名。

4353位烈士,他们与彭雪枫将军一起,昔日战斗在这里,今天永远守护两淮人民。

据雪枫墓园管理处主任樊德军介绍,现在墓园每年接待来园祭扫、瞻仰的参观者达15万人次。

当年,彭雪枫在山西太原担任八路军驻晋办事处主任时,因要为延安购买军需物资,他亲自经手巨额款项,却公私分明,账目清晰,分毫无取,为了党的事业过着"苦行僧"般的生活,节约每一个铜板。

他结婚时,当师供给部发给他一件稍好的大衣时,彭雪枫也坚持退了回去。

江苏宿州市委机关报《拂晓报》的党员来了——50多名新老党员在这里悼念《拂晓报》创办人彭雪枫将军,在鲜艳的党旗下庄严宣誓。

"逐鹿中原飞骏马,鸡鸣拂晓响黄钟。文工歌舞壮军旅,皓月晨光照雪枫。"这首诗描写的是彭雪枫"治军三宝":拂晓剧团、《拂晓报》和骑兵团。当年,彭雪枫将军在国土沦丧、人民陷于水深火热的日子里,创立《拂晓报》,用思想和文化的力量唤醒群众、武装群众,让贫穷困苦的人们即使面临强敌,在精神上也无比强大,树立坚定的抗战意志。

一些地方的普通群众、工人和学生也来了——他们来这里瞻仰这位爱民如子的将军,彭雪枫常把"离开老百姓的军队,就像鱼儿离开水一样,非干涸不可"挂在嘴边,时刻要求部队坚决当好"政府的卫兵、人民的护兵"。

有一年冬天,彭雪枫率领新四军游击支队在皖北涡阳县新兴集驻扎时,得知那里一直存在水患,于是带领军民奋战了1个多星期,挖了一条排水沟,并将这条沟命名为"新新沟",让它造福当地百姓。

有一年的夏季,淮北地区大柳巷一带河水暴涨,围堤突然塌了一段,淮水倒

彭雪枫在阵地前察看敌情

灌、情况危急，彭雪枫知道后，立即带人前去抢救，与军民一起奋战6个小时，最终排除了险情。

在豫皖苏边区遭遇春荒的情况下，他毅然决定带头卖掉随他征战多年的心爱战马，换粮帮老百姓度过饥荒。根据地的老百姓送他"万民伞"，为他立"德政碑"，颂扬他的爱民之情，称新四军第4师为"天下文明第一军"。

历史不会忘记，彭雪枫将军精神丰碑永远屹立不倒。

董存瑞部队：赓续血脉做传人

王天德　王经国　秦富梁　蔡琳琳

【人物小传】董存瑞，1929年生，河北省怀来县人。当过儿童团长，13岁时，曾机智地掩护区委书记躲过侵华日军的追捕，被誉为"抗日小英雄"。1945年7月参加八路军，后任某部六班班长。1947年3月加入中国共产党。先后立大功3次、小功4次，获3枚"勇敢奖章"、1枚"毛泽东奖章"。1948年5月25日，在解放隆化城的战斗中英勇牺牲，年仅19岁。

"董存瑞会打仗，善于保存自己，消灭敌人，他牺牲前荣立大功3次、小功4次，荣获'勇敢奖章'3枚、'毛泽东奖章'1枚，没受过一次伤……"

辽宁大连，一个部队干休所狭小的房间里，董存瑞生前战友、90岁高龄的程抟九老人回忆起董存瑞来，依然思维清晰、侃侃而谈。

作为当时的师宣传干事，程抟九见证了董存瑞牺牲过程，让他与董存瑞和董存瑞部队结下了不解之缘。

69年前，在解放隆化的战斗中，19岁的解放军战士董存瑞舍身炸碉堡，董存瑞精神在惊天动地的爆炸轰鸣声中浴火而生。

用生命书写"舍身为国，奉献为民"，董存瑞精神俨然已成为我军军魂的一个折光，更成为一种民族精神的象征。

69年了，董存瑞精神生从何来，魂归何处？这一伟大精神的前踪后迹，程抟九至今仍在关注和追寻。

魂　起

"这是6班长董存瑞，1945年上半年参军，老八路。"

1948年5月19日，来到董存瑞所在连帮助工作的师宣传干事程抟九，第一次见到连队指导员郭成华口中的"小黑子"、6班长董存瑞，心里一跳、羡慕不已。

"他比我小一岁，但入伍早、打仗多、资格老、战功多，心里佩服得不得了。"程抟九说。

在连队没几天，程抟九就发现，董存瑞"有威望""有气场"，直性子、性格急，敢讲敢说。

连队组织班长以上骨干召开连务会，布置各班砍树做捆绑炸药的三角支架。郭成华宣布了群众纪律——不准砍群众自有的树。

入伍时期的董存瑞

会议即将完毕，只有董存瑞提出意见："方圆几里树少兵多，群众的树应该可以砍，前提是征得群众的同意。"

郭成华和连长白福贵交流了一下眼神说："好，行，跟群众商量，最主要的是和群众商量好。"白福贵说："按6班长意见办。"

5月24日上午，连队举行进攻隆化中学前的"挂帅点将誓师动员大会"，推选"元帅"，组织对地堡群最密集的地方实施爆破任务。

这是先期侦察发现的最危险的地段，要求"元帅"在爆破组织上会计划、能指挥、能战斗。

连队六七个班长举手参选，董存瑞率先发言："我挂帅，第一我是党员，第二我是老兵，第三我打仗打得多，第四我是朝阳练兵模范、'全营爆破元帅'，我不怕艰苦，不怕危险。"

董存瑞说得滴水不漏，大家都默然认同。郭成华还想让别人也参选一下，白富贵对他说："我看拉倒吧（就他了），都同意。"

5月25日拂晓，全营进攻隆化中学的战斗正式打响。

作为营的二梯队连，连队在参战前，按照上级命令，两次支援了前面梯队营

连的三角支架,自身剩得就不多了。

参加战斗后,连队兵分三路:

一路由一排长带领,含董存瑞率领的攻坚突击队在内的一个排,从东侧碉堡最多的地域向中学方向攻击;一路从西侧敌炮垒较少的地域攻击;程抟九随同连长、指导员,率领一个排、机枪班从中央方向突击。

抵近中学时,中央方向因为西面桥上突然冒出的桥型暗堡,进攻步伐被迫长时间停了下来。白福贵先后派出3名爆破手,都牺牲在半路上,三角支架也早已用尽了。

在震耳的枪炮声中,营长打来电话责问:"你们上去上不去?上不去就下来,让别人上。"

白福贵对电话员喊:"告诉营长,我们能上去,能完成任务。"

这时,一个熟悉的声音从身后传来:"连长,让我去炸,完不成任务我不回来见你。"

白福贵回头一看,正是从最危险的西段实施完爆破任务的6班长董存瑞。他身后跟着腰里别满、两手还拎着手榴弹的7班长郅顺义。

已经牺牲了3个爆破手,又上来两个班长请战,心情焦躁的白福贵直接说:"我还要班长呢。"接着又喊:"你不回来我更不让你去。"

情况紧急,郭成华拽了拽白福贵的裤腿说,让他们去吧。

白福贵随即对董存瑞大声说:"那你去吧,动作要快,机枪掩护。"

董存瑞回头对郅顺义喊了一句:"老郅跟我上。"他没有按先前爆破手的行进路线,而是出敌不意,先爬上西侧的开阔地,再向桥型暗堡行进。

在密集的机枪掩护声、连续的手榴弹爆炸声中,程抟九和郭成华探出身子看到,两个班长凭借丰富的战斗经验,起起伏伏,很快突进到战斗位置——

郅顺义在离暗堡四五十米远的干河床上站着向桥堡方向投弹,桥面下一片炸起的烟尘。

烟尘稍散,隐隐约约看到董存瑞站在桥下北端,正在往桥墩上放炸药包。

由于桥两旁是砖石砌的,没沟、没棱,没有安放炸药包的地方。如果把炸药包放在河床上,又炸不着暗堡,河床上又找不到任何东西代替炸药包三角支架。

更让人揪心的是,董存瑞的腿已经负伤,鲜血直流。"他随时都有可能牺牲,但任务还没有完成,我眼看着董存瑞没有作任何停顿,向南移了几步,用手托着抵住大桥底部,拉了导火索向着我们这边喊:'连——长,冲——啊!'"

程抎九泣声说:"董存瑞心里只装着任务,生怕连队抓不住这个(进攻)时机。可当他看到距离自己最近的郅顺义起身要冲时,他留下了人生最后两个字——趴下!"

白福贵应声声嘶力竭地大声喊:"董——存——瑞!"

这个从来不苟言笑的硬汉子,几乎用尽所有气力的呐喊,流露出的全是对自己的兵难以言楚的心痛。

喊声刚落,桥下巨大的爆炸声和炸起的烟尘、石块腾空而起。董存瑞以他的血肉之躯为战友们打开了进攻的道路。

人谁无死,避死求生是人本性使然,舍生赴死是有信仰支撑。

战斗很快结束,但董存瑞舍身炸碉堡的情景在程抎九脑海里挥之不去——"这不是苏联卫国战争中舍身堵德军地堡射孔的红军战士马特洛索夫的再现吗?董存瑞就是中国的马特洛索夫!"

深受震撼的程抎九随后在连部写成《马特洛索夫式的伟大战士——董存瑞》一稿。

稿子最终没能油印出墨,这成为程抎九一辈子的遗憾。"'连——长,冲——啊!'董存瑞的这句话,经常出现在我的耳边。董存瑞太可惜了,董存瑞也太伟大了。"他说。

董存瑞,一位普通的解放军战士生命将逝时,并没有什么豪言壮举,但就是这么普通的四个字,投射出一支部队魂魄之所在。

魂　聚

程抎九回忆,1948年6月8日,上级追认董存瑞为战斗英雄、模范共产党员,并命名生前所在班为董存瑞班。

从此,带着英雄"向前冲"的遗志,董存瑞精神开始在这支部队生根勃发、开花结果。

让程抎九更加自豪的是,1950年9月,首届全国英模表彰大会在北京召开。董存瑞生前所在部队,除了被追认的董存瑞,竟还有4位官兵出席大会,获得"全国战斗英雄"称号。而全军同等级别的兄弟部队里最多只评上一二人。

回到师宣传科,整理这些英雄事迹,他深切地体会到,英雄的前仆后继,何尝不是董存瑞的慷慨牺牲激发带动的呢?

英雄

董存瑞牺牲68周年纪念日,董存瑞生前所在部队官兵在董存瑞雕像前庄严宣誓

——董存瑞最后并肩作战的战友、1918年出生的郅顺义,先后立过12次战功,荣获"毛泽东奖章"和特等战斗英雄称号。

1948年9月,在解放昌黎战斗中,昌黎火车站有座中心炮楼,周围有暗堡、鹿砦、铁丝网防卫。它居高临下,可以控制整个火车站和周围地区。

摧毁这座炮楼,对夺取昌黎至关重要。7班班长郅顺义主动要求负责爆破中心炮楼。

那一天晚9时,战斗打响,郅顺义带领3名战士穿过敌火力封锁,到达炮楼下。

这时,迎面有个敌人端枪走来,郅顺义迅猛扑过去,把枪夺了过来,接着一个突刺,结果了敌人,然后进行爆破,炸毁了中心炮楼,保障连队攻占了火车站。

昌黎守敌仓皇逃跑时,郅顺义远远发现一股敌人钻进一座大院,遂带领7名战士追击,这座大院四面都是高墙,只有两扇大门虚掩着。

他命令战士堵住大门,自己虚张声势地高喊:"7班堵住大门,8班向左,9班向右,把院子包围起来!"

郅顺义随即一脚踹开大门,独自端着冲锋枪冲进院里,朝天打了一梭子,又从腰间拽出一颗手榴弹,把导火索套在手指上,厉声喊道:"你们被包围了,解放军优待俘虏,缴枪不杀。不投降就通通炸死你们!"

敌人被郅顺义的英勇气势给镇住了,一个个乖乖出来投降。后来清点,共俘敌 148 人，缴获长短枪 100 余支。

——1921 年出生的杨世南先后经历大小战斗 100 多次，8 次负伤不下火线，单独毙敌 270 多人，生俘 150 多人，荣立特等功 1 次，大功 6 次，小功 15 次，被授予"孤胆英雄"称号。

1948 年 9 月，在白台山阻击战中，杨世南所在的 5 连突然遇到敌人 2 个连的包围。危急时刻，杨世南自告奋勇，带着一个战斗小组绕到敌后勇猛出击，将敌人夹在中间，予以全歼。

为了表彰他的机智勇敢，上级给他记大功一次。战友们高兴地说："2 营 5 连 5 班有个杨世南，2 营 6 连 6 班有个董存瑞，战场上不分高和低，勇猛机智不分彼与此。"

1949 年，在赣西南追击战中，杨世南孤身一人全副武装深入白崇禧部一个机炮连，俘敌 140 人，缴获机关炮 1 挺，步枪 80 支，火炮 3 门，马克西姆机枪 1 挺，各种弹药和其他军用物资若干，荣立特等功。

——1930 年出生的郭俊卿，先后荣立特等功 1 次、大功 3 次、小功 4 次，被授予"全国女战斗英雄""现代花木兰"荣誉称号。

1945 年，15 岁的郭俊卿虚报年龄、乔装成男孩参加了八路军。

在骑兵通讯班，她爬沟卧雪，多次出色完成任务。1948 年初，她调到战斗班任班长。不久，平泉战斗打响，郭俊卿带领的 4 班作为突击班，担负夺取城东第二道山梁的重任。当时，全班只有 10 多支老式步枪和几十颗手榴弹，战士大都是初上战场的新兵，而对手是装备精良的野战部队。

在副班长已经牺牲的情况下，郭俊卿带领战友与敌展开白刃格斗，最终取得了战斗的胜利。

郭俊卿因为指挥机智勇敢，带病坚持战斗，立了功，团里还给 4 班颁发了"战斗模范班"锦旗。

在艰苦的战争岁月里，她女扮男装达 5 年之久，和男同志一样冲锋陷阵。直至 1950 年 4 月，郭俊卿因劳累过度生病住进医院，才被医生发现。

毛泽东同志评价郭俊卿说："巾帼不让须眉，是一位合格的共产主义战士。"

——1929 年出生的范来保，先后参战 80 余次，荣立特功、大功、小功各 1 次，被授予"战斗英雄""多年功臣"等荣誉称号，4 次受到毛泽东主席接见。

英雄

1948年8月中旬，在冶峪山阻击战中，时任排长的范来保在山上负责警戒。敌人害怕遭到我军阻击，集中两架飞机和60余门火炮向我阵地轰击，接着，敌步兵在密集的火力掩护下，开始以多梯次队形向我阵地发起冲击。

范来保立即组织全排战士进行还击，一次次打退了敌人的疯狂冲击。当敌人发起最后冲击时，我军炮弹、手榴弹、子弹都打光了，好几个同志牺牲，范来保也被20多块榴弹弹片击中头部，左眼失明。

危急时刻，范来保命令其他同志撤离，自己留下来掩护。

正当他冲向敌群，准备与敌人做最后生死拼杀时，兄弟连队——3连组织后面两个班向突入我阵地之敌发起了反冲锋，消灭了全部敌人。

英雄洒热血，沃土吐芳华。董存瑞牺牲后，其所在部队在董存瑞精神的感召激发下，涌现出一大批董存瑞式的战斗英雄，这些英雄聚集在董存瑞精神的光环下，一并发出耀眼的光芒。

董存瑞生前所在部队深入科尔沁草原展开实兵对抗演练

魂　　铸

硝烟散尽后，正是练兵时。

如今，尽管现在腿脚不灵便，不能年年回部队，但令程抟九欣慰的是，每年他都会收到董存瑞生前所在部队领导亲笔写来的书信，信中都会汇报部队当年完成了哪些大项工作,取得了哪些成绩,还有哪些不足……

董存瑞生前所在部队驻扎在东北某军事重镇。当地还驻扎着数支不同兵种的作战旅团。提起这个兵种旅,当地群众知道的不多,但对"董存瑞生前所在部队"这个训练超苦的部队甚是熟悉。

进入董存瑞生前所在部队的营区,首先映入眼帘的是以董存瑞舍身炸碉堡为中心的群体战斗英雄雕塑。塑像下方底座正面镌刻着董存瑞等4位全国战斗英雄的名字,背面镌刻着这支英雄部队的战斗历史。

在这里,"舍身为国,奉献为民"的董存瑞精神刻入"董存瑞奖章",成为这支部队官兵在部队工作的最高荣誉。

"董存瑞奖章"获得者、6营指挥连指导员彭齐是位大学生干部。刚来到这支部队当排长,在第一次随队开赴演习场途中,彭齐接到母亲突发心脏病的电话。

由于当时连队干部少,彭齐决定演习结束后再回家探望。带着对母亲的忧心的牵挂,彭齐在演习中带雷达车捕捉炸点,成功率达到95%以上。

演习行将圆满结束,彭齐又收到了一个电报:母亲病情恶化;父亲由于过度疲劳,加之精神打击,突发脑溢血,昏迷不醒。

最终,当彭齐带着部队的嘉奖,急匆匆赶到家时,父母都已离世,没能见上最后一面。

如今,父母都不在了,彭齐以军营为家。"爸妈活着时,都为我参军到董存瑞生前所在部队而高兴,获得'董存瑞奖章'是董存瑞传人的最好标识,也是对父母最好的告慰。"

在关键时刻显露血性和底色的还有无线班班长、上士姜文星,原沈阳军区汉字录入科目纪录保持者。

部队参加"火力-2014宣化"跨区演习,姜文星作为技术骨干,突发毛囊炎,下颚长出了乒乓球大小的淤血块,钻心般疼痛。

连队本打算让姜文星留守,但他主动请战,获准后在演习中顶住压力、强忍疼痛,通过机智灵活地改变信道、调整功率,巧妙地躲避了"敌人"干扰,出色完成了通信保障任务。

直到演习结束,姜文星才去医院做手术,医生连声责怪他再不来治疗,麻烦就大了。

姜文星对记者说:"董存瑞是班长,我也是班长。当班长之后,感觉肩上责任、担子重了,要有担当,要发扬'三敢精神',要带头,不能丢老班长的脸。"

英雄

董存瑞生前所在部队有线兵进行攀登固定课目训练

　　董存瑞牺牲后,董存瑞生前所在部队涌现出"新时代的花木兰"郭俊卿,如今的董存瑞部队,女兵仍是一道靓丽的景色。

　　总机班班长苏雪梅来自汶川地震灾区。2008年,14岁的她正在上初二。地震发生后,苏雪梅的学校毁了,很多熟悉的同学、邻居伤亡,在悲痛中,前来救援的解放军让她备感温暖。

　　在救灾现场,解放军为防止救援器械碰伤被困幼童,徒手扒石块,满手都是血。苏雪梅内心深受震撼,立下了参军入伍的志向。

　　2012年12月,本已考上二本院校的她,毅然放弃学业参军入伍。

　　来到董存瑞生前所在部队,直接受英雄文化的熏陶,苏雪梅朴素的感恩之心很快升华成坚定的从军之志。

　　新兵训练结业考核前一周,苏雪梅突然感觉小腿骨疼痛,而且肿得越来越厉害,动弹不得。

　　由于担心考核通不过被刷掉,苏雪梅坚不声张,每天仍坚持跑3000米。

　　在考核场上,独自忍受钻心的疼痛,苏雪梅所有科目都取得了优秀。考核结束去医院检查,才发现是小腿骨撕裂了。

　　一个在家时十分柔弱的小姑娘,在部队熔炉的锻造下,竟然拖着撕裂的腿骨,跑了一周多的 3000 米,这令许多男兵赞叹不已。

尽管在医院休养了两三个月,苏雪梅的通信专业技能并没落下。2014 年,苏雪梅作为所部话务兵代表到原沈阳军区某通信团参加集训,结业时所有科目均取得了满分。

提到董存瑞,苏雪梅说:"我肯定没那么伟大,但部队让我干什么都必须干好,比如收发传真电报,目前最现实的就是把手头工作做好。尽管英雄离我很遥远,但如果我有这样的机会,我也一定会像他那样去做。"

除了"董存瑞奖章",这支部队每年都还评"董存瑞号战车战炮"。董存瑞英雄文化的浸润熏陶,英雄精神的激励传承,在这里的每一个角落、每一项工作中都发挥得淋漓尽致,部队多项工作被军委总部评为先进,军事训练屡创佳绩。

——2009 年,参加原沈阳军区组织的参谋业务比武,夺得总共 6 枚金牌中的 3 块;

——2014 年,参加"火力-2014 宣化"跨区演习,获全军第二名;

——2016 年,部队被原集团军评为"践行强军目标先进单位"。

第 79 集团军某部、董存瑞生前所在部队政委汪占军说,我们部队诞生于 1937 年的抗日烽火中,孕育出了英雄楷模董存瑞,涌现出了董存瑞式的全国战斗英雄郅顺义、杨世南、范来保、郭俊卿等。多年来,这些英雄焕发出的精神一起汇入军魂血脉,既是我们的财富,更给了我们莫大的责任,我们部队一定会把基因传承好,把灵魂铸造好,让董存瑞精神的旗帜永远高高飘扬。

董存瑞生前所在部队长途机动展开实兵对抗演练,全方位检验部队实战能力

那座"塔山"

曾 涛 陈 曦

【团队名片】塔山英雄团：1940年组建，初为八路军山东纵队第5支队第16团，后为东北野战军第4纵队第12师第34团。

1948年10月10日至15日，塔山战斗进行了六天六夜。国民党军队在兵力、火力等方面，都大大强于东北野战军。但最终却是东北野战军主力攻克锦州，而支援锦州的国民党东进兵团始终未能在塔山地区前进一步。在整个战斗中，第34团一个团就取得了毙伤俘敌3321名的重大胜利。

第34团被第4纵队授予"塔山英雄团"荣誉称号。那一场震惊中外、无法复制的战场奇迹，也成为了第34团乃至整个解放军官兵引以为豪的经典战例。

塔山，并不如其名，无塔无山，只是辽宁锦西以东的一个小村庄。

1948年的一场战斗，使这个地方在中外战争史上享有盛名，也让参加过那场战斗的人民军队官兵，对这个地方产生了不一般的情感。

时光流转，69年过去，"塔山"却成为了一座堡垒，永立不倒。

无法复制的战场奇迹

在美国西点军校教科书中，塔山阻击战作为经典战例，被收录其中。

一个小小的村庄，为何会发生这么一场惊天动地的战斗？塔山又为何成为了交战双方——人民解放军和国民党军势在必得的一处要地呢？

塔山东临锦州湾，西接白台山，山与海之间最狭窄的一段仅宽12千米。当年，北宁铁路和山海关至沈阳的公路都穿村而过。

塔山就好比一道门闩，死死地控制着东北南大门锦州的进出关口。

1948年4月，辽沈战役打响，解放军主力绕过国民党军坚守的长春和沈阳，千里奔袭，直指国民党军另一座孤城——锦州。

对于国民党军来说，一旦锦州失守，那些踞守在锦州以北地区的守军将无法南撤，被歼灭会是他们最后的结局。

蒋介石深知这一点，迅速调兵东进驰援锦州。所谓东进，是指国民党军从辽宁葫芦岛港登陆，向东北的锦州方向增援。

葫芦岛距离锦州仅有50余千米，也就是说，国民党军越过这短短的50余千米，就能到达锦州，使攻城的解放军部队腹背受敌。

要防止出现这个情况，唯一的办法，是对国民党的增援部队实施坚决阻击。而最好的阻击地点，便是锦州的"门闩"之地——塔山。

塔山一战关系到东北几十万国民党部队的存亡，自然时刻牵动着蒋介石的心。在他的直接督促下，10月9日国民党军增援锦州的暂编62师、151师、8师、157师、62军等11个师的兵力已经集结完毕，40余门重炮将炮口对准了塔山的方向。

除去陆地，国民党军参加塔山战斗的还有驻北平的国民党空军、海军第三舰队的3艘军舰，这其中就包括国民党军最大的水面舰艇"重庆"号。海空军力，被蒋介石寄予重望。

反观解放军这边，参与塔山阻击战的是东北野战军第4纵队和第11纵队，派出的兵力大约为12万人。

虽然一开始双方投入的部队兵力相差不大，但是地理位置对解放军十分不利。

塔山方圆几千米内几乎没有任何天然屏障，有的只是低洼的土地。然而国民党军已经占据了塔山南面的大东山、小东山、影壁山一线高地，居高临下，解放军第4纵队的阵地全部暴露在他们的炮火射程之内，这样的地势只有靠修筑工事进行防御。

防御工事如何修？刚好塔山附近有铁路，解放军当即动员官兵和群众，抬木头、扛铁轨，连夜修筑出了防御工事。

1948年10月10日，国民党军开始进攻。他们凭借优越的装备，用飞机、军舰进行轰击。

后人都说，塔山之战国共军队单纯从交战双方的兵力、火力、战场态势等客

1948年10月，在人民解放军指战员的顽强抗击下，塔山阵地寸土不失

观因素来研究，国民党军实在没有理由输掉这场战斗。

塔山阻击战，从1948年10月10日打到15日，进行了整整6天6夜。

战斗之初，国民党军由于轻视解放军的防御力量，在进攻前仅进行了半小时的炮火准备，虽然对塔山的阵地有较大破坏，但仍遗留有大量的地堡、铁丝网，成为阻挠步兵突破的巨大障碍。

解放军依托残破的工事进行坚强的抵抗，与国民党炮兵进行了激烈的炮战，并以密集火力猛击国民党军第二梯队的集结地域。当日国民党军共向白台山阵地进行了7次冲锋，向塔山阵地进行了9次冲锋，在遭受了重大人员伤亡之后，仍毫无进展。

首次进攻失败后，国民党军集中了30多门野战炮、榴弹炮与2艘军舰的炮火，并以5架飞机投掷炸弹，进行轰击。地面部队趁机发起集团冲锋，坚守塔山堡的解放军官兵顽强抵抗，再次阻止了国民党军的步伐。

在随后的战斗中，国民党军总是妄图寻找薄弱环节进行试探性进攻，都碰了硬钉子。解放军一面抵抗敌军进攻，一面抓紧时间抢修工事，加固自身防御。

国民党军一次次强攻、一次次偷袭，统统败下阵来。10月15日中午，第4纵队第12师第34团与兄弟部队同心协力的阻击下，解放军主力部队歼灭了锦州国民党守军，取得了锦州战役的胜利。

塔山阻击战，解放军直接伤亡3000余人，而敌军伤亡6000人以上。这场战斗是第34团历史上规模最大、时间最长，也最为残酷的阵地坚守防御战。

在整个战斗中，第34团一个团就取得了毙伤俘敌3321人的重大胜利。直到东北野战军主力攻克锦州，支援锦州的国民党东进兵团始终未能在塔山地区前进一步，彻底粉碎了蒋介石的支援计划。

1948年10月16日，第34团被第4纵队授予"塔山英雄团"荣誉称号。这场震惊中外、无法复制的战场奇迹，也成为了第34团乃至解放军引以为豪的经典战例。

塔山英雄团官兵面向团旗进行矢志改革强军宣誓

不容失守的精神高地

塔山英雄团的炮兵排长李晓曦是吉林长春人，小时候便听姥爷讲过塔山阻击战。2015年军校毕业后，李晓曦被分配到了团里。

李晓曦第一时间把这个消息告诉了姥爷："我分到的单位是塔山英雄团！"但是让他意想不到的是，姥爷只扔给他一句话："那个仗是你打的吗？"

在部队的教育下，李晓曦才渐渐明白：英雄团队固然荣耀，但自己不能躺在团队的功劳簿上，只有给单位增光的义务，没有给团队抹黑的资格。

"塔山精神"，是"塔山传人"心中的精神高地，就如69年前的塔山阵地一样，不容失守！

运输班班长褚建行，因为长期从事驾驶工作，患上了腰肌劳损和腰椎间盘突出症。

2015年，褚建行由于身材高大形象好，被初选进入"九·三"胜利日大阅兵的徒步方队。了解他身体状况的战友宁小东给他打电话："阅兵训练残酷，选拔严格，身体挺不住就回来吧，不丢人。"

"我出了塔山英雄团的门，要么让我从天安门前走过去，要么就让我躺着回来！"褚建行"倔"得很。

腰不舒服，他提前在腰带里插上木板撑着；为了练力量，别人踢正步穿皮鞋，他就穿作战靴；为了纠正罗圈腿，他连睡觉都拿背包绳捆着腿。

历经3轮淘汰，褚建行终于圆了"阅兵梦"，但是181厘米的大个子，一下子从160多斤瘦到了110斤。"回来的时候我一摸，身上都没一点肉感了。"谈起褚建行，宁小东既心疼，又敬佩。

不过，宁小东一点儿也不觉得吃惊。他在塔山英雄团当兵10年，见多了拼命的战士。

黄章亮，为了在开训动员比武中拿名次，别人午休的时候他练习投掷手榴弹。卧、跪、立，3种姿势反复练习，练到最后手也肿了，筷子都拿不稳，甚至连上铺都爬不上去。

朱彦成，为了把火箭筒练到"发发十环"，不停地练习射击，导致右肩习惯性脱臼，双耳被噪声震得流血。

"荣誉比生命更重要！"来到塔山英雄团，每个人对荣誉都有深刻的理解和认知。

每年有新干部、新兵来到塔山英雄团，有几件"入门"功课必须要做：学塔山战史，祭塔山先烈，唱塔山战歌。这几门功课不做，入不得"塔山门"。

在塔山英雄团，每个连队都有自己的连歌、连训，战斗文化画上墙，优秀官兵上橱窗，让大家时时刻刻感受争先创优、崇尚荣誉的浓厚氛围。

入了"塔山门"，想当好英雄传人、注入塔山基因，必须经历一段外化于行、内化于心的磨砺过程。

团里某炮兵连刚组建3天后就参加了边境战斗，当时的指导员写下了战斗总结。如今这份战斗总结作为传家宝已经传了37年、11任指导员。

每逢新兵入连，都要领读这份战斗总结，让他们在聆听前辈战斗故事中感受团队荣誉、强化责任担当。

团里的2连，在1964年参加全军军事尖子比武，夜间班进攻和夜间防御战术都拿了第一,被授予了"夜老虎连"荣誉称号。

在过往的50多年里,这只"夜老虎"不忘初心,不管是军事比武、考核演习,还是抢险救灾,始终秉承着"逢冠必夺,逢一必争,逢战必胜"的精神。

2010年,广西来宾地区发生严重干旱。2连受领的任务,是确保灾情最重的村4000多亩高价值农作物不受损失。

在重大任务前,连队党支部成立党员突击队,党员干部一律吃住在田间地头,抢浇田地。广西的夏日气温超过40℃,2连的官兵们连续奋斗了3天3夜,好几个人都累倒在田埂上。

在塔山英雄团,2连只是一个缩影、一个典型。团里有9个英模连队,个个都是善打硬仗、最能攻坚的钢刀铁拳。

这支诞生于1937年天福山起义,转战胶东地区抗日,进军东北参加解放战争的部队,在80年的历程里历经大大小小战斗数十场,涌现出了一批英雄集体和英雄人物。

正如一名战士在团里组织的"书香塔山"朗读活动中说的一样:"过往的功劳和荣耀,是前辈们攻克下的阵地,作为'塔山传人',坚守阵地、再立新功是对他们最好的汇报。"

塔山英雄团官兵参加广西来宾抗旱救灾

永不磨灭的英雄番号

"团长同志,全体老兵集合完毕,应到43人,实到43人,请指示!"2015年3月,在塔山英雄团,一群白发苍苍的老人昂首挺胸,整齐列队,口号嘹亮。

像这样的场景,几乎每年都能在这个团里见到。政治处主任王英华说:"从团里走出去的老兵,无论离开多久,回来了都是塔山好兵的样子。"

炮兵营教导员刘勋在团里干了10多年了,对"塔山情"深有体会:"每一年都会有很多不同年龄阶段的老兵,回到自己的连队、排房,来看一看自己曾经生活工作过的地方。"

让刘勋印象最深的,是2连的老连长李德元:80多岁的老兵回到连队,像个小孩一样兴奋,连蹦带跳,一个房间一个房间地跑,这里摸摸,那里瞧瞧。"笑声从进连队起就没停过。"

不管是退伍转业,还是工作调动,离开这支部队几年,甚至几十年,"塔山英雄团"这个番号在他们心中永不磨灭。

2016年,参加过边境自卫反击作战的炮兵连官兵一个不落,全部回到连队。这群从战火硝烟中退下来的老兵,只有一个请求:让他们再操作一次炮。

虽然已经脱下军装,动作也没有当初的流畅,但这群老兵在老连长的口令下跑位、架炮、瞄准……一板一眼,英雄风范丝毫不减。

这群老兵所操作的炮,早已不是当年的老式武器。这支部队成立80年来,历经5次改革,装备不断更新换代,驻防地点数次更改,番号也几易其名。

从骡马化到摩托化、机械化,再到信息化的接续转型中,一代代官兵勇当改革强军先锋,将塔山精神赓续相传。

2016年初,团副政委崔金涛的一纸转业申请让不少官兵吃了一惊。"逐年列装的信息化装备,让我感到越来越力不从心。"离别之际,摸着熟悉的枪炮,这位老兵饱含深情,"一个军人如果难以适应部队转型的需要,转身离开或许是对部队最大的贡献。"

就在前几年,这个团换装了某新型步战车,但是全团85%的官兵没有接触过该型装备。为此,上级将98名直招士官分配至该团,填补专业人才的缺口。专业骨干刚到该团,68名老兵就主动让出班长岗位。

7连4班班长叶少华担任班长多年,还曾在全军狙击手比武中打破纪录。

塔山英雄团装备车辆在演习中经过涉水地带

然而,部队转型发展中,叶少华深深感到自己落了伍,主动向连队递交了退伍报告:"唯愿我的转身,换来部队的转型。"

2营教导员在春节时得知自己即将交流到别的部队,在自己的家门口贴了一副春联,"一进塔山门一生塔山情 出了塔山门还是塔山人"。

如今,在改革强军征途中,"塔山英雄团"又站在了新的历史起点:整个团将面临转隶、重组,原有的团编制将不复存在。

编制改英雄血脉不改,番号变战斗作风不变。军改关头,塔山英雄团的官兵们发扬当年塔山阻击战中先辈们用鲜血凝铸成的塔山精神,顾全大局,严守纪律,勇于牺牲,敢打必胜。

因为军改,2017年团里转业指标较往年大大增加,部分军官即将结束他们的军旅生涯。宣传股长李耀华,已经被确定为转业对象,连表都填了。但是,家离营院只有10多分钟车程的李耀华回家却越来越少了,加班的次数越来越多了,"要趁着最后的一段时间,把各类资料整理好,也算为部队作最后的贡献吧。"

与李耀华一样,待转业的干部全部坚守在岗位上,照常工作、训练,标准一分不降,干劲一丝不减。

在改革的征程中,既有急流勇退的,又有深情坚守的。

2连指导员李金鑫,入伍之前是金融专业毕业生,有一份在银行的高薪工作。军改之际,有朋友劝他转业回地方,一起"捞金"。

李金鑫断然拒绝:"我当兵提干后之所以选择回到塔山英雄团,是因为在团里的日子才是我要的生活,我的青春因为塔山英雄团而精彩。面对改革,坚守是

115

英雄

塔山英雄团在驻训场举行"弘扬塔山精神,建设过硬团队"主题教育活动

我心灵的选择。"

上等兵高翔抱着锻炼的心态来到部队,本想干两年就退伍。在塔山英雄团一年多的时光里,他深深地爱上了两件事:跑步、读书。"很享受在部队的日子。"

面对军改,这个 20 岁的小伙子道出了几乎所有"塔山人"的心声:想继续在部队干下去,成为军改的见证者,期待军改之后的英雄部队新面貌,更想以自身的努力,成为军改的参与者。

冲锋，踏着老连长的足迹
——走进新时期的"杨根思连"

梅世雄

【连队名片】杨根思，1922年11月6日生，江苏省泰兴人。1944年2月加入新四军，历任班长、排长、连长，作战勇敢，屡立战功。

1950年11月29日，中国人民志愿军第9兵团20军58师172团3连连长杨根思奉命坚守朝鲜长津湖下碣隅里东南面的小高岭。在战斗的最后时刻，杨根思命令重机枪排长撤退，不把武器留给敌人。然后，自己平静地抱起10千克重的炸药包，拉响导火索，毅然决然地冲向敌群，与40多个敌人同归于尽。

战后，杨根思所在连队被命名为"杨根思连"，这是中国人民解放军唯一一个以连长名字命名的英雄连队。这个连队目前归属中部战区陆军第83集团军某机械化步兵旅。

当地时间2016年7月8日，南苏丹首都朱巴。

南苏丹政府军与反政府武装在总统府附近展开激战。

交战地点距中国维和步兵营一线哨位仅一步之遥。中国维和步兵营进入一级战备。

当地时间7月10日晚，一个令全国人民万分悲痛的噩耗传出——维和步兵营105号步战车被火箭弹击中，步兵一连下士李磊不幸壮烈牺牲，四级军士长杨树朋身负重伤。7月11日，杨树朋因抢救无效牺牲。

此时，中国维和步兵营营区内外仍然被各种枪声、爆炸声笼罩。

在生死考验面前，1连连长王震给国内的指导员文海地打电话交代"后事"："如果我牺牲了，请你告诉老连长，我没有给老连长丢脸……"

文海地的眼泪瞬间流了下来，在电话中吼道："你给我活着回来……"

英雄

"当时真是紧张极了,我们连已经牺牲了 2 名战士,可不能再出意外了。"

29 岁的王震和 31 岁的文海地分别担任中部战区陆军第 83 集团军某机械化步兵旅 1 营 3 连连长和指导员。他们所在的连队还有一个闻名遐迩的称号——"杨根思连"。

王震所说的老连长就是杨根思。"杨根思连"是中国人民解放军唯一一个以连长名字命名的英雄连队。

"67 年前,老连长在抗美援朝战中抱起炸药包冲向美军,为国捐躯。"王震在接受新华社记者采访时说,"今天,可以告慰老连长的是,67 年来,'杨根思连'的一代代官兵始终牢记老连长的战斗誓言,一不怕苦,二不怕死,永远保持着冲锋的姿态。"

杨根思连官兵执行任务前向连旗宣誓

老连长的冲锋

"我是听着老连长的英雄故事长大的。"今年刚满 19 岁的上等兵李伟豪来自杨根思的故乡——江苏省泰兴市根思乡,他先后就读于杨根思小学、杨根思中学。

受杨根思的影响熏陶,李伟豪从小就梦想着从军报国。

"在我的家乡,老连长的英雄故事可以说是妇孺皆知。"2015 年 9 月,正在泰州技师学院上一年级的李伟豪和双胞胎弟弟李伟杰一同参军,来到著名的"杨根思连"。

1922年11月6日,杨根思出生在江苏省泰兴县黄桥地区羊货郎店(后来改为江苏省泰兴市根思乡根思村)的一户贫苦农民家庭。

李伟豪说:"老连长父母早亡,他8岁成为孤儿,10岁当了放牛娃,12岁随哥哥到上海,在资本家的地毯工厂做童工。1941年地毯工厂关闭,回乡后又给地主家做'牛倌'。"

1944年2月,杨根思加入新四军,从此踏上出生入死的战斗历程。他历任班长、排长、连长,作战勇敢,屡立战功。

1946年10月,在枣庄郭里集战斗中,9班战士杨根思冒着敌人密集的火力封锁,连续3次运送拉雷,并炸毁敌碉堡。战斗结束,在"庆功授奖大会"上,团党委授予杨根思"爆破大王"荣誉称号。

1950年9月2日,杨根思(第一排右二)出席北京、南京英模大会时与军代表和军首长合影

1947年1月,已是9班副班长的杨根思随部队攻至临沂至枣庄线上的重镇——齐村。杨根思不仅连续爆破敌碉堡群,炸毁敌核心工事,还巧施计谋,震慑住敌人一个排,创下单人俘获敌人最多的纪录。他被授予"华东一级人民英雄"荣誉称号。

英雄

1948年底,淮海战役打响,杨根思带领一个排,攻击夏砩之敌。12月15日黄昏,在打退敌军一个加强连进攻后,他们遭到敌人三面疯狂反扑。杨根思带领战士们激战6个小时,打退了敌人进攻。战后,他被授予"华东三级人民英雄"荣誉称号。

1950年9月,杨根思出席全国战斗英雄代表大会,受到毛泽东等党和国家领导人接见。归队后,他随即赴朝参战。

11月29日清晨,朝鲜长津湖下碣隅里东南面的小高岭,在美军陆战第1师连续8次狂轰滥炸之后,奉命坚守在这里的中国人民志愿军第9兵团20军58师172团3连连长杨根思在渐渐散去的硝烟中清点着剩下的武器弹药。

美陆战第1师号称"王牌中的王牌",成立以来未尝败绩,却在这小高岭阵地被志愿军阻击得寸步难行。恼羞成怒的第1师动用了最强大的火力,不惜一切代价试图拿下小高岭。

在小高岭战斗的最后时刻,杨根思命令重机枪排长撤退,不把武器留给敌人。然后,自己却平静地抱起10千克重的炸药包,拉响导火索,毅然决然地冲向敌群,与40多个敌人同归于尽。

1951年5月9日,中国人民志愿军总部为杨根思追记特等功,追授"特级英雄"称号,是志愿军首位特级战斗英雄。抗美援朝战争中,只有2位特级战斗英雄,另一位是黄继光。

1953年6月25日,杨根思被追授为"朝鲜民主主义人民共和国英雄",并获得金星奖章、一级国旗勋章。朝鲜在长津湖畔修建了一座杨根思英雄纪念碑

同年，杨根思生前所在连被中国人民志愿军总部命名为"杨根思连"。

2009年，杨根思被评为100位中华人民共和国成立以来感动中国人物之一。

"这份荣誉不仅属于老连长，更属于我们连。"以老连长为榜样，李伟豪和弟弟刻苦训练，入伍第一年双双被评为"优秀新兵"。他说，67年来，老连长在朝鲜战场上立下的战斗誓言——"不相信有完成不了的任务，不相信有克服不了的困难，不相信有战胜不了的敌人"，早已融入官兵血脉，成为连队发展的不竭动力。

志愿军总部授予志愿军第20军58师172团3连为"杨根思连"

国际维和战场上的生命冲锋

尽管已经回国半年了，但在南苏丹的300多个日日夜夜，仍然清晰地刻在王震的脑海中。

"那真是一段血与火的艰难岁月。"王震说，"我们'杨根思连'官兵，为了维护世界和平，置身战乱，直面生死，用生命践行使命，以实际行动展现了中国军人的铁血担当。"

2011年7月9日，位于非洲东部的南苏丹独立，成为世界上最年轻的国家，

可也是最贫穷的国家之一。

王震介绍说,独立后,总统基尔和副总统马沙尔在各自部族和武装力量支持下,爆发了长期的派系斗争,造成南苏丹局势持续动荡、交火不断,先后有数万人丧生,数百万人流离失所。

"隔离双方冲突,保护难民安全,成为联合国驻南苏丹特派团(简称联南苏团)和维和部队的重要任务。"王震说。

2015年12月14日,由王震所在的机械化步兵旅抽组700人,组建中国第二支赴南苏丹(朱巴)维和步兵营,开始执行为期1年的维和任务。

"我们的主要任务是执行长途巡逻、武装护卫、朱巴城区巡逻、联南苏团总部安全警戒、应急支援和1号难民营的警戒防卫。"中国维和步兵营共编组1个营部、3个步兵连和1个保障连。王震率领的一连由"杨根思连"为主编成。

"我们的维和任务由以往的二线支援保障向一线武装护卫延伸,真正站在了战场的最前沿。"王震介绍,"步兵营每天执勤人数达450人次以上,单兵全副武装配重21千克,中午最高温度40多摄氏度,加之整个南苏丹无论哪个部族、派系斗争,甚至个体的犯罪,其引发的暴力威胁都会直接显现在我们维和官兵面前,日常维和行动都是在刀尖上行走,对官兵的身体、心理、胆略、责任都是全方位的极限考验。"

以李磊、杨树朋为代表的中国维和步兵营官兵,面对极端恶劣的自然条件、极端复杂的外部环境、极端危险的安全形势、极端繁重的工作任务,牢记使命、胸怀祖国、枕戈待旦、尽职尽责,创造出了让祖国和人民骄傲的维和业绩。

当地时间2016年7月8日17时20分,政府军与反政府武装在中国维和步兵营任务区附近爆发激烈交火。

18时,根据联南苏团总部命令,在中国维和步兵营成立联合指挥部,由营长王玉安统一指挥包括中国维和步兵营、尼泊尔步兵营、埃塞俄比亚步兵营各1个连,以及联合国警察、尼泊尔防暴队等兵力,负责整个联南苏团总部安全、维护1号难民营稳定和建立难民临时庇护所。

这一天,战士李磊恰好过22岁的生日。他来不及吃上一口连队准备的生日蛋糕,就奔向哨位。

这一天,33岁的杨树朋和妻子通了最后一次电话,电话那头传来儿子杨一鸣欢快的叫声。他匆匆挂断电话后,就走上战位,坚守长达15小时。

7月10日8时27分,政府军与反政府军在联南苏团总部北侧、西北侧展开拉锯战,交战双方使用了武装直升机、迫击炮、坦克、装甲车、火箭筒、重机枪、轻机枪和步枪等武器装备,交火位置距中国维和步兵营哨位仅几米之隔,期间,先后有27发炮弹直接落入中国维和步兵营营区内部并爆炸,3发炮弹在营区上空临空爆炸,1发火箭弹直接命中营区西门集装箱板房,大量子弹连续击中我营区内外设施,对中国维和步兵营官兵生命安全造成严重威胁。

面对生死考验,已经执勤一天的李磊,主动向班长李东请缨,要求留在枪林弹雨的火线上;本不用参加执勤任务的杨树朋,找到连长王震说:"我是一名15年的老兵、11年的老党员,在这个节骨眼上,怎么能够待在后方,我必须要上!"

18时39分,一枚火箭弹突然击中正在执行1号难民营保护任务的105号步战车,火箭弹从载员室顶端后部击穿装甲,在车内爆炸并起火,造成车内担任警戒任务及在周围隐蔽的7名战斗员不同程度受伤,其中李磊、杨树朋、霍亚会、陈英重伤,姚道祥、吴乐、宋晓辉轻伤。

面对突如其来的袭击,班长李东、驾驶员于明彬不顾弹药随时会爆炸的危险,第一时间灭火,并抢救伤员。

右小腿骨折、右臂受伤的姚道祥首先想到的不是自己,而是抢救其他负伤的战友,他将伤势最重的李磊、杨树朋先后拖下车,自己却晕倒在地。

距离105号步战车50米的教导员鲁成军迅即赶赴现场,组织抢救、调整防卫。在联合指挥部组织指挥的营长王玉安迅速处置,果断指挥步战车警示射击,组织4具火箭筒占领有利地形,形成震慑态势,逼退交火双方。

步兵营在最短时间内调集3辆救护车和1辆突击车,后送伤员至联合国一级医院,协调柬埔寨一级医院、尼泊尔步兵营、埃塞俄比亚步兵营的医疗资源和救治力量。

然而,20时43分,李磊因伤势过重,抢救无效,光荣牺牲。牺牲前,年轻的李磊躺在副班长田飞衡的怀里,留下最后的遗言:"田班长,我这辈子都交给党了!"

此时,李磊成为预备党员才7个月。

由于联合国一级医院救治条件有限,加之交火激烈,伤员迟迟无法后送。11日9时24分,杨树朋因伤势过重,抢救无效,光荣牺牲。

这位"杨根思连"的老兵,用生命在南苏丹维和战场续写了英雄传人的无限忠诚。

永远保持冲锋的姿态

无论是抗美援朝战场的慷慨赴死,还是南苏丹维和战场的不畏生死,"杨根思连"的一代代官兵在关键时刻焕发出的豪迈壮举不是偶然的。

"今天,由杨根思精神浸润的英雄文化,已经植入一代代英雄传人的血脉,英雄气概正在每一个人身上激荡。""杨根思连"所在旅政委练伟认为,"在老连长精神的感召下,无论何时,在何种场所,'杨根思连'的每一名官兵时刻保持冲锋的姿态!"

2002年,"杨根思连"随旅改编为全军第一支轻型机械化步兵部队,列装某新型轮式装甲车。

杨根思牺牲后,彭德怀为他题词:"中国人民的优秀儿子,国际主义的伟大战士,志愿军的模范指挥员——杨根思烈士永垂不朽"

昔日的"铁脚板"能否搭上新装备的快车,成为全连上下如何发扬老连长"三不相信"精神的新课题。

不久,"两个班长两条路"的故事在部队引发了一场"新装备新技能怎么练"的大讨论。一个军事素质强、经验丰富的老班长注重练操作、练技能,另一个大学生班长却是先学原理再练兵。在上级组织的考核中,老班长走了"麦城",大学生班长拔得头筹。

连队以此为契机,引导官兵打破单纯依靠增加训练时间、提高难度强度来提高战斗力的粗放模式,强化学习信息化知识、掌握信息化装备的自觉性。他们"比三好",即"看谁信息化素质好、人装结合好、科学组训好",激励官兵苦练驾驭新装备的技能,提高打赢信息化条件下新型战争的本领。

2005年5月,朝鲜战争时期的美军文员、后任美国国务卿的基辛格博士,走进"杨根思连"。

在连队荣誉室内,认真听完介绍后,基辛格博士手抚那面鲜红的连旗,沉思良久,挥毫抒怀:希望中美两军永远不要兵戎相见。

2008年5月12日,四川汶川发生强烈地震。当晚,"杨根思连"78名官兵接到紧急驰援灾区的命令。

官兵们星夜兼程,于15日凌晨抵达与震中汶川仅一山之隔的彭州。

"当时,72小时'黄金救援期'就要过去。"现任旅政治部副主任范超幸,当时担任"杨根思连"指导员,他回忆,他们知道,每耽搁1秒钟,可能就意味着生命的逝去。

"彭州就是小高岭,我们要像老连长那样去战斗!"官兵们叫响这样的口号,冒着余震、山体滑坡等危险,向有着成都后花园之称的银厂沟挺进。

"当搜救到陡红岩时,我们得到消息说,有4位老人被困在陡峭的岩壁上。"范超幸回忆,当时,上山的路已被彻底破坏,他们从正面、侧面、背面分组上山救援。

范超幸率领突击队员冲在最前面,找到了被困老人。"老人看见我们时,热泪盈眶,紧紧抱住战士们,不停地表示感谢。"范超幸回忆。

官兵们发扬"三不相信"精神,克服重重困难,争分夺秒抢救伤员,在"黄金救援期"内抢救了8条生命。抗震结束,连队被党中央、国务院、中央军委联合表彰为"抗震救灾英雄集体"。

2008年7月23日,"杨根思连"从灾区凯旋。然而,官兵们征程未洗,几天后又紧急赶赴"砺兵-2008"演习场——原北京军区内蒙古朱日和战术训练基地。对手是原北京军区某装甲团,是我军第一支数字化部队,装备先进,实力强劲,且从无败绩。

"杨根思连"按照旅长提出的"剑不如人,剑法要高于人"的要求,分析研究对手的打法、战术,设想了100多种可能发生的情况,每天坚持训练10多个小时。

9月25日4时,演习正式打响。当"杨根思连"的一个排乘坐步战车攻上"蓝军"3号高地时,"蓝军"6辆坦克迎面扑来。

"在不利态势下,我们果断采取了'迂回包围,正面牵制'的战术。"范超幸说,步战车出击吸引"蓝军"坦克注意力,其他官兵下车徒步冲击,又对"蓝军"坦克形成合围之势。

曾担任北京奥运会安保旗手的战士于帅帅冲在最前面,将"杨根思连"的大旗牢牢插在了"蓝军"阵地上。

目睹这一幕,前来观摩的外国军事参观团的将校军官们,用各种不同的语言表达对"杨根思连"的敬意。

2015年7月底,"杨根思连"9班班长陆亚东随旅赴俄罗斯萨拉托夫参加"国际炮兵射击能手竞赛"。

"8月11日,单炮赛开始。"陆亚东说,"有中国、俄罗斯、白俄罗斯、委内瑞拉、安哥拉5个国家10支参赛炮班,当时我们炮班第6个上场。"

陆亚东回忆:"当第4个委内瑞拉炮班上场后,由于车速较快,通过车辙桥时发生重大颠簸,导致车内炮体脱落造成三人重伤。"

"快要上场前,我们班开了个简单的碰头会。"陆亚东回忆,大家认为,不要受他们的影响,在国内的训练很扎实也很辛苦,这个时候要稳住心态正常发挥,稳中求快。

陆亚东回忆:"上场后我们按照训练中的协同,仅31秒就完成了首发炮弹出膛并击中目标,创下了国内训练包括国外比武的新纪录,也让俄罗斯观众见识了我们中国军队的神速和精度。"

"最终,我们两个参赛炮班锁定了单炮赛第一名、第三名。"

2016年7月,陆亚东再次代表"杨根思连"出征哈萨克斯坦,第二次参加"国际炮兵能手竞赛"。

这一次,火箭炮手陆亚东,克服重重困难,不畏强手,成为所有参赛选手中唯一一个全部命中目标的选手,最终被评为"最佳火箭筒手"。

"特别是遇到困难时,是老连长的'三不相信'精神激励和鼓舞着我。"陆亚东说,"只要自己勇于拼搏决不放弃,就一定能战胜一切困难和敌人。"

邱少云：纪律重于生命，英雄从未走远

樊永强　唐磊

【人物小传】邱少云，1926年出生，重庆市铜梁县人，1949年参加中国人民解放军，1951年参加抗美援朝，为志愿军第15军29师87团3营9连战士。1952年秋，在抗美援朝391高地反击战中，为确保战斗胜利，邱少云在潜伏中被敌燃烧弹点燃了棉衣，但他严守战场纪律，始终纹丝不动，任凭烈火烧焦了头发和皮肉，直至壮烈牺牲，献出了26岁的年轻生命。邱少云为整体而光荣牺牲的英雄壮举，成了全军典范。志愿军总部于1953年决定给邱少云追记特等功一次，并授予"一级英雄"的光荣称号。

1952年10月，抗美援朝的那场战斗，26岁的邱少云为了信仰和胜利，以烈火焚身岿然不动的惊世之举，诠释了中国军人的英雄血性。

作为英雄的传人，邱少云生前所在的连队从邱少云壮烈牺牲的那一刻起，就把"纪律重于生命"的精神注入一茬茬官兵血脉，成为永远不灭的连魂。

在国防和军队改革大潮中，这支英雄连队如今已转隶为陆军第76集团军某合成旅9连。以纪铸魂、以纪强能、以纪正风、以纪塑形——强军征程上，9连新一代官兵以薪火相传的高度自觉书写着"英雄从未走远"的时代答卷。

烈火铸就　英雄礼赞

在朝鲜金化县以西391高地石壁上镌刻着这样一行大字："为整体、为胜利而自我牺牲的伟大的邱少云同志永垂不朽！"

跨越半个多世纪的风雨沧桑，这24个大字依旧醒目如初，静静地向过往的

人们诉说着年仅26岁的邱少云用最坚忍的潜伏,完成了中国士兵最勇猛的突击。

时针拨回到1949年12月下旬,四川解放,出身贫苦农家的邱少云入伍参军。在党的军队里,邱少云完全像变了一个人,迅速得到成长。次年10月,中国人民志愿军在"抗美援朝,保家卫国"的口号中跨过鸭绿江,邱少云所在部队也从四川简阳开赴朝鲜前线。

在朝鲜国土上,邱少云目睹了侵略者的暴行,他和战友们庄严宣誓:绝不辜负党的期望,不消灭侵略者,绝不下战场。

抗美援朝进入了关键阶段。1952年10月,侵略者在板门店宣布停战谈判"无限期休会",同时纽约即将召开联合国大会,侵略者想在朝鲜战场上发动一次"攻势",来挽回败局,为他的仆从国加油打气。

面对横贯朝鲜200多千米的战线,志愿军司令员彭德怀判断敌我交战重心是中线,而位于中线的391高地,山势险要,有敌1个加强连防守,是敌军安置在志愿军前沿阵地的一个"钉子",拔掉这个"钉子"不仅可以改善我军的防御阵地,而且可以对敌军形成威胁。

必须拿下391高地!这是命令,更是铁的纪律!

从志愿军前沿阵地到391高地,中间有3000米的开阔地,为了缩短部队冲击距离减少伤亡,使战斗发起具有突然性,指挥部决定,在发起攻击的前一天晚上,派出邱少云所在的3营潜伏在高地前的开阔蒿草地中,配合大部队攻打391高地。

1952年10月11日天黑以后,500多名战士秘密地摸到潜伏地,三个一组,四个一组地分散开来,伪装得和山坡上的草一样,看不出一点痕迹。

邱少云所在排排长曾纪有回忆说:邱少云所在的第3班是爆破班,邱少云更是爆破班尖刀组成员,负责战斗打响后剪断敌人的铁丝网,所以潜伏在开阔地的最前面,距敌人工事仅有60米。透过草缝,甚至可以看到高地上的地堡群以及山脊上持枪巡逻的敌人。

时间一分一秒流过。12日上午,一个班的敌人钻出地堡向潜伏区逼近,敌人越来越近,突然,有2名战士被敌人发现,敌人吓得一边后退一边慌忙扫射,扭头朝山顶逃跑。

一旦让敌人活着回去,潜伏的机密就会暴露,在这紧急时刻,我军指挥观察所果断发出命令:"对敌进行拦阻炮击。"很快,这一个班的敌人被全部歼灭。

敌人遭到打击后,恼羞成怒,以机枪进行火力搜索,并出动飞机盲目向草丛发射燃烧弹。

一颗燃烧弹落在了邱少云的身边,草丛立即燃烧起来,蔓延的火势烧着了邱少云的左腿。

这时,只要就地一滚就可熄灭烈火,但为了不暴露行动企图,邱少云强忍着,始终一动不动。

火焰已经从棉军装延烧到了他的头上!他的后面是条水沟,在这个生死关头,只要他后退几步,在泥水里打个滚,就可把火弄灭。

但为了战友的安全,为了整个战斗的胜利,他没有这样做,毅然放弃了自己唯一生还的机会。

烈火慢慢地折磨着他的肉体,慢慢地消耗着他的生命。邱少云忍受着难以想象的肉体痛苦,双手深深插进泥土中。

无情的烈火整整燃烧了 30 多分钟,我们的英雄如一尊铁打的雕像,一动不动,直至壮烈牺牲⋯⋯

烈火验真金,中国士兵用常人难以理解的意志力,证明了中国军人的铁血忠诚、守纪如钢。

谈起邱少云牺牲时的情景,邱少云所在连文化教员郭安民眼中噙满泪水:"眼睁睁看着邱少云被烈火焚烧,我们多想冲上去扑灭他身上的火焰,但他那视死如归的眼神告诉我们为了整体、为了胜利,一定要严守潜伏纪律。军令如山,我们每一个人都不能动。"

邱少云的英勇献身保证了潜伏作战的成功。在邱少云伟大的英雄气概的激励下,潜伏部队提前发动进攻,战士们从草丛中站立起来,怀着满腔怒火,高呼"为邱少云报仇",当晚胜利攻占 391 高地,全歼守卫敌军一个加强连约 700 人。

为表彰邱少云崇高的集体主义精神和顽强的革命意志,所在部队党委追认

1952 年 10 月 12 日,邱少云所在部队奉命攻占 391 高地美军前哨阵地,在潜伏时他被美军发射的侦察燃烧弹烧着。为不暴露潜伏部队,他双手插进泥土中,强忍剧痛,始终未动,直至壮烈牺牲(油画作品)

他为中共党员,追授他"模范青年团员"称号。1953年6月1日,志愿军总部决定给邱少云追记特等功一次,并追授他"一级英雄"称号。同年6月25日,朝鲜民主主义人民共和国追授他"朝鲜民主主义人民共和国英雄"称号和金星奖章、一级国旗勋章。

1953年,四川省铜梁县建立邱少云烈士纪念馆,并在凤凰山顶竖立纪念碑,朱德为之题词。郭沫若为纪念馆题写了"咏邱少云烈士"诗一首:

援朝抗美弟兄多,烈士少云事可歌;
高地名传三九一,冠军徒念阿弥陀。
戳穿纸虎功常在,缚住苍龙志不磨;
领国金星留纪念,英雄肝胆壮山河。

周恩来总理和陈毅副总理在朝鲜访问期间,于1958年2月17日上午,冒雪到烈士陵园为邱少云等烈士献花圈。

邱少云的事迹被编进了教科书,全国几十个工厂、学校以"邱少云"名字命名,用这位英雄的伟大精神教育鼓舞亿万人民。

精神血脉　薪火相传

作为彪炳人民军队史册的英雄,邱少云"严守纪律、顾全整体、自我牺牲"的伟大精神代代相传,也是邱少云生前所在连队的红色血脉之源。

在陆军第76集团军某合成旅9连,邱少云从未离开。

走进连队,门厅上方"邱少云生前所在连"的连牌熠熠生辉。门厅里,"纪律重于生命"的连魂格外醒目。学习室、网络室、俱乐部里,有关纪律的格言警句随处可见。

60多年来,一代代官兵在这里建功立业,一茬茬的官兵成长为"活着的邱少云"。不是他们自身特殊,而是这里给了他们特殊的空气和养分。

"橘生淮南则为橘,生于淮北则为枳。环境和氛围对个人的成长起着至关重要的作用。"在某合成旅宣传科科长纪托看来,"严守纪律,不仅仅来自课堂上的教育和引导,更需要内部环境的熏陶和感染。"

长久以来,9连特别注重用好用活连队的红色资源,让"纪律重于生命"的精神像空气一样无处不在,虽然看不见、摸不着,但离不开、忘不了。

"军人的天职是服从命令,钢铁的纪律是胜利保证。邱少云是学习榜样,烈火中诞生不朽英雄……"这首《邱少云之歌》是9连的连歌,已经传唱了几十年,鞭策和激励着一代代官兵。

英雄远去,身后的"故事"却并不安宁。一段时间,一些别有用心的人在网络上歪曲历史,抹黑包括邱少云在内的英雄人物,认为邱少云烈火焚身纹丝不动违背人体生理规律,在社会上引发热议。

面对恶意诋毁的言论,9连官兵既愤懑又淡然。淡然的是邱少云精神已深深扎根于心,官兵们对军人在极端情况下的顽强意志和牺牲精神深信不疑。

"之所以深信不疑,是因为官兵们身边处处都有邱少云的影子。"旅政委王韬说,"革命军人信念如磐,守纪如铁,意志如钢,精神力量远超身体极限,不是哪一门科学能衡量和解释的。"

一名军人战场制胜的关键,是枪炮更是意志;一个连队值得传承的法宝,有看得见的装备,更有看不见的精神。在9连采访,一个个"邱少云传人"的生动故事让记者深受震撼:

他被称为"活着的邱少云"——7班副班长罗松,在一次实兵对抗演练中奉命炸毁"敌"装甲车,当他携带炸药包刚刚跃出堑壕时,火箭筒尾焰卷起沙石迎面袭来,将他的衣服点着,顿时头部、手上多处烧伤,但他全然不顾,仍英勇冲向装甲目标,坚持完成战斗任务。战斗结束,罗松脸上血肉模糊,眼睛肿得看不见路。

他被称为"马蜂窝上的邱少云"——跨区演习中,连队占领冲击出发阵地后,官兵们就地隐蔽,待命冲锋。已确定退伍的上等兵乔志强正好趴在一个马蜂窝旁,受到惊吓的马蜂将他的脸、耳朵、脖子等部位蛰了十几下,皮肤发肿,奇痒不已。为不暴露目标,乔志强咬牙坚持。发起冲锋后,他一跃而起,按规定完成了全部战术动作。

在9连,类似这样突破生理极限的官兵不胜枚举:维吾尔族列兵于米提在一次5000米武装越野考核中脚踝骨折,忍着剧痛跑完最后几百米;上等兵梁海飞听到隐蔽卧倒命令后,刚好身处一片骆驼刺中,他毫不畏惧就地扑到,被扎得像"大刺猬"……

在9连官兵心中,邱少云是一种信仰,大家像爱护自己的眼睛一样珍爱英雄荣光。

每年新兵入伍、学员报到,第一课就是系统学习邱少云的生平事迹,探寻英

邱少云生前所在连队官兵在训练场上进行前扑训练

雄壮举的精神源泉。每逢新兵入伍、老兵离队、执行重大任务出征前,官兵都要在荣誉室参观、宣誓、表决心。晚点名,邱少云作为全连第一名被呼点,全连官兵答"到"声震天响,几十年来天天如此。哪个班工作退步,哪名战士违纪,连队干部会把当事人带到荣誉室,对照邱少云的事迹讨论、反省,激励大家时刻牢记自己是邱少云传人。

在9连官兵心中,邱少云是一面镜子,时刻照着自己,决不许有丝毫偏差。

3班,是邱少云生前所在班。进门显眼位置是邱少云的铺位。每天临睡前,3班战士都要铺开邱少云的被子,第二天起床后再叠好。几十年来,邱少云仿佛还是3班的一名老兵,同大家一样正常作息。2011年8月,从3班走出的一位将军回访连队,把自己单独关进3班,向邱少云汇报思想。每年退伍时节,许多老兵像丢了魂一样,紧紧抱住3班长,哭得撕心裂肺。

60多年来,9连先后5次转隶关系,4次更易番号。无论是枪林弹雨的生死考验,还是糖衣炮弹的利益诱惑,不管是舆论杂音的政治考验,还是灯红酒绿的现实诱惑,9连官兵始终初心不改,本色不丢。

铁纪生威　时代召唤

精神的传承不是守住炉火的余烬,而是传递热情的火焰。

在国防和军队改革实质展开之际,战士们常说,现在学习邱少云,最根本的就是"听党的话跟党走",落实到行动上就是要真正信仰纪律,把纪律内化于心、

邱少云：纪律重于生命，英雄从未走远

邱少云生前所在连队官兵在演练中深入敌后快速机降实施"斩首"行动

外化于行。

深夜执勤，因为没到下哨时间，不能违反枪弹必须分离的纪律，拉肚子的哨兵宁愿下哨回去换洗内衣也不离开执勤哨位一步；驻训看电影，闻讯赶来的群众挤到前排，坐在后面的9连官兵"认真地听了一场电影"，自始至终没有一个人站起来；上政治教育课，患感冒的战士不愿坏了"坐就要纹丝不动"的规矩，清鼻涕流到衣服上也一动不动，直到听见"休息10分钟"的命令……

许多人不理解，不就是动一下的小事，为什么9连官兵却始终把纪律放在第一位？

9连战士说得好：火车跑得快，全靠车头带。连队的干部个个都像邱少云那样严守纪律，我们还有啥理由讲条件？

邱少云连队的干部特别守规矩，这一点，第44任指导员、旅政治工作部主任丁俊强最了解："什么是纪律？9连的干部从不多讲，他们自己的一言一行就是最形象的解释。怎么严守纪律？他们也不多说，自己的一举一动就是最具体的标准。"

走队列，干部总在最前面，臂打得比战士还直；搞劳动，干部总是扛重活，流的汗水比战士还多；抓训练，干部总是第一个上，要求战士怎么练，自己先怎么练……在战士眼里，干部怎么遵守纪律，严守纪律就是啥标准。

一次实兵对抗演习，连队受命夜间迂回60余千米，绕到"敌"后进行突袭。

133

英雄

邱少云生前所在连队官兵在战术训练场进行连进攻演练

行路艰难,有战士善意提醒:"反正这是在演习,完全可以选择一条捷径,只要能完成任务就行了。"

连队干部不为所动,态度鲜明:"严守作风纪律没有训练这个禁区,打胜仗需要真本事,弄虚作假搞训练,不是邱少云连的作风!"他们一路摸索前进,硬是在规定时间内迂回到指定地域,圆满完成了突袭任务。演习结束后,蓝军指挥员佩服地说:"纪律严明,邱少云连果然名不虚传!"

近年来,正风反腐已成高压态势,正是这种严格的纪律检查、督察,让法纪的威力回归人心、深入人心。同样在9连,不断强化纪律规定的约束力、执行力成为学习邱少云精神的新共识。

他们利用召开党员民主生活会、连队行政例会、官兵恳谈会的时机,广泛开展党内监督、互相监督、上下监督,引导官兵勇于对身边违反规章制度、有悖条令条例的现象说"不"。

"连队要求集合站队要迅速,有的干部慢腾腾";"饭堂就餐不能大声喧哗,个别干部大声说话";"天天讲严格落实一日生活制度,有时还存在提前起床、推迟熄灯的现象"……年初的一次民主生活会上,9连党支部主动接受监督批评,大家你一言、我一语,提出了20多条意见,一点儿也没给连队干部留面子。

这些意见看似细小、琐碎,却句句说到点子上。

连队党支部正副书记带头进行自我批评,现场承诺纠改,并鼓励大家继续监督。指导员王天利说:"党内监督就像一面镜子,照出支部'一班人'依法治军、按纲建连方面存在的短板与不足,明确了今后改进的目标与方向。"

在 9 连，监督没有"例外"。2 排长白斌与女朋友正在热恋当中，每天就寝后要打一会儿电话巩固感情。为了不影响排里战士休息，他便跑到 3 楼俱乐部里煲"电话粥"。没想到，2 排战士没了"意见"，与俱乐部一墙之隔的 3 排枪榴班却很有"看法"。训练间隙，枪榴班班长金光亮主动找到白斌说："排长，就寝后打电话也就罢了，你说话的声音能不能小一些，不要影响战士休息。"此后，白斌再也没去俱乐部打过电话。

在玉树抗震救灾期间，邱少云生前所在连党员突击队奋力抢险救灾

"只有胆小的懦夫才会诋毁英雄，也只有英雄的传人才能成为英雄。"9 连连长李文年说，9 连的兵就是这样一步步走近邱少云，邱少云精神正是这样一茬茬地得到传承。

年轻的"邱少云传人"用行动告诉我们：英雄从未走远！

永不褪色的热血传奇
——走进黄继光生前所在部队

吴 琪 张汩汩

【人物小传】黄继光,1931年出生于四川省中江县贫苦农民家庭,曾当过儿童团团长和民兵,被评为民兵模范。1951年3月参军,为中国人民志愿军某部通讯员,作战勇敢,立三等功1次。

1952年10月,在上甘岭战役中,他用自己的胸膛堵住敌人的枪眼,为战友开辟出前进通道。战后,部队党委追认他为中国共产党党员,中国人民志愿军领导机关给他追记特等功,并追授"特级英雄"称号。朝鲜民主主义人民共和国最高人民会议常任委员会追授他"朝鲜民主主义人民共和国英雄"称号和金星奖章、一级国旗勋章。

"黄继光!"

"到!"

这是"黄继光连"每晚例行的点名,当点到黄继光时,全连官兵用最有力的吼声,齐声喊"到",表达对英雄的敬意。

"黄继光的魂在,精神实质在,我们都是黄继光的传人!"

"危险敢上,重担敢挑,第一敢争,红旗敢扛!"

时代在变,部队口号也在变,但英雄的热血传奇却永不褪色……

血性如火,在敢为人先中书写奇迹

"老班长",是空降兵某旅6连官兵对黄继光的尊称。

1952年10月19日,中国人民志愿军在上甘岭展开战役大反攻,6连6班班

不褪色的热血传奇——走进黄继光生前所在部队

空降兵某旅黄继光连官兵赴高原参加实战化训练，连指导员余海龙带领官兵庄严宣誓

长黄继光所在部队的前进脚步被一座暗堡阻挡，前方是肆意喷射的火舌和铺天盖地的火力网。

天将拂晓，决定胜负的时刻已到。

千钧一发之际，黄继光挺身而出，冒着枪林弹雨冲向敌人碉堡，用年轻的胸膛堵住正在喷射火舌的枪眼，壮烈牺牲。

谈起黄继光牺牲的壮举，向祺说得绘声绘色。

谁能想到，这名普通的18岁新兵，曾经是家乡当年远近闻名的高考"状元"。2016年6月，向祺以671分的高考成绩荣膺湖北省宜昌市夷陵区理科"状元"，并被华中科技大学临床学院本硕博连读班录取。而他却毅然从军，踏进了军营。

"当兵是我的梦想，是我的人生目标。"向祺说，自己从小就是个不折不扣的"军迷"，黄继光、邱少云等英雄的伟大形象始终是他追随的榜样。

到了高手如云的空降兵部队后，立志成为有血性军人的向祺主动为自己"开小灶"。"别人训练2个小时，他就训练4个小时甚至更多。别人做一遍动作，他坚持做三遍。严寒酷暑，风雨无阻。"连长刘堃告诉记者。

凭借着这股倔劲、狠劲和猛劲，向祺由一名青涩的新兵快速成长为优秀士兵，体能、技能成为连队中的佼佼者。

"我是受老班长的'敢战血性'感召而来的，必须打好英雄血性底色。"向

祺说。

时光荏苒,"黄继光连"的官兵虽然换了一茬又一茬,但"一不怕苦,二不怕死"的"敢战血性",在 6 连却如磐石般坚屹不倒。

一个个像向祺一样的年轻战士逐渐成为部队新鲜血液,"血性"与"担当"深深扎根在每个人心中。

2016 年,空降兵军事大比武在湖北某训练场拉开帷幕。

在"单杠卷身上"项目比赛中,"黄继光连"2 班战士张豪压轴出场。

垂臂,拉上去,翻下来,再拉上去……张豪的动作如教科书般标准。

20 个动作过后,张豪双脸通红,豆大的汗珠啪嗒啪嗒往下淌。但他没有歇一下,深吸一口气,连续翻到了 50 个,这已经远超前面战士最好成绩 30 个。

大家都劝他:"下来吧,别费劲了,你已经是稳稳的第一名了。"

出人意料的是,张豪丝毫没有停歇,他紧绷着牙一口气翻了 133 个,超过前面所有参赛选手的总和。

"我是'黄继光连'的兵,我就是要创造一个绝对过硬的标准!"几乎虚脱的张豪从单杠上下来时,手掌已硬生生地磨烂了皮,单杠上沾满了鲜血。

赛场领导赞叹:"不愧是英雄连队的兵,果然有血性。"

"血性担当,迎难而上,超越自我"这些词在有些人眼中虚无缥缈,但在"黄继光连"战士的生活中却处处可见。

带病参加越野赛并爬到终点的"铁汉"刘毅,超极限气象条件下带头跳伞的"老连长"张宇,突破"无教案、无教员"困境自学成才的 6 班长李鹏超……

在"黄继光连","人人都想当英雄,人人都能当英雄"已经成为每个官兵的追求,大家受英雄血性的感召,争先进、当先锋、站排头,续写着一个又一个精彩传奇。

使命如山,在无怨无悔中勇挑重担

"锻造铁一般信仰,铁一般信念,铁一般纪律,铁一般担当的过硬部队。"这是悬挂在黄继光生前所在部队主干道旁的一句标语。

多少年来,这标语如指明灯一样,指引着无数官兵不断向前,超越自我。

理想指引人生方向,信念决定事业成败!

一场地震将一个男孩带进了军营,改变了他的人生轨迹。

不褪色的热血传奇——走进黄继光生前所在部队

空降兵某旅黄继光连官兵在参加海训任务期间被晒得脱皮

2008年"5·12"汶川大地震,空降兵部队上万名官兵飞赴灾区一线,在频频发生的余震中冒死抗灾救人。

"迎风飘扬的'黄继光生前所在部队'旗帜、战士们佩戴的'空降兵'头盔,让我至今不忘。"当时年仅12岁的灾区男孩程强回忆称,空降兵们不顾一切地进危房救人、抢救物资,毫无保留地为老百姓们空投食物补给,夜以继日地打通生命通道……

3个月后,险情排除,空降兵踏上归途,小程强挤在路旁,望着部队离去的背影,立下誓言:"我要当空降兵。"

6年后,年满18岁的程强履行了当时的誓言,来到了空降兵部队。

"选择了就不后悔,当了兵就干出个样子来!"

刚入新兵连,程强就铆足了劲刻苦训练,在很短时间内便熟练掌握了自动步枪和轻机枪射击的动作要领和射击原理。第一次实弹考核,他沉着冷静,弹无虚发,打出了50环满分的好成绩,震惊连队。由于表现优异,程强被分到"黄继光连"。

"英雄的部队要有坚定的使命意识,完成使命,要不顾一切!"前辈的嘱托,程强牢记于心。无论是队内训练,还是外出演习,他始终将"军魂使命高于一切"内化于心,外化于行。

2016年,某高原训练场,空气稀薄,尘土飞扬,一场6000米武装奔袭赛正在进行。

产生严重高原反应的程强晕头转向,四肢疲软,差点趴在地上。

139

"这就是上甘岭战场！我就是黄继光！"

即将晕倒之际，他想到了老班长——黄继光。

"硝烟弥漫的上甘岭阵地上，黄继光临危受命，在炸碉堡途中身负重伤，但他忍着剧痛，向着火力点一步一步爬去，用尽最后的力气扑向了敌人的枪眼，无惧生死，毫无保留，只为完成自己的使命。"

强大的使命感激起了程强的斗志，他打起精神，口中高喊："我是黄继光！我是黄继光！"他最终咬牙冲到了终点。

"是黄继光老班长的使命精神推着他坚持到底！""黄继光连"指导员余海龙如此评价。

"危险敢上，重担敢挑，第一敢争，红旗敢扛。"这是深植在"黄继光连"每个官兵心中的军魂使命。

无论是在训练比赛还是在救灾现场，黄继光所在部队官兵始终坚持使命意识，哪里最需要，就千方百计冲向哪里。

2008年5月14日，汶川地震发生后的第3天，空降兵15名官兵在"无地面引导，无对空指挥，无气象资料"的极限条件下，从5000米高空冒险伞降到茂县，执行侦察报告灾情任务。

这一跳，在世界跳伞史上绝无仅有；这一跳，感动了中国，震撼了世界！

他们被称为"空降兵15勇士"。

"在人民群众处于危难之时，作为空降兵部队中的一员，我们理当挺身而出，去捍卫国家利益、人民利益！""空降兵15勇士"中第一个跳出机舱的李振波大校说。

"看见了降落伞，就看见了希望和生机！"

汶川地震发生后，空降兵部队先后集结11000余名官兵抵达灾区，在长达半年的抗震救灾行动中，他们辗转四川什邡、汶川、北川等7个市县24个乡镇，累计救出幸存者135人，营救被困群众1564人，转移受灾群众22146人。

徒手与水泥瓦砾搏斗，冒险入危房救人，顶着酷暑高温挖深沟、搭帐篷……一次次行动中，官兵们用坚定的使命意识诠释着全心全意为人民服务的宗旨，用双手支撑起灾区群众的希望。

从黄继光枪林弹雨中的奋勇一扑，到"15勇士"5000米高空上的舍命一跳，60多年来，只要使命在召唤，空降兵将士从来没有犹豫。

"使命当前，无所畏惧；使命在前，视死如归！"空降兵某旅"黄继光连"连长刘垦表示,"铁一样的军魂使命"已经成为我连每一名空降兵心中的灯塔,激励着他们走得更远。

荣誉如光,在赤诚奉献中谱写华章

空降兵某旅"黄继光连"官兵在粤东某演兵场训练

在空降兵某旅"黄继光连"荣誉室,有一尊高 34 厘米、宽 32 厘米的"特级英雄黄继光"半身铜像。铜像底座上刻有郭沫若写的横批"凯歌百代",以及对联"血肉作长城,烈概在火中长啸;光荣归党国,英风天下同钦"。

"老班长就在我们身边,他永远活在我们心中!""黄继光连"指导员余海龙说。

60 多年来,新兵入连参观连队荣誉室,重大任务前向黄继光铜像宣誓,每晚点名呼点"黄继光",老兵退伍时,在黄继光铜像前举行告别仪式,已经成为"黄继光连"的传统。

榜样的力量是无穷的,典型的作用是巨大的。

作为英雄部队的"扛旗人",余海龙做出了榜样。无论在政工课堂还是在训练场上,他始终当标兵、树排头。

"第一敢争,红旗敢扛"是余海龙对自己的高标准要求。

2015 年,余海龙带队野外驻训。2 天的长途机动令战士们疲惫不堪,到达宿营地区已经是凌晨 2 点多,但任务面前不容丝毫懈怠。

"党员骨干跟我冲!"他挽起袖子大喊,第一个跨进车厢,抓着沉重的帐篷帆布往下运。由于动作过猛,手被锋利的固定锥划出一条口子,鲜血直流,他连看都不看,官兵们的激情瞬间被点燃,争先恐后地搭起帐篷,圆满完成了任务。

"他就像一颗火焰,他到哪,哪就能燃烧起热血和激情!""黄继光连"6班班长李鹏超说。

2015年,6连随部队接受上级临机抽检,余海龙带领连队奉命在未知时间、未知地域、未知任务的情况下进行突袭作战夺取模拟机场。

"6连,命令你们不惜一切代价夺下机场塔台!"参谋长下了死命令。

傍晚7点半接受任务,连夜奔赴机场,凌晨4点登机起飞,9点到达机场空降,战士们在水米未进的情况下持续奋战16个小时。

夺占行动开始时,好多战士脸色惨白,边跑边吐。"黄继光!"看到队伍慢下来的指导员余海龙大喊。"到!到!到!"……应答声此起彼伏。

筋疲力竭的6连官兵瞬间又铆足了劲,猛虎一般冲向机场塔台。

那次任务,余海龙第一个跳出飞机,靠前指挥战斗,和连长刘堃一起带领全连官兵连续作战52个小时,圆满完成了任务。

"我们的目的就是要让'军魂使命高于一切,英雄精神高于一切,连队荣誉高于一切,党员责任高于一切'的氛围,广泛播撒在每个官兵身边。"余海龙说。

"危险留给自己,荣誉让给集体。"这是6连官兵们多年来保持的共识。

2013年6连在内蒙古举行战法创新演练。跳伞预演时,地面风速达到12米每秒,远超训练大纲跳伞风速的上限。

"跳,还是不跳?你们不跳,我们就跳!"同时参加演练的预备部队不停地催促。

"再危险也要上,连队荣誉高于一切!"

面对厚厚的云层,以及低得令人胆颤的能见度,"黄继光连"连长张宇毫不犹豫,第一个跳出了机舱。随后,连队数十名官兵鱼贯而出,朵朵伞花在空中绽放。

"黄继光连"官兵关键时刻的出色发挥,得到部队首长的充分肯定。

"老班长在看着我们",英雄精神始终激励着这支部队。

近年来,"黄继光连"出色地完成了抗洪抢险、抗震救灾、中俄联合军演、"九·三"胜利日大阅兵等多项重大任务,4次荣立集体一等功,11次荣立集体二等功,20次荣立集体三等功,先后3次被空军授予荣誉称号,2013年8月习主席签署命令,授予6连"模范空降兵连"荣誉称号。

"敢打敢拼,集体至上"的精神在黄继光生前所在部队代代相传。在6连荣

空降兵某旅"黄继光连"官兵在朱日和训练基地参加"砺剑—2013"集群伞降训练

誉室,288名战斗英雄、标兵模范贴满了荣誉墙,他们是新时期的"黄继光",他们同黄继光一起,激励着后来人不断奉献,不断争光。

采访结束时,临近傍晚,部队办公楼上"发扬黄继光精神,争做黄继光传人"几个大字在夕阳下熠熠生辉。

矗立的黄继光塑像神采依旧,浩气英姿犹如当年。

训练场上传来铿锵有力的声声军令:听党指挥,能打胜仗,作风优良。

那是来自上甘岭的呼唤……

热血仍在,传奇永续。

雷锋,从未离开

王天德　王经国　秦富梁　蔡琳琳

【人物小传】雷锋,湖南省望城县人。1940年出身于穷苦农民家庭,1960年1月应征入伍,同年11月加入中国共产党。他牢固地树立了全心全意为人民服务的思想和为共产主义奋斗终身的远大目标。他不忘阶级苦,懂得"怎样做人,为谁活着",忠于党,忠于人民,忠于祖国,忠于社会主义;以"钉子"精神刻苦学习毛泽东著作和科学文化知识,不断提高为人民服务的本领;以甘当"螺丝钉"的精神,干一行,爱一行,钻一行,在平凡的岗位上做出了不平凡的事迹。1962年8月15日,在执行运输任务时不幸殉职。他在部队生活2年8个月,他荣立二等功1次,三等功2次,受嘉奖多次。

雷锋是一位伟大的共产主义战士,全心全意为人民服务的楷模。他的模范事迹和高尚思想在军内外产生巨大影响。1963年3月5日毛泽东发出"向雷锋同志学习"的伟大号召。在广泛持久开展学习雷锋活动中,全军各部队和全国各条战线上涌现了大批雷锋式的英雄模范人物。

"大哥走了以后,对我影响很大,连说知心话的人都没有了。"

55年过去了,雷锋生前战友、76岁的乔安山老人,依然十分怀念雷锋。这种对亲人才有的称呼,送雷锋去当兵的离休干部余新元老人、最早报道雷锋的新华社记者佟希文老人也都这样称呼他。

"没有共产党,没有毛主席,我都不知道死在哪条沟了。"乔安山说,雷锋经常这样讲,他很小就没亲人了,但他笑呵呵地把身边人都当成了亲人。

"读懂亲人间的情感,就能读懂雷锋。雷锋待我们如亲人,他也像我的亲人一样。"佟希文说,"他走了这么多年了,全国一直在学习他,他从未离开过。"

一个温暖的人

"连长,我建议这次保养不要送修理所了,我们自己干,这样既可以学点技术,又可以快点保养好去担负任务。"

1962年8月15日上午10时,抚顺,刚刚开车完成任务的沈阳军区工兵某团运输连4班班长雷锋没有选择休息,而是主动向连长虞仁昌请"战"。

虞仁昌欣然同意,并表扬了雷锋对工作积极主动和赶任务、学技术的负责精神。

"乔安山,连长已经同意咱们自己保养车了,咱俩先去把车冲洗一下。"回到车前的雷锋有些兴奋地说道。

雷锋

就这样,乔安山开车,雷锋指挥,将车开到9连前面的水龙头那边去洗车。途中,雷锋先将拦在道上的铁丝网摘了下来。

J7-24-13号嘎斯车很快在乔安山的驾驶下轰隆隆开过来了。车子到了雷锋跟前,乔安山把车停下来问他:"能不能过去?"

雷锋说:"没事,直接开就是了。"

车开进的是一个较窄的人行道,道口的左边有一棵大树。以这棵大树为起点,用8号铁丝连着一排1.5米高、小碗口粗的方木杆子,平时用来晒衣服用。右边是9连连部的房子。

开到9连房后,需要拐90度的弯,乔安山当时有点犹豫。

乔安山把头探出窗外喊:"班长,你看会不会撞上房子。"

雷锋左右仔细看了看,然后又问道:"方向盘打死了没有。"

"打死了。"乔安山说。

雷锋走到车的左前方,向乔安山打着手势:"走吧,没事,倒,进,进。"

乔安山挂二挡起步,迅速打死方向盘。

乔安山不知道,就在起步的一刹那,车左后轮将木杆子挤断了,杆子在撞力与拴在杆子上的铁丝所产生的张力的共同作用下,猛地向左前方弹了出去,断木正好砸中了雷锋的太阳穴。

雷锋没吭一声就倒在了地上。

从远处目睹整个过程的战士张兴吉以有生以来最快的速度飞奔到事故现场时,倒地的雷锋还有气息,但已经说不出话。

血灌在他的喉咙里,鼻子、嘴都在往外喷血……

12时05分,尽管所有人都极力挽救,但雷锋还是离我们而去了。

医院里,有人在哭喊:"雷锋,你死了,不如我死了。"

这句话喊出了现场很多人的心声,特别是独自守在太平间里的乔安山。他当时大脑一片空白,总觉得雷锋会突然坐起来,全然忘记了周围的环境,也不知道害怕了。

后来,上级工作组进行勘查,认定这件事为因公殉职、意外事故。

然而,乔安山的心并未安定下来,他和所有认识雷锋的人一样,那几天,眼泪都要哭干了。

葬礼那天,群众自发地从各地赶来,从望花区人民大礼堂到葛布公墓十几里的路,两边全是人。整个抚顺城都深陷在悲痛中。

一个普通战士的离世,缘何牵动那么多人的心?难道只是简简单单的"雷锋出差一千里,好事做了一火车"?

在报刊上看到雷锋去世消息的余新元一家中午饭都没吃。他和爱人怅然若失地落泪:"咱那儿子走了。"

爷爷和母亲被地主逼死,父亲被日本鬼子打死,哥哥当童工累死,弟弟饿死,从旧社会苦水里泡大的雷锋,满心全是感恩,满怀全是回报,但他在22岁的年纪就这样突然走了,余新元心疼得不得了。

同样现场听过雷锋讲述苦难家史的佟希文现在提起雷锋还禁不住落泪。"那是个谁见了都会喜欢的战士,一个很温暖的人。"他说。

如今,和佟希文一样,乔安山、余新元、张兴吉,还有很多与雷锋有过接触或者曾经得到雷锋帮助的工人、农民、机关干部、学生,一直都站在传播雷锋精神的一线。

"我是学习雷锋的,不是宣传雷锋的。"年届90岁的佟希文老人如是说。

"你不了解雷锋,就不会理解雷锋。"第79集团军雷锋生前所在部队部队长李茧说,"雷锋本来可以完成任务后休息的,但他从来都是想到最后的才是自己。学雷锋首先要知道雷锋是个什么样的人,雷锋在旧社会泡在苦水里,衣不蔽体、食不果腹,是新社会给了他新生。雷锋是个知恩图报的人,只怀着这个朴素的情感。"

一股强大的血脉

一起在鞍钢当工人，一起报名参军；雷锋教他学文化，偷偷给他遭水灾的家里寄钱……

几载朝夕相处，一生魂牵梦萦。从小听着雷锋故事长大的孙女乔婷娇上大学时流露出想参军的意愿，乔安山全力支持，并把她送到了雷锋生前所在部队。

这是一个 50 多年坚持"走进团队学雷锋，走出团队做雷锋"的部队——

累计行程 120 余万千米，做报告 4200 余场，听众达 640 多万人；与全国 30 多家出版社联合出版有关雷锋事迹和雷锋精神的书籍、画册 170 余种，累计发行 1.5 亿多册。

仅近 5 年，他们先后与驻地 14 个贫困户结成帮扶对子，资助失学儿童和贫困大学生 46 名，为希望工程、贫困家庭、灾区群众捐款 80 多万元……

1963 年 1 月 7 日，国防部批复了沈阳军区报告，授予雷锋生前所在 4 班为"雷锋班"的称号。1 月 21 日沈阳军区举行了隆重的命名大会。会上陈锡联(左一)司令员为雷锋班授旗

雷锋牺牲以后，雷锋生前所在的 2 排 4 班被国防部命名为"雷锋班"。"我们班在各级比武甚至专业竞赛都要拿名次。""雷锋班"现任班长毕万昌介绍，"到雷锋班就要有一种神圣的感觉，表现好的战士可以优先给雷锋老班长洗床单，睡在老班长的上铺，离老班长近一点；犯错误的战士每次都要在雷锋铺旁站一会儿。"

募集捐款 50 多万元缓解 30 多个贫困家庭燃眉之急、被评为全军"红旗车驾驶员标兵"的毕万昌是"雷锋班"第 25 任班长。

在"雷锋班",不只是班长有编号,"雷锋班"里的战士也有编号。"雷锋班"第 218 名战士唐青参军入伍前正在北京大学国际关系学院读大三。

"学雷锋最重要的一点是立足本职,做一个合格的人。"出生于 1993 年的唐青这样理解,在同届新兵中他第一个完成了驾驶训练考核,第一个当上了新兵班长。

一次回校与同学交流,一位学弟问唐青:"你在雷锋部队给雷锋部队带来了什么?"

唐青说:"作为北大学生,优秀成为习惯,我能够用拼劲感染战士。"入伍前,唐青在学校跑完 1000 米都会哇哇直吐,而今武装 5000 米,他 22 分钟左右就能拿下。

在今天的雷锋生前所在部队,"学雷锋标兵"必须是能够熟练驾驭新装备的技术能手。近 10 年,全团有 102 名指挥员、175 名士官被上级评为优秀指挥员和"四会"教练员,28 次在集团军以上比武中夺冠,3 次被评为全军"军事训练一级单位"。

不仅是在雷锋生前所在部队,作为全军 8 位挂像英模之一,50 多年来,人民解放军各支部队常年开展各种形式的学雷锋活动,雷锋精神成为了人民军队永葆性质宗旨、激发强军兴军力量的强大血脉。

军改大幕拉起后,在新的体制结构下,去年以来,雷锋生前所在的北部战区陆军开展了"岗位学雷锋,强军当先锋"活动,部队出色执行赴马里维和、吉林延边抗洪抢险等重大任务,4 支队伍参加国际军事比赛获得 26 个课目第一、4 个综

雷锋生前所在部队瞄准实战开展训练,培养官兵"一不怕苦,二不怕死"的战斗精神

合成绩第二的好成绩。

一种永恒的精神

1960年,和乔安山、雷锋一同应征入伍来到同一个团的还有河南邓州560名青年。后来,他们相继退伍、转业回到家乡,却又不约而同地在不同的岗位上树起学雷锋的旗帜——

曾亲手为雷锋整理遗容的陈远友,坚持为患者送医送药30年,义诊3万多人次;高林富长期奔波在烟田,教技术、帮育苗、搞管理,几次累昏在田间;陈万有退休后开了家修理部,走街串巷为农民义务维修农用汽车和农机具……

雷锋战友集体学雷锋的事迹,感动了邓州大地。1997年,邓州市按照基层民兵组织的形式成立"编外雷锋部队"。在他们的影响带动下,邓州市先后涌现出学雷锋先进集体336个、先进个人3万余人。

在河南、在辽宁、在四川、在山东……在拥有雷锋生前战友的地方,都有学雷锋的旗帜在飘扬;雷锋部队走出去的官兵中,有1200多位成了各地学雷锋的带头人。

不限于雷锋生前战友,今天,与雷锋生前所在部队签订共建协议的单位已达383个,其中有112个被命名为雷锋岗亭、雷锋站所、雷锋车组、雷锋学校等。

不只是群众自发,今年,作为雷锋的第二故乡,抚顺市启动了建设全国雷锋文化"高峰"工程,而同样留下雷锋诸多足迹的沈阳市也出台文件把雷锋精神作为沈阳的城市精神……

一场特大暴雪突袭东北地区,雷锋生前所在部队76名官兵奋战沈阳桃仙机场,完成除雪救灾任务

英雄

　　每个月有 300 多人登上"中国好人榜",见证着学雷锋好人多的现实;每年一次的"感动中国十大人物评选盛典",展示雷锋的时代价值和魅力;每两年一次评选的"全国道德模范",体现着以德治国的力量……

　　"为政以德,譬如北辰,居其所而众星拱之"。雷锋只是一个平凡的解放军战士,却被命名为一种精神,成为传递阳光和温暖的符号。半个多世纪以来,雷锋就像一颗闪亮的北斗星,闪耀在中华民族的浩瀚蓝空。

　　雷锋属于中国,雷锋精神也走向世界。2004 年,当雷锋生前所在部队作为维和部队走进饱经战乱的利比里亚大吉达省执行维和任务时,当地居民从这群文明守纪、乐于助人的军人身上,渐渐认识了中国军队,也从此记住了一名中国士兵的名字——"雷锋"。

　　部队归国的时候,大吉达省献给中国部队的是镌刻着 6 个汉字的牌匾——"中国雷锋永恒"。

记者手记:永恒的雷锋精神
王经国

　　雷锋,一个影响了中国几代人的英雄。在人们的心中,他已不仅仅是一个个体,而是成为一个符号、一种形象——热爱党、热爱社会主义、热爱人民的典范。

　　知道雷锋,还是在上小学的时候。头戴一顶棉军帽,手握钢枪,这是儿时记忆中雷锋的标准形象。这个形象让我们既羡慕,又迷恋,用现在的时髦话来说,都是他的粉丝。大家都梦想着,将来当一个像雷锋一样的解放军战士。

　　那时,我们阅读有关雷锋的课文,观看《雷锋》电影,唱着《学习雷锋好榜样》的歌曲,有时还会用行动践行着"捡到一分钱,把它交给警察叔叔手里面"。那时,对雷锋的印象最深刻的,就是他是一个特别爱帮助别人的解放军叔叔。

　　随着年龄的增长和工作关系,对于雷锋的认识,早已不止于儿时的理解。

　　2017 年清明节前夕,我们采访组一行四人前往沈阳、鞍钢和位于抚顺的雷锋生前所在部队——采访了雷锋生前战友乔安山、参与首次报道雷锋事迹的记者佟希文、送雷锋入伍的老红军余新元和雷锋部队官兵,倾听了他们对雷锋往事的回忆,参观了雷锋生前使用过的物品和展示他事迹的图片,听取了官兵们对雷锋老班长精神的传承,翻看着雷锋生前的日记,我们仿佛乘着时光的穿梭机回到了那个年代,看到了那个永远微笑的雷锋,再一次感受到他带给人们的温暖和力量。

"雷锋是一个懂得感恩的人""他是一个人见人爱的战士""他特别爱帮助别人而且勤奋钻研""他很勇敢"……

采访中,每个人谈到雷锋总是滔滔不绝讲述着雷锋的"好",好像永远也说不完。

"雷锋之所以能做那么多好事,能那么坚定地忠诚于党的事业,这一切都源于他对共产党、对毛主席的深厚感情。"佟希文说。

"如果不了解雷锋对旧社会的痛有多深,你就不会理解他对党有多大的爱,也就根本不会理解他所做的一切,甚至还会非议他。"针对社会上一些对雷锋有不实之词的现象,第79集团军雷锋部队部队长李萤说。

出生于旧社会的雷锋,童年极其不幸。父亲被日军虐待,因病而死;哥哥被资本家虐待,因病而死;弟弟病饿交加,过早夭折;母亲被地主虐待,上吊自杀;幼小的雷锋接连遭受打击,年仅7岁就失去了全部依靠,独立承担起生活的重担,沿街乞讨,为地主放牛……

谁也无法想象,这样小的孩子是怎么活下来的。

年届90岁的佟希文至今忘不了他第一次在礼堂听雷锋做报告的场景。雷锋对旧社会声泪俱下的控诉以及对自己身世的哭诉,感染了每一个人,许多人都是流着泪在听,佟希文也不例外,他忘情地听着雷锋的发言,竟然忘记自己要做记录。

共产党和毛主席将雷锋和千千万万像他一样的劳苦大众解救出来,让他们重新燃起生命的希望,感受到人间春天般的温暖。

新旧社会强烈的对比,让雷锋无比崇敬和珍惜新生活的每一天。

在雷锋日记中,他曾这样写道:"雷锋呀!雷锋。我警告你牢记:千万不可以骄傲。你永远不能忘记,是党把你从虎口中拯救。是党给了你的一切……至于你能做一点事情了,那是自己应尽的义务。你每一点微小的成绩和进步都应该归功于党,要记在党的账上。"

"我决心听党的话,听毛主席的话,永远忠于党,忠于毛主席,好好学习,忘我工作,学好本领,为党和人民的事业贡献自己的一切,直到最宝贵的生命,做一个毫无利己之心的人。"

在目前所整理的148篇雷锋日记中,雷锋有242处提到了党。不难看出,雷锋对党的深厚感情。

感受着党的温情,雷锋积极干活的劲头更足了。

在公社,他是一名积极分子;在鞍钢,他是一名模范工人;在部队,他入伍一年,就被提为班长,荣立三等功,入了党,还被选举为抚顺市第四届人大代表……

英雄

1962年2月19日至27日，雷锋（右二）出席沈阳军区首届团代会期间，向团代表神枪手雷凯（左二）请教射击技能

感受着党的温情，雷锋助人为乐的劲头更足了。

看见路上背着重物的老人，他会主动上前帮忙；听说和平人民公社成立，他主动要求捐款；得知辽阳地区发生水灾，他义无反顾地把仅有的100元钱寄给辽阳市委；每年中秋发月饼，他从未吃过一口，不是送给战友就是送给在医院的患者；不论是在做报告的路上，还是节假日出行，或是执行任务归来，只要见到需要帮助的人，他总是毫不犹豫。

人的一生做一件两件好事并不难，难的是一生做好事。

这需要有坚定的信仰。

"我活着，只有一个目的，就是做一个对人民有用的人。当祖国和人民处在最危急的关头，我就挺身而出，不怕牺牲。生为人民生，死为人民死。"

"人的生命是有限的，为人民服务的事业是无限的。我要把有限的生命投入到无限的为人民服务的事业中去。"

李茧说，这就是雷锋的信仰——一生用生命践行的信仰。

今天，雷锋已经离开我们55年，可他那忠诚于党的坚定信念、无私奉献的博大胸怀、全心全意为人民服务的伟大精神却从未离开。

今天，如果大家都像雷锋一样，当有人需要帮助时，大家搭把手、出份力，这个社会将变得更加美好！

愿我们都能成为雷锋精神的种子，把雷锋精神播种在祖国的大地上。

雷锋精神永存！

从霓虹哨兵到特战新秀
——走进转型中的"南京路上好八连"

李大伟　黄　明　梅常伟

【连队名片】"南京路上好八连",1949年5月,中国人民解放军某部八连,进驻上海最繁华的地段南京路。上海既是中国产业工人集中的地方,又曾是帝国主义和买办资本主义势力集中的地方,资产阶级思想和作风的影响较大。

中华人民共和国成立后,帝国主义分子曾经预言,中国共产党会在上海发霉、发黑、烂掉。但经过14个春秋,这个连队的一批批干部、战士,身居闹市,一尘不染,艰苦奋斗,勤俭节约,克己奉公,助人为乐,全心全意为人民服务,顶住了"糖衣炮弹"的袭击,受到社会各方面的好评。

1963年4月25日,国防部发布命令,授予这个连队"南京路上好八连"的光荣称号。接着,各大报纸发表了介绍"好八连"事迹和经验的文章。毛泽东看到"好八连"的事迹后,在当年"八一"建军节,挥笔写下了《杂言诗·八连颂》,表彰这个英雄连队,号召全国军民向好八连学习。

老胡来了。尽管天气有些阴沉,随时都可能下雨,他还是赶了一个多小时的路来到8连,就像过去40年里的每个星期那样。

老胡,名叫胡红根,今年59岁,家住上海蕃瓜弄。由于3岁时得了小儿麻痹症,他只能坐轮椅出行。从1976年到现在,一直是8连的官兵们送他上学,为他洗澡,带他去看车水马龙、高楼林立的大上海。

"过去我叫他们叔叔,现在他们叫我叔叔。"胡红根说,8连的兵换了一茬又一茬,驻地也搬了好几次,可大家对他始终像亲人一样,一点儿都没有变。

8连也变了。把轮椅停在连队训练场边的老胡,眼前一个接一个的新鲜事

英雄

物让他眼花缭乱,又是滑降,又是硬气功,每次看时他的心都悬得高高的。

老胡不知道的是,就在他这次来的前几天,上级已经宣布命令:近些年刚从传统步兵向特种作战转换的8连,所在团整建制移交,从上海警备区转隶陆军第72集团军某旅。

"南京路上好八连"官兵在上海南京路步行街开展为民服务活动

标　　签

2010年6月,周文杰从军校毕业分配到8连所在团的时候,8连还没有搬回营区集中驻防。

那段时间,上海正在举办第41届世博会,每天都有成千上万名来自全球各地的游客前来参观,8连担负安保工作,维持现场秩序,保护游客安全。

周文杰盼着8连早点回来——他十分好奇,名扬天下的"南京路上好八连"究竟是个什么样的连队?8连的兵又是群什么样的兵?

一晃半年过去了,周文杰从夏天等到秋天,又从秋天等到冬天,听8连的故事,看8连的史馆,学8连的传统,却唯独没有见过8连的兵。

其实,不仅周文杰,团里大部分官兵跟8连的接触都不多,因为它是全团唯一一个在外独立驻防的连队。但驻地并不在很多人误认为的南京路,而是愚园路。

"那个营院很小,除了两栋营房,只剩下一个篮球场大小的空地。"8连连长李旭2005年12月入伍时就在8连当兵,"当时连队的主要任务是为上海警备区后勤部、装备部站岗值勤,一年也回不了几次团里。"他说。

而就是这聚少离多的相处,让8连的形象变得朦胧起来——

"8连虽然几十年来坚持每月10日、20日派出服务小组,到南京路免费理发、补鞋、磨刀,但连队军事训练任务落实得同样好吗?"

"8连与南京东路街道30对孤老结对帮扶,定期上门拆洗被褥、买米买煤的做法值得称赞,官兵成长成才也有互助对子吗?"

"8连官兵艰苦奋斗全国闻名,木工箱、补鞋箱、理发箱传了几十代,军人血性传承得怎么样呢?"

……

2010年底,上级宣布8连搬回营区集中驻防、由传统步兵向特战化转型时,不少官兵私下里议论:"缝缝补补、爱民服务才是8连的特长,特战训练他们行吗?"

这些嘀咕,同属一个团的战友心里尚且都有,更别说老百姓了。

那次,补鞋箱第41代传人曾昆来到南京路给附近的住户修鞋,一位市民路过时,专门停下脚步,有些不解地问:"你们好8连平时就练这些吗?"

曾昆笑着连连摇头:"连队军事训练一直抓得很紧,每次来南京路开展完便民服务,回去后不管再忙都要把耽误的训练补上,修鞋、理发都是利用业余时间学的。"

事情解释清楚了,但这个问题确实让曾昆感到一阵尴尬。

1963年8月1日,毛泽东创作《八连颂》,用"五好"称赞全心全意为人民服务、顶住"糖衣炮弹"袭击的8连,第二条就是军事好。

事实上,50多年来8连从未放松过练兵备战,连史馆里各个时期军事比武夺魁的奖杯、奖牌、奖状,就是最好的证明。

可奇怪的是,8连训练场上的一面并不为大家所知。

"8连的形象一定程度上被'标签化'了。"这是周文杰2011年4月调入8连以后才逐渐明白的事情。现在,他已经是8连的指导员了。

"这种'标签'虽然有些片面,却真实反映出8连在军事训练方面还不够出色。"周文杰说,"特战化转型给了8连一个难得的机遇,既是更好履行使命的机遇,也是丰富自身形象的机遇。"

宿　敌

上士孙连继第一次接触8连，是在入伍后的第一年。

"南京路上好八连"官兵在操场上进行刺杀训练

那是2006年七八月间，上海的空气都热得发烫，8连突然回来了。

起初，大家还以为8连要结束独立驻防，搬回团里跟大家一起住，却没想到他们是回来"找事儿"的——8连要挨个挑战各连的武装5000米。

对步兵而言，跑得快慢，战时关乎胜败，平时关乎尊严。跑不过别人，向来被视为一种耻辱。

往常比武，各连集体跑，掐秒表分出胜负，落后的连队都要好久抬不起头来。8连选择一对一单挑，不给别人留颜面，也没给自己留余地。

"大家都说8连太狂了，拼了命也要杀杀他们的傲气。"回忆当时情形，孙连继说，"连队不需要动员，每个人都嗷嗷叫，铆足劲要跟8连一决高下。"

一个闷热的下午，挑战开始了，8连首战告捷。

第二天，8连再下一城；第三天，还是8连更快……一连10多个连队，都被8连斩落马下，就剩下2连了。

比赛那天，很多人自发来到训练场观战，他们希望2连能够阻止8连，给这个"目中无人"的连队一点颜色看看。

最终，在震天响的加油声中，2连以18秒的优势率先通过终点。

8连败了,在距离称霸全团只有一步的地方,败了。带着遗憾,他们又回到了那个独立驻防的小院。

日子一天天过,兵一茬茬换。这次轰动一时的挑战,逐渐淡出全团官兵的视野,而孙连继与8连的缘分却有了新的段落。

2011年4月,孙连继作为特战化训练骨干,从2连调入8连,负责组织滑降训练。

当时,2连的特战化训练已经开展了6年时间,400米障碍成绩在全团罕有对手。

先前有过战胜8连的经历,又是自己擅长的项目,在8连起早贪黑练了将近一年后,2连决定主动挑战,请8连派20个人到障碍场上比试比试。

其实,8连也一直在等这样的机会,2006年失败的耻辱他们默默记在心里。

40名官兵分成20组较量,8连接连赢了七八个,现场坐镇的2连指导员不淡定了,说谁能跑赢8连的兵,年底给一个连嘉奖。

谁知道,8连的兵一听这话斗志更旺了,一个个跟打了兴奋剂似的,到最后只有两个人没能跑过2连的兵。

如此一来,两个连队算打了个平手?8连也好,2连也罢,都绝对不会同意的——军人生来就是为了打胜仗的,没有别的选择。

团里一年举办一次运动会,他们比谁破的纪录多、拿的冠军多,总的算下来,8连更胜一筹,6年拿了3次团体第一、1次第二、2次第三。

2014年,团里组建百人反恐突击队,他们比谁送的骨干多、选上的人数多,算来算去,却也没弄明白算谁赢……

"我们连很像'鲶鱼效应'里的鱼,有时候是追着别人跑的鲶鱼,有时候却是被追着跑的沙丁鱼,总之是不能放松的。"8连连长李旭说。

血　　迹

坐在记者对面,今年22岁的顾文浩看起来不太对劲,他的右眼肿得高高的,像被马蜂蛰过一样。

一问才知道,那是前一天练自由搏击时,列兵尤轶帆用胳膊肘打的。如果力度再大些,顾文浩就要破相了。

"小磕小碰都是常事,早就习惯了。"顾文浩说,"8连的兵,谁身上没点伤没点疤的，这都不算啥。"

顾文浩嘴上说得轻松，事实却并非如此。入伍时，身高170厘米的他，体重将近180斤，走得快了都喘，更别说跑了。

新兵连3个月，顾文浩减了10斤，武装越野5000米勉强进入及格线，但这个成绩在8连远远不够。

跑步的问题，只有跑起来才能解决，顾文浩没有捷径能走。每天早上，他都会提前半小时起床，穿上防弹背心，背上两支步枪模型，在连队出操之前先跑一个5000米。

现在，即使多背两支步枪，顾文浩也能轻松跑出优秀成绩。

"训练拖后腿的时候，感觉很丢脸，都不好意思说自己是好八连的兵。"顾文浩说，好八连的兵只有给连队添彩的义务，没有给连队抹黑的权利。

然而，给连队添彩路上，不只要流汗，有时还得流血。

滑降是特种作战的必备技能。影视作品中，特战队员仅靠腰间一根绳索，从数十米高的楼顶一跃而下，对敌人实施突然袭击，迅速赢得战斗，总让人看得热血沸腾。

上海籍战士刘星宇就是怀着这样的憧憬走进滑降训练场的。可站上楼顶的那一刻，他脑子里一片空白，看都不敢往下看一眼，更别说往下跳了。

6楼不行就从5楼开始，再不行就从4楼开始……负责组训的孙连继带着刘星宇一层一层往下走，一直来到2楼。眼看再往下走就是地面了，刘星宇决定硬着头皮试一试。

"1、2、3，跳!"刘星宇两眼一闭，纵身而下。再睁眼时，孙连继已经跑到他跟前，大声喊着"好"!

再后来，刘星宇开始从2楼一层一层往上走。别人跳一次就能完成的动作，他至少要跳一二十次。手掌磨得脱皮，连碗都端不稳，身上也被墙壁磕得青一块紫一块的，睡觉时不管怎么躺都会压到伤处，疼得睡不着。

可也就是这段艰难的训练，让刘星宇和8连收获了一份宝贵的记忆。

2012年年底的一天，南京军区两位领导来8连所在团检查工作，观摩以城市反恐为课题的综合演练。

此时，刘星宇和另外17个老兵已经接到退伍命令，但没有一个人推脱，二话没说全都参加了演练。

演练结束，两位领导听说老兵们第二天就要离开部队，特意跟每个人照了张合影——两位将军中间站着一个老兵,已经摘下军衔、卸掉帽徽和领花的退伍老兵。

那次演练,滑降课目受到表扬,8连的特战化训练转型也得到了领导们的高度认可。

差　距

"如果从传统步兵到特种兵的距离是100,8连现在走了多少?"

"南京路上好八连"官兵在某海域进行抢滩登陆训练

"不到一半。"说这话时,李旭顿都没顿一下。

作为全连唯一一个获得过"猎人证书"的人,李旭是8连全体官兵的榜样,也是8连特种作战训练的总教练。

2013年9月,李旭出战"砺刃-2013"全军特种部队比武,与队友们力压如云高手,夺得海上狙击行动科目竞赛第一名,荣立个人二等功。

竞赛归来,人们对他交口称赞,李旭却在一直琢磨,怎么把这光环变成火种,点亮全连官兵的特战之路。

"实事求是地说,8连的特战训练只是处于入门阶段,伞降、机降、潜水等高难课目还没有组织过。"李旭说,"我们现在只能说是步兵特战化,离真正的特种兵还有很大差距。"

对于李旭的说法,8连的兵深有体会。

2014年,上海市组织了一次以城市地铁反恐为主题的实兵实弹对抗比武,8

连代表所在部队与驻地武警、公安特警同台竞技,只在6支队伍中位列第三。

"特警很专业,训练有素,又快又准。"上士孙连继是8连派出的参赛队员之一,至今还在为突击时漏掉了两个目标感到遗憾,"这样的成绩,还只是在上海市范围内,要是放到全军、全国呢?"

这次对抗给8连带来的冲击虽然看不见,李旭却能真切地感受到,他认为大家需要的不是口头上的安慰,而是训练场上努力的方向。

打那时起,8连的周末影院时不时会出现这样的影片:《黑鹰坠落》《湄公河行动》《冲出亚马逊》……并且与以前不同的是,官兵们看完热闹还要讲出门道,说说对影片中特种作战手段运用的看法。

而李旭,则会经常把参加"猎人"集训和全军特种部队比武的经历拿出来分享,也会在课堂上对各国军队特种作战经典战例进行深入剖析。

"想成为一名真正的特种兵,首先必须从思想上作好准备。"李旭说,8连的口号是"既当霓虹哨兵,更当特战尖兵",但目前不妨先定个小目标,深入了解特种兵是怎样训练、怎样打仗的。

那么,成为特种兵之后,8连会变成什么样子?

官兵们的答案不尽相同:有人说,去南京路便民服务时间会变得更紧;有人说,运兵的大卡车会换成直升机;也有人说,可能要经常在野外抓老鼠吃……

8连,正在路上……

"南京路上好八连"官兵进行极限体能训练

八连颂:

杂言诗·八连颂
毛泽东

好八连,天下传。
为什么?意志坚。
为人民,几十年。
拒腐蚀,永不沾。
因此叫,好八连。
解放军,要学习。
全军民,要自立。
不怕压,不怕迫。
不怕刀,不怕戟。
不怕鬼,不怕魅。
不怕帝,不怕贼。
奇儿女,如松柏。
上参天,傲霜雪。
纪律好,如坚壁。
军事好,如霹雳。
政治好,称第一。
思想好,能分析。
分析好,大有益。
益在哪?团结力。
军民团结如一人,试看天下谁能敌。

一九六三年八月一日

"举长矢兮射天狼"
——空军战斗英雄、地空导弹兵第2营首任营长岳振华

张汩汩　张　雷　冯　伟

【人物小传】岳振华,1926年出生,河北省望都县人。1942年参加革命,1945年参军入伍,1955年获授少校军衔。曾任北京军区空军高炮511团团长,空军地空导弹兵2营首任营长,北京军区空军副参谋长等职,被国防部授予"空军战斗英雄"荣誉称号。其率领的地空导弹2营曾先后击落美制RB-57D高空侦察机1架、U-2型飞机3架、无人驾驶机1架,开创世界防空史上用地空导弹击落飞机的先河,是世界上击落U-2飞机最多的导弹营,被国防部授予"英雄营"荣誉称号,所创"近快战法"在第一届国家科学大会上荣获一等奖。

"多半是运气好。"2营第18任教导员马晓东最初听到岳振华的故事时,觉得"夸张的成分大"。

本来么,几个营一样的训练,一样的装备,只是敌机从2营头顶飞过,2营才有机会罢了。

"但是,等我了解了其中的细节,尤其是了解了岳振华本人,就明白了:在战场上,根本没有凭空而来的运气。"马晓东说。

代号"543"

有段时间,我们有关大陆精良武器的情报,大都是来自台湾飞行员所摄取的照片。这些照片当时对我们而言,价值亿万美元。

——美国中情局台北站站长雷·克莱恩

"可以这么说,1959年之前,中华人民共和国的高空是没有'屋顶'的。"空军原副参谋长陈辉亭说。

20世纪50年代中后期,"高空侦察"逐渐成为美国与台湾地区获取中国大陆战略情报的主要手段。由于飞行高度大大超出了当时解放军装备歼击机的飞行高度和高射炮的射击高度,美制新型高空侦察机在2万米的高空如入无人之境。我国的国防工业基地、武器试验基地、军力兵力部署……大量航拍情报照片被不断放到了美国中情局的办公桌上。

面对这样一种威胁,1958年,中国从苏联引进了5套刚刚问世的萨姆-2型地空导弹,并从高炮、雷达、探照灯及航空兵部队中遴选优秀指战员,组成了中国第一支地空导弹部队,代号"543"。

"543"的指战员一律高职低配,32岁的北京军区空军高炮511团团长岳振华,被任命为地空导弹2营营长。

"在朝鲜战场上,岳振华就用高炮击落过美军的轰炸机。"2营时任作训参谋的陈辉亭曾跟随岳振华赴朝作战,"回国后,他的511团担负首都防空任务,是全军装备最先进的一个高射炮团。"

在陈辉亭的印象里,岳振华"很机灵,反应很快,不是大老粗式的干部","他本人是中学文化程度"——这在当时,已经是官兵里的高学历了。

尽管"高学历",但面对当时世界上最先进的防空武器,文化差距仍然太大了。陈辉亭还记得第一次进入操纵舱里的情景:面板密密麻麻的开关、旋钮、按钮、仪表和不同颜色的指示灯,犹如暗夜中的满天繁星,把人看得眼花缭乱。

空军战斗英雄,地空导弹兵第2营首任营长岳振华

他们首先要迎接的,不是摸爬滚打,不是漫天硝烟,而是浩如烟海的理论、公式、数据……

学习条件还非常严苛。陈辉亭记得,为了保密,所有课程既无教材,也无讲义,官兵们只能边听边记,笔记本课后一律送交保密室。课后复习,大家在沙土地上用树枝、木棒作笔,画出兵器元器件,默写型号参数,这边画着,那边再抹掉。

"岳振华学习非常认真,很得苏军教官的赏识。"陈辉亭说,"本来按两国协议,苏联只负责教会 1 个营,就是地导 1 营,其他几个营只是'旁听生'。但教官非常赞赏岳振华的刻苦,对他也进行了严格认真的考试。"

特殊的训练条件,反而促生了官兵们扎实的理论功底和高超的操作技能。仅经过半年的训练,岳振华就带领 2 营官兵打出了第一场漂亮仗。

首 战 告 捷

> 现在想来,这场胜利来自全营官兵的共同努力,但有几个相当惊险的关键点,如果不是岳振华的正确决策,我们很可能与胜利失之交臂。
> ——空军原副参谋长、时任 2 营作训参谋陈辉亭

1959 年,美蒋飞机对大陆的入侵侦察更加频繁,甚至两次飞临北京上空。为保证当年国庆 10 周年大典期间首都的空防安全,空军将仅有的几个导弹营部署在北京城郊外围,构成了一个"环型火力圈",既要反侦察,又要反轰炸。

岳振华的 2 营,被部署在北京东南方向的通县张家湾空军机场。

官兵们严阵以待。国庆战备期是 9 月 30 日—10 月 5 日。然而,这 5 天北京上空阴云密布,不利于侦察照相,敌机并没有来。10 月 6 日,战备解除,部队恢复正常状态。

"不少干部家都安在北京,部队从组建起大半年没有放假,大家也都盼望着国庆战备期结束,放假回家。"陈辉亭回忆。

针对这个情况,2 营专门召开党委会,统一思想认识:敌机国庆节期间不来,那么节后来的可能性更大。部队的放假、补假应以不影响战备为原则,分批轮流安排。

"这个决策非常正确。"陈辉亭说,"战备解除的第二天,敌机就来了。"

6 日夜里,西北风起,将笼罩北京多日的阴云一吹而散。岳振华看着夜空里的点点繁星,对参谋们说:"西北风是开天的钥匙。明天,敌人很有可能来钻我们的'空子'。"

这一晚还有个意外:兵器系统出现了一个从未遇到的故障,技师排查到半夜也没找到原因。有人想放弃,岳振华指令技师必须当晚排除故障。大家工作到凌晨,才把故障排除了。

"多亏岳振华的坚持。谁也没想到,故障排除 8 个小时以后,我们就迎来了

空军地空导弹兵第 2 营参加"蓝盾"演习，官兵在执行夜间训练任务时做紧急战斗准备

战斗。"陈辉亭说——从此，"排除故障不过夜"成为地空导弹部队的通规。

7 日上午 10 时 03 分，"狼"真的来了！

一架美制 RB-57D 型侦察机从台湾桃园一路北上。我南京、武汉、北京、沈阳等军区空军歼击机部队共战斗起飞 10 批 13 架，开炮 9 次，然而，由于性能所限，飞机的高度与敌机相差太远，均未能击中敌机。

最后的防线，交给了地空导弹部队。

11 时 30 分，2 营目标指示雷达发现敌机，距离阵地 350 千米。

距离 135 千米时，岳振华下令：制导雷达开天线捕捉目标。

距离 100 千米时，岳振华命令：6 发导弹接电准备。

距离 60 千米时，岳振华下了歼灭敌机的最后决心："三点法，导弹 3 发，28 千米消灭目标！"

谁也没想到，就在这千钧一发的当口，参谋突然报告："上级叫等一等。"

岳振华急了："请示上级，为什么要等一等。"

参谋回复："已经请示，还未回复。"

说话之间，敌机已接近火力圈，战机转瞬即逝，要弄清楚"等一等"的原因，已经来不及了。

打与不打，只有靠自己下决心——上级的作战意图是非常清楚的，决心也是非常明确的，打是符合上级意图的，不打才是要犯错误的！

引导技师报告："发射距离到。"

英雄

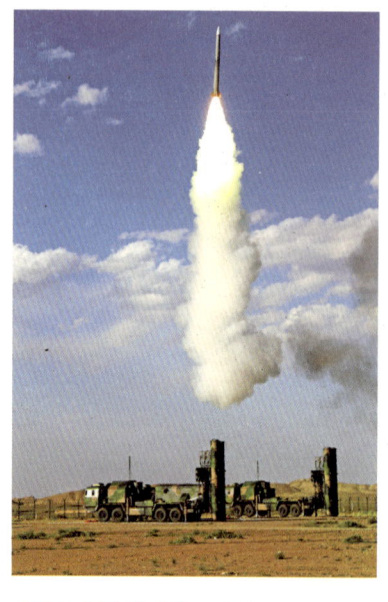

空军地空导弹兵第2营在执行"蓝盾"演习任务中进行实弹发射

岳振华斩钉截铁："发射！"

"事后查明，是传递命令的中间环节出了问题，我们的上报参谋误会了指挥所的指示。"陈辉亭说，"幸好营长头脑清醒，有担当，冒着违抗命令的风险下令发射，才没有把撞到枪口上的鸭子放跑了。"

天空中闪出三朵白色的云团，随后传来三声爆音。战士们看到了敌机的残骸在坠落。

这是一个在世界防空史上具有标志性意义的事件：自1941年德国开始研制地空导弹之后18年后，中国人民解放军空军在世界上首次使用地空导弹击落敌机！

近快战法

2营四战四捷，可比它先成立的1营、同时成立的3营，却迟迟没"开张"。连毛主席都问过刘亚楼：你是不是偏心啊，光叫2营打。

——空军原副参谋长、时任2营作训参谋陈辉亭

首战即胜。这一仗的威力，使得对手在此后的两年里被迫停止对大陆的高空侦察。直到1961年，大名鼎鼎的美国U-2型高空侦察机被送上中国领空。

这是当时世界上飞行高度最高、性能最先进的侦察机。它的最大航程超过11200千米，巡航高度达到2.7万米。侦察范围可覆盖整个中国大陆。

U-2的侦察意图，直指位于西北无人区的中国核武器试验基地。

1963年，岳振华率领2营，伪装成地质勘测队，携带庞大而复杂的兵器系统悄悄南下。他们下湖南，转江西，经过2个多月的"潜伏"，9月9日8时32分，3枚地空导弹由江西向塘阵地射向天空，在中国领空不可一世的U-2应声而坠。

中国空军再次成为世界舆论的重要话题，外国军事专家惊呼："对中国国防现代化应该重新估价！"

"我们的导弹是半固定式的,用途是要地防空,现在却担负起机动作战,这又是一个创举。"陈辉亭说。

然而魔高一丈。针对我方制导雷达的频率信号,敌人在后来的U-2上加装了电子预警系统,一旦被我方制导雷达捕捉到,飞行员就能收到报警,及时躲避。就这样,此后半年间,U-2三次深入我国大西北侦察,都能巧妙地绕过地空导弹营的火力网,官兵们只能眼巴巴地看着敌机大摇大摆地溜走。

空军专门召开作战会议商讨对策。2营在会上提出了"近距离开天线"的打法:以警戒雷达确定敌机基本方位,在最后关头才开启制导雷达,快速锁定攻击,让敌机"来不及逃走"。

这是一个明显违反苏联武器教案的打法,刚一抛出就受到了与会者一致的质疑。

"有人说:你岳振华碰着运气好,打下2架飞机来,尾巴翘到天上去了!我看你出不了风头,却要栽个跟头!"陈辉亭回忆。

这种"硬来"的发射,如果放了"空炮",后果是非常严重的——当时,一发导弹价值100万元人民币,相当于一架米格-15歼击机。一位军区空军的老领导专程坐车来到营里,很委婉地提醒岳振华要"谦虚谨慎,夹着尾巴做人"。

岳振华顶住了压力。

"这是兄弟部队几次失利后,我们深入分析、精密计算、反复训练出来的战法,可以说已经练到了炉火纯青的程度。他提出这个战法,是负责任的。"陈辉亭说。

1963年11月1日的江西上饶,2营将开天线的距离从原来的120千米压缩至35千米,在8秒之内完成了以前需要8分钟的动作,干脆利落地击落U-2一架。半年后的1964年7月7日,他们再次用这种战法,击落一架入侵福建漳州的U-2。

连战连捷,岳振华,因此被称为"U-2克星"。

拉着导弹打游击

孩子们都问:"为什么别人都有爸爸带着出去玩,为什么我爸爸老不回来,连过年都不回,他到底是干什么的?"我就说:"他是杀猪杀羊的,平时大家得吃肉,过年更得吃肉啊,所以他忙啊。"

——岳振华夫人李德序

"近快战法"后来获得国家科学大会一等奖。1964年6月6日,国防部授予2营"英雄营"称号,7月23日,毛泽东主席在人民大会堂接见了2营全体指战员,这是中华人民共和国成立后毛主席唯一一次接见整建制部队。

内部风光无限,然而对于外界,这支神秘的部队却一直躲在厚厚的面纱之下。整个20世纪60年代,岳振华与他的战友们一直隐姓埋名,利用手上有限的几套兵器,进行着艰苦卓绝的机动作战。

空军地空导弹兵第2营首任营长岳振华(左一)向徐向前元帅汇报击落敌RB-57D型高空侦察机的相关情况

U-2的侦察范围可覆盖整个中国大陆,而当时全部地空导弹部队只有4个营。于是,这种"带着导弹打游击"的新战法一直延用了10年。

岳振华和战友们六进西北,五下江南,转战山沟、荒野、丛林、戈壁,在盐碱地的无人区开辟阵地,在风雪中捕捉战机,在阴冷潮湿的草地挑战生存极限。

"南方夏天住帐篷,比蒸桑拿还闷热。"陈辉亭回忆,"床底下还有老鼠窜来窜去,几个人光着膀子追着打,中间一抬头:哎呀,帐篷顶上还吊着一条蛇!"

"冷到西北热到南,不冷不热住沙滩"。除了要克服环境的艰难,官兵们还要遵守着常人难以想象的严苛纪律。

2营的营史馆里,今天还陈列着一套"中央石油勘探队"的蓝色工作服——为了保密,官兵们随身备有空军、陆军、海军的服装,到哪里就穿当地驻军的衣服,当地没有驻军,就对外宣称是石油工人。

在岳振华爱人李德序的记忆里,丈夫"每年回家的日子用手指头数得过来",

夫妻说过的话，还不如写过的信多。

"平时只能写信，地址是北京市二〇四信箱。他们去了哪里、干了什么，我们家属统统不知道。"李德序说，"后来我作为医务人员保障空军党代会，见到他上台领奖，这才知道他天天在外面忙些什么。"

十年间，他们共有4个孩子诞生，5位亲人去世，全部由李德序一手操办。

"最后一位去世的亲人是我母亲，我哭晕了四次，大病一场。岳振华知道了，不停地给我写信，三天一封，两天一封。"她回忆。

半年之后，岳振华带着捷报回到北京。当晚，夫妻俩对坐着流眼泪，"他使劲地抱着我，说：'不哭了，都不哭了，咱们应该高兴！'我说：'你保的是国家，我保的是小家，都是革命，我不难过，你放心！'"

随着国防工业的不断发展，地空导弹部队由最初的4个营，发展到20多个营，到1969年，共击落美制各型有人、无人的高空侦察机9架。中国大陆的广袤领空下，岳振华与他的战友们时刻弯弓搭箭，迫使U-2只能在远离中国大陆的海岸线飞行，失去了侦察的意义。

……

中国人民抗日战争暨世界反法西斯战争胜利70周年纪念大会在北京隆重举行，这是地空导弹第一方队通过天安门广场

"文化大革命"后，岳振华从北京军区空军副参谋长的岗位上离休。

晚年，岳振华常以书法自遣，陆游的那首《十一月四日风雨大作》被他反复临写：

"僵卧孤村不自哀,尚思为国戍轮台。夜阑卧听风吹雨,铁马冰河入梦来。"2013年10月31日,一代战星与世长辞。

按照老人遗愿,他的一部分骨灰埋放在2营如今的营院里。官兵们在此栽下一棵"英雄树",今天,已是绿荫如盖。

解读英雄连队的英雄密码
——走进第72集团军合成某旅"硬骨头六连"

王玉山　李　勇　吴持巍

【连队名片】"硬骨头六连"以"战备思想硬、战斗作风硬、军事技术硬、军政纪律硬"而闻名全军,建连78年来,6连先后参加大小战斗161次,从未吃过败仗,1964、1985年分别被国防部和中央军委授予"硬骨头六连""英雄硬六连"荣誉称号。近年来,6连党支部先后被表彰为全国先进基层党组织、全军先进基层单位,多次立功。

2017年5月,第72集团军合成某旅综合训练场上,一场实战化进攻演练正在进行:只见"硬骨头六连"数十名官兵,全副武装,从两栖战车内鱼贯冲出,相互协同,先后翻过4米高的障碍墙,匍匐穿越20米长的泥潭,徒手攀上近90度的垂直悬崖,滑越过100米山涧,继而召唤陆航火力,展开快速突击……

硬骨雄风,久尔弥坚。建连78年来,6连先后参加大小战斗161次,从未吃过败仗,1964、1985年分别被国防部和中央军委授予"硬骨头六连""英雄硬六连"荣誉称号,是全军唯一一个两次被授予荣誉称号的连队。

从第1集团军到第72集团军,从师到合成旅,在此次国防和军队改革中,6连所在单

"硬骨头六连"官兵进行攀崖训练

位刚刚经历大规模编制调整，但这场综合演练让人看到"虽然编制变了，但'硬骨头'作风没变，6连还是当年那支英雄连队！"

英雄连队是在血与火的战场上杀出来的

战争年代，6连先后有3690人血洒疆场，为国捐躯。

在"硬骨头六连"连史馆大厅，迎面悬挂着一幅巨幅油画：炮火硝烟中，解放军战士面对数倍于己的敌人亮出刺刀，拉响手雷，舍生忘死，浴血奋战。

画面展示的是6连1948年参加瓦子街战斗的场景：担负阻击、合围敌人任务的6连英勇战斗、浴血拼杀，140名官兵中127人血洒疆场。最后的总攻中，仅存的13人坚持战斗，班长刘四虎冲锋在前，只身同十几名敌人白刃格斗，一连刺倒7人，终因11处负伤而昏倒在战壕里，战后被评为特级战斗英雄……

一面面锦旗，一张张证书，把6连连史馆装点得如同一片翻滚的红色波浪，行走其中，仿佛在战火中穿行，可以倾听到历史的回响。

1946年12月，毛主席在延安机场亲切接见"硬骨头六连"官兵，并作重要指示。之后，陕甘宁边区展开了向该连战士丁丑娃学习、为人民杀敌立功的运动。

1963年夏，武汉军区党委号召全区部队深入开展宣传和学习"硬骨头六连"活动，该连的名字由此走向全国，"硬骨头精神"家喻户晓。

1977年1月和次年2月，中央军委先后两次号召全军开展学习雷锋和学习"硬骨头六连"活动，两年间共1000多个单位、3万多名个人到连队参观学习。

1994年1月，军委总部在"硬骨头六连"召开命名纪念大会，总政治部号召全军开展向该连学习活动。

……

一个又一个荣誉，彰显出独特的"硬骨头"精神；一项又一项纪录，串起6连的辉煌连史；一个又一个时代，不断书写着"硬骨头六连"的传奇。无论是在战争年代，还是在革命和建设中，6连始终是强军征程上的一面旗帜。

一封写于32年前的遗书，至今摆放在6连的连史馆里。这些年，记者曾先后3次到6连采访，每次看到这封遗书，都忍不住热泪盈眶。

那一年，6连副指导员谢关友，在奔赴边境作战前夜，给8个月大的儿子写下一封深情的遗书：

"骏骏，8个月前的今天，你从妈妈肚子里来到这个世界，到目前为止还不能叫我一声爸爸。今天,爸爸是趴在床上给你写这封遗书的,地点是汽车队。因为爸爸的部队奉中央军委命令赴边参战,到目前我还没有告诉你妈妈。为什么要给你留遗言,并不是爸爸怕死,是因为战争是残酷的。如果爸爸为国献身了,那你再也见不到爸爸了……爸爸是为了保卫边疆、保卫四化而献身的,你应该感到光荣、幸福,不要难过……"

英雄无悔,父子情深。

那次战斗后,谢关友将自己年轻的生命永远留在了祖国的边境线上,也将以身报国、视死如归的英雄气概永远留给了6连。

而今,"敢打猛冲,刺刀见红"的战斗作风,始终在6连薪火相传。

2011年,6连参加实兵对抗演习,7班班长李再祥父亲患恶性脑瘤已到了弥留阶段,家人为了让他安心演习,悄悄瞒住他。对抗演习结束,得知父亲去世的消息后,李再祥泪如泉涌、双膝跪地,向着家乡的方向长跪不起……

2016年,6连所在团组织军事运动会,班长王刚脚上长了3个鸡眼,赛前又突发高烧,军医安排他住卫生队治疗。比赛当天,他偷偷拔掉输液针,挖去鸡眼,忍痛参加5000米武装越野……

"硬骨头六连"两栖步战车编队在演练中借助烟幕掩护前进

英雄连队,疆场搏杀。

在岁月的冲刷、风浪的洗礼、历史的考验面前,6连官兵始终保持着铮铮铁骨,血性本色。

英雄连队是把平时当战时练出来的

在"硬骨头六连"营房前,一块土褐色的石头上刻着一个硕大的"硬"字,分外夺目。

多年来,这个描红的"硬"字,时刻提醒着官兵向着"紧盯战场练,瞄准打赢建,全面求过硬"的"路标"奋勇前进,勇敢承担起强军兴军的时代重任。

在和平时期,这是一组惊人的数据——

连续10年在所在团年度建制连比武中夺冠,38个步兵专业训练课目创下所在师纪录,39项训练革新成果在集团军推广;先后29次出色完成抢险救灾和对抗演习等重大任务,次次当刀尖子、啃硬骨头;全连先后有93人被上级单位评为优等指挥员和"四会"教练员,82人被评为"神枪手""神炮手"……

"连队这些骄人的成绩,是官兵们把平时当战时练出来的。"连长胡迟说,连队自组建以来的百余次生死拼杀"杀"出了"硬骨头"的赫赫威名,百战百胜的光荣战绩让他们深深懂得:过去能打胜仗不等于现在能打胜仗,现在能打胜仗不等于将来能打胜仗。新的历史时期,必须瞄准强军目标加强战斗力建设,努力实现军事过硬,才能肩负起历史使命;必须始终坚持战斗力标准,从难、从严、从实战要求打造过硬刀尖子连队,英雄连队才能时刻保持英雄本色。

"硬骨头六连"官兵在演习中,向"敌"实施机降突击

——打仗需要什么就反复练什么，实战中什么最管用就把什么练精。日常训练中，连队主动增设钢板靶射击、战斗攀崖等特种课目；海训演习，有意识将官兵拉到山上、放到海里、困在岛中，在生疏地形、恶劣环境中练技能、强体魄；比武考核，坚持实打实，全员额参考，按百分比严格计算成绩。

——战斗力跃升点在哪里就朝哪里进击，战斗力瓶颈在哪里就向哪里突破。2016年9月，6连担负上级赋予的两栖机步连进攻战斗战法创新任务，官兵们大胆创新，通过与陆航部队反复演练论证，系统规范了6类引导方式、4种协同时机和5项联动规则，探索形成空地实时战场信息共享、步战车召唤陆航火力等新战法。

——平时像打仗一样训练，战时才能像训练一样打仗。6连官兵始终瞄准实战要求，坚持自我加压、自觉加码、自找苦吃，以高于大纲、严于大纲、细于大纲的标准落实军事训练。战车限制路驾驶，教范规定通过障碍物宽度为4.2米，他们要求不超过3.8米；战斗射击，教范规定每次短停不超过8秒，他们要求必须在停车5秒内炮响靶落……

如今，在6连，步兵五大专业人人优秀，装甲三大专业人人达标，信息化知识学习人人过关，干部和指挥士官全部达到"四会"教练员标准，全连官兵每人至少掌握一项特战技能。

2008年3月，某新型两栖步战车全面列装，这是6连几年内迎来的第二次改制换装。然而，尴尬接踵而至：没有教案教范，训练举步维艰；新装备改写了传统的训练模式，部分官兵一时不知所措……

"不怕痛，不怕苦，最怕稍一停顿被落伍。"6连不等不靠，主动承担起全师新装备试训任务：派出30名技术骨干到生产厂家见学，先期展开训练；组织人员编写178个训练课目、10余万字教材资料，应用于全师部队。

几个月后，6连在全团率先实现"六个第一"：第一个展开训练、第一个下海、第一个组织实弹射击、第一个单装形成战斗力、第一个组织连进攻、第一个参加实兵实弹战术演习。

英雄连队，锋从磨砺。

多年来，在"硬骨头六连"原隶属的师里，20多个荣誉连队曾轮番向6连发起挑战，连队始终保持着常胜不败。2016年底，兄弟单位5个荣誉连队又先后向6连发起挑战。尽管当时连长胡迟正带领训练尖子在外地参观见学，但指导员熊维率领官兵从容应战，以过硬的军事素质，再一次续写了不败传奇。

英雄连队是一茬茬官兵用血与汗铸出来的

记者在6连采访的那些日子里,每天起床号还没响,列兵李波就披上了装具,开始了武装5000米的加练。

这名2016年9月从北京大学历史系参军入伍的大三学生,曾经是家乡的高考文科"状元"。

然而,新兵下到了"硬骨头六连",李波第一次参加武装奔袭,就因体力透支而晕倒在跑道上。羸弱的身体,似乎与连队要求过硬的军事素质格格不入。

"硬骨头六连"在濒海驻训期间组织野营拉练

不过,6连"武状元"王刚却一直看好这个新兵:宁可晕倒在赛场也没有因为身体不适半途退出,说明他不怕苦有韧劲;能以文科"状元"考入北大,说明他不服输有拼劲。

"文状元"遇到了"武状元",在王刚的帮助和指导下,李波强体能、练技能,很快在同年入伍的新兵中名列前茅。

"我的入伍动机是当一名好兵,一开始有些理想主义,就想做一些有意义的事情。"李波说,6连的光荣历史让他懂得,成为一名好兵,仅仅靠理想是不行的,"有意义,就是好好练。"

曾经的战火硝烟渐行渐远,相对和平的岁月慢慢拉长,当崭新的"90后""95

后"逐渐成为部队主体,面对不断更迭的新鲜"血液",这支英雄连队能否肩负起能打胜仗的历史使命?

"任凭风浪起,我有主心骨。"熊维说,这个主心骨就是始终保持一心向战的信念和定力。

在6连,每名官兵都建有"荣誉账户",定期评选"硬骨头战士";在6连,富有特色的战斗文化处处可见,班排皆以战斗英雄命名;在6连,人人秉持"逢考必优,逢比必赢,逢战必胜"的理念,在重大任务和演训活动中争当拳头、争做尖子……

2015年,两栖装甲步兵分队海上生存训练,6连官兵乘坐登陆艇海上连续航行5昼夜,近半数人晕船,个别战士中暑。可就在航渡训练好不容易结束时,官兵们又按战术要求一路奔袭"打"回宿营地,一路上尽管呕吐声响成一片,却无一人停下。

"硬骨头六连"官兵进行沙滩战术训练

小时候溺过水的副指导员杨新,来6连前患有严重的深水恐惧症。到6连后,为了不拖累连队训练成绩,海训武装泅渡,他坚守连队干部开浪的传统,克服恐惧心理,咬牙游在排头。

2016年,连队参加上级组织的建制连考核,不巧却在当天接到军事训练课目汇报演示任务。课目汇报演示结束时,已快到晚饭时间,上级决定建制连考核推迟到第二天进行。但全连官兵坚持按原定计划进行考核,一人不漏地从课目演示现场奔袭至考核场如期接受考核。考核结束,成绩仍居第一。

英雄连队,血汗铸就。

记者在6连采访时,一年前刚刚提升到1营当营长的上一任连长李宛韬特

意赶来。

"每次在外面集合站队,都会看看6连;每次组织考核,也都会看看6连的成绩单;每当心情低落的时候,都会去6连连史馆静一静。"此前,李宛韬曾在1连当过2年指导员,也曾在师里当过作训参谋,不过,最让他怀念的还是6连,"历史的荣光、现实的拼搏和个体的奉献,共同把6连熔铸成一个铁骨铮铮的连队,一个特别纯粹的连队。"

"不管我以后在部队干到什么职务,6连都是我事业的顶峰……"说到动情处,李宛韬眼角含泪。

男儿有泪不轻弹。那一刻,记者对这支英雄连队的英雄密码,也有了更深刻的感受。

英雄王杰：人世间一束永不褪色的精神光芒

王玉山　戴　强　李怀坤

【人物小传】王杰，1942年10月出生，山东省金乡县人。1961年8月应征入伍。1962年2月加入中国共产主义青年团，是继雷锋、欧阳海之后，中国人民解放军涌现出的又一名共产主义先锋战士。

1965年7月14日，王杰在江苏省邳县张楼公社（今邳州市张楼乡）帮助民兵地雷班进行军事训练。当炸药包发生意外爆炸的危急关头，为保护在场的12名民兵和人武干部的生命安全，他毅然扑向炸药包，献出了自己23岁的年轻生命。1965年11月27日，国防部命名他生前所在班为"王杰班"。

王杰的故事，曾造就了几代人的英雄情结。

1965年7月14日，工兵营地爆连5班班长王杰在江苏省邳县张楼公社（现邳州市运河镇）组织民兵实爆训练时，炸药包发生意外爆炸，他为了保护在场的12名民兵和人武干部，毅然扑向炸点，献出了年仅23岁的宝贵生命。

人们在整理英雄遗物时，发现了10多万字的日记，而日记中的每一句话，似乎都印证着这位年轻士兵不同寻常的思想境界："我要一不怕苦，二不怕死，做一个大无畏的人！""什么是理想，革命到底就是理想；什么是幸福，为人民服务就是幸福。"

生命对每个人都只有一次，危险时刻敢于舍弃

王杰生前照片

自己的生命，保护更多的人，这样的英雄永远值得回顾和怀念！

今天，在王杰牺牲所在地江苏省邳州市，他的墓碑依旧庄严肃立；今天，在王杰生前所在部队第 71 集团军合成某旅，他的名字依然被日日呼点。

李彦清：不能愧对英雄给我的"第二次生命"

江苏省邳州市，古老的京杭大运河绕城而过。

沿着市中心主干道直直向前，路尽头一个接近 90 度的急转弯处，坐落着修葺一新的王杰烈士陵园。陵园入口处左手边，伫立着王杰牺牲地纪念碑；陵园正后方，王杰墓被一片苍翠的松柏所环绕。

"王杰班"第 29 任班长刘佳玉擦拭王杰烈士纪念碑

每年清明节，都是李彦清最忙的时候。尽管年事已高，行动不便，他依然早出晚归，给来自全国各地的人们讲述王杰的英雄事迹。

2017 年 4 月 4 日，清明节，78 岁的李彦清老人又一次如约来到王杰烈士陵园。

"1965 年 6 月，我担任张楼公社民兵地雷班第一任班长。我亲眼目睹了王杰扑向爆炸点的壮举。"作为王杰用生命救下的 12 人中的一员，李彦清说，是王杰给了自己"第二次生命"。

仿佛是一种巧合，更是一场悲剧的再现。1973 年 5 月，不幸的事件再次重演——在带领戴庄李圩民兵进行地雷实爆演习中，为保护一名女民兵，在排除哑

表现王杰牺牲瞬间的油画作品

雷的危险时刻,李彦清像当年救命恩人王杰一样,毅然扑向炸点……万幸的是,这次他活了下来,不过自此双目失明,被评为"一等甲级残废"。

生活,对活着的英雄而言,有时甚至比牺牲的英雄还要艰难。

李彦清伤愈后,一度面临着从未经历过的生活磨难:白天,妻子下田,他尝试生火做饭,铁锅被烧红后点燃了锅盖,幸亏村民发现滚滚浓烟后及时赶来,才未酿成更大灾祸;不久,他6岁的儿子又摔断了胳膊住院,妻子在医院陪护期间,小女儿又因高烧引起并发症不治身亡。

"闺女啊,都是因为爸爸的眼睛,才断送了你的生命。"痛苦至极的李彦清紧紧抱着女儿的遗体,两天没说一句话,没吃一口饭。

在接踵而至的打击和不幸面前,李彦清的心在滴血,一度想以自杀结束生命。

"那些日子里,我让人搀扶着一次次来到王杰墓前,久久伫立。我想,王杰用自己的生命换回了我们的生命,我不能愧对英雄给我的'第二次生命',我还有头脑、手脚、嘴巴,我要像英雄王杰那样,不怕死,更不能怕苦……"在家人和各级组织的帮助安慰下,李彦清从基本的生活自理开始,渐渐走出消沉。

失去光明的日子里,在王杰精神的激励下,他战胜常人难以想象的困难,摸索出一种独特的盲写方法,几十年来写下了100多万字的日记和心得体会。同时,他还竭尽所能继续宣传王杰精神,担任王杰事迹义务宣讲员,先后为部队、学校、机关、企业、农村做报告3000多场次,听众达数百万人次。

"有个女中学生因为成绩不理想给我写信,我就写了一首小诗鼓励她:山有

起伏河有弯,人生道路不平坦;失败乃是成功母,振奋精神再登攀。经过几次书信沟通,小姑娘彻底打消了厌学的念头,后来顺利考上了大学。"戴着墨镜的李彦清常常为自己在黑暗中还能为别人带去一丝光明、作出一点贡献而感到高兴。

李彦清说,当年被王杰救下来的12人中已有3人病故,但每年的清明节和7月14日——王杰牺牲的日子,他和健在的几个人都会相约来到王杰墓前坐一坐。

"半个多世纪过去了,人们还记得王杰,学习王杰,说明英雄一不怕苦、二不怕死的精神永远都不会过时。不管是个人还是国家,有了这种精神,什么困难都能克服、都能战胜。"早已看不见这个世界的李彦清摸索着拉着记者的手说,自己至今记得王杰生前的模样,"他个子不高,热情开朗……"

那一刻,老人双手颤抖,声音哽咽……

王杰班:让每一份胜利捷报都闪耀着血性的光芒

王杰班,一个以英雄王杰命名的光荣集体。

1965年11月27日,王杰牺牲4个多月后,他生前所在班被国防部命名为"王杰班";2015年,王杰牺牲50周年之际,他生前所在连队被南京军区授予"弘扬'两不怕'精神模范连"荣誉称号。

从班到连,跨越时空的两次授称,彰显的是英雄精神的接力传承和历久弥新。

多年来,这样的场景从未中断:连队每天晚点名都第一个呼点"王杰",每周都安排一天作为"学习王杰日",每月都会检讨学王杰的得与失……官兵们始终把弘扬优良传统、当好王杰传人作为军旅人生的必修课。

地爆专业被形容为"守着火药桶作业",时刻面对生死考验。在王杰生前所在连队采访时,记者见到了被誉为"孤胆排爆王"的班长孙建硕:入伍10多年,他先后40余次执行排爆任务,战友们都说他是"常在鬼门关考试"的英雄。

一次夜间实弹演习,有3发未爆弹亟须排除。当时,地域环境生疏,能见度很低,新弹种排爆风险很大。危急关头,孙建硕习惯性地第一个站出来请战。

然而这一次,连队指导员张威却犹豫了:他知道,孙建硕的妻子再过两个月即将分娩,这个时候出不得任何情况。

"指导员请放心,保证完成任务!"孙建硕态度坚决,再次请战。得到批准后,他带领两名战士来到排爆现场,靠着平时积累的经验,准确找到了3枚哑弹的位

在一次对抗演习中,"王杰班"所在连队官兵发起冲锋

置,小心翼翼地把它们一一挖出来,放在装有沙土的木箱里。

转移哑弹的过程同样危机四伏。夜黑如墨,山路崎岖,荆棘丛生,孙建硕用腿夹、手抱、身子顶,死死固定住弹体。一直战斗了近4个小时,才将炮弹安全运送至集中销毁点。

随后,他们借着微弱的车灯,先用电雷管、炸药制作了起爆器,再小心翼翼地靠近炸弹,用胶带将起爆器缠绕在弹体上,稳稳接好线,撤离……随着"轰,轰,轰"几声巨响,哑弹被成功诱爆,现场炸出一个深3米、直径约4米的大坑。

作为英雄的传人,类似孙建硕班长的故事在这个英雄的集体里还有很多很多。"比拼面前争第一,苦累面前不皱眉,生死面前豁得出",是连队传承王杰"一不怕苦,二不怕死"精神的铿锵口号,更是一茬茬官兵的自觉行动。

实兵对抗,主动担负主攻方向的扫残破障任务;重难点课题攻关,负责难度最大的新课题海上通路标识;实弹射击考核,率先打响"第一炮",为兄弟单位提供数据……多年来,连队始终把超越自我、强于对手作为练兵精武的根本标准。

"在王杰班整整3年,收获最大的是对吃苦的认识。"王杰班副班长王超说,这种苦不是说多努力、多干了就是辛苦,而是要干得比别人多得多,总有一种不满足的感觉才叫吃苦。

翻阅厚厚一册连史,他们的每一份胜利捷报都闪耀着血性的光芒——

在王杰精神激励下,无论是在炮火硝烟的战场,还是在抢险救灾一线;无论是面临生死考验,还是面临得失选择,全体官兵始终以"刀山敢上,火海敢闯"的

在一次实兵演习中，"王杰班"所在连队官兵配合坦克突入"敌"一线阵地

战斗血性，用青春、热血和生命把"两不怕"精神旗帜高高擎起。

在王杰精神激励下，近10年来，连队年年是"军事训练一级单位"，共摘取旅以上比武200多枚奖牌，创造保持专业29个课目中19项纪录，100多人次被旅以上评为训练标兵。

历史的车轮滚滚向前，改革的大幕徐徐拉开。2016年9月，连队迎来又一批新兵。

那天，在参观完连史馆后，祖孙三代从军的列兵房宛松心潮澎湃地写下了这样一段话："当兵就要像王杰英雄那样，危险时刻挺身而出，做一名对国家、对军队、对社会有用的人。假如明天上战场，我希望自己的名字出现在烈士纪念碑上……"

汪春恩：每个人都应该多想着为社会作点贡献

让我们把视线再次转向那片解放战争时期"用小推车推出淮海战役胜利"的江淮大地。

在邳州，除了李彦清老人，还有这样一位普通而不平凡的市民与王杰结下了不解之缘：他几十年如一日宣扬王杰精神，策划成立了全国唯一一家"王杰精神研究会"……

他叫汪春恩，王杰精神研究会会长，今年68岁。

年轻时,一心崇拜王杰、向往军营的汪春恩曾多次报名应征,却因种种原因未果。没能成为军人,是他一生中最大的遗憾。

党的十一届三中全会后,身怀木工手艺的汪恩春只身来到县城做家具。为人忠厚,能吃苦、重信誉,再加上手艺精湛,不久他就闯出了名气,开了一个家具店,成为当时稀有的"万元户"。

汪春恩渐渐富了,儿时的军人梦却不甘罢休,时时萦绕着他。

"俺心里寻思,过去贫困的根本原因是没遇上好时代,现在靠党的富民政策致富了,但不能忘了国家,忘了保卫祖国、守护和平的军人们。"因为这个小小的执念,从那时起,汪春恩义无反顾地走上了拥军之路。

这条路,他一走就是30多年——

每年新兵入伍,他都要购买一批书籍、钢笔、笔记本等物品送给新兵,勉励他们努力学习,早日成为一名合格军人;

每年夏季民兵训练期间,他都会买来毛巾、肥皂、汗衫等送给王杰民兵班,鼓励他们苦练本领,做英雄的传人、创业的带头人;

每年春耕秋收时节,他都会主动和王杰民兵班一起,为烈属、伤残军人以及特困户送化肥、面粉和农资用品等。

为了自己的军旅梦,他甚至把两个儿子先后送进部队,参军服役,为国效力……他说,自己这些年所做的一切,都源于内心那颗红色的种子:王杰。

"王杰英雄是为了救邳州人民而牺牲的,英雄也安葬在邳州。你说,我们邳州人不带头学习王杰、宣传王杰,能说得过去吗?"拿着那本耗费了他很多心血才编写完成的《王杰精神代代传》,汪春恩一边讲解,一边感慨。

厚厚一册书,大红的封面如簇动的篝火,让人心生暖意、倍感敬意。

2005年8月,汪春恩策划成立了邳州"王杰精神研究会",经常深入大学中学宣传王杰精神;2007年,他在徐州全民国防教育委员会的支持下,开展全国性有奖征文"王杰精神伴我行"活动,收到来稿5000余份,在社会上引起热烈反响;2008年,他自费办起了双拥展室,以鲜活的事例展示军民鱼水深情和王杰事迹;2012年,他个人出资建立"王杰精神研究会网站",63岁的他从零开始学习电脑知识,亲自维护更新……

不过,在商品经济大潮中,汪春恩学习英雄、宣传王杰的行为也常常让一些人觉得有些"另类":几十岁的人了,拥军也没什么回报,上级又不拨款,还耽误做生意,你这叫不务正业。劳神伤财,图个啥?

虽然颇感无奈,汪春恩还是作了回应:"我当初拥军就没想图啥,每个人都应该多想着为社会作点贡献。王杰精神是社会进步不可缺少的精神食粮,研究王杰精神也是我人生的精神支柱。"

可喜的是,多年来,在学习英雄的道路上,汪春恩并不孤单。

今天,英雄王杰早已成为江苏徐州和邳州的一个亮丽品牌:"王杰储蓄所""王杰中学""王杰派出所"等以王杰命名的单位如雨后春笋般涌现,"万名警察学王杰""军地共话'两不怕'"等形式多样的活动长年不断……

一代又来,一代又去。即便生活被庸常的日子填满,人类依然需要英雄,需要精神。

英雄不会远去,精神生生不息。英雄王杰,人世间一束永不褪色的精神光芒。

战斗,永不停歇
记一级战斗英雄史光柱

梅常伟　韩松豫

【人物小传】 史光柱,云南省曲靖市马龙县人,1963年出生,1981年入伍,1984年1月入党,2005年10月从77283部队副政治委员职位退休。1984年,收复老山的战斗打响时,年仅20岁的史光柱在战斗中不幸双目失明,被中央军委授予"一级战斗英雄"荣誉称号。

83岁的雷学庆家住北京大兴,曾经在三军仪仗队当过4年兵。

这个家一共4口人。老伴张兰菊年轻时劳累过度腿上落下病根,两个儿子先天残疾长年卧病在床,雷学庆是家里唯一一个腿脚利索的,也是全家人的指望。

平日里,除了发放低保和残疾人生活补助,社区工作人员会时不时来家里看看,遇有公益组织献爱心,也会尽量照顾他们一家。

2016年,大兴区残联与史光柱创办的公益组织沟通工作时,介绍了雷学庆一家的困难。史光柱听说后,就安排人定期送来钱物,他自己也专程来过两趟。

其实早在33年前,雷学庆就从电视里看到过史光柱,知道他在南部边境的自卫反击作战中英勇负伤、双目失明,是一位了不起的战斗英雄。可

史光柱

他万万没想到,自己竟会在家里见到史光柱。

"他两只眼睛啥都看不到,没让别人帮助不说,还做公益帮助别人,一般人谁能做得到?"雷学庆说,史光柱是真英雄,战场上是英雄,下了战场还是英雄。

史光柱却说,他只不过做了一名军人该做的事——战斗,不停地战斗。

老山的血

现在在陆军某部工作的胡国桥大校当年是听了史光柱等英雄的故事,决定入伍上老山前线的。

那时,他是内蒙古林学院的一名大四学生,凭借连续3年被评为"三好学生"的出色成绩,毕业分配时能挑个条件相当不错的单位,但他还是决意参军并上战场,做个像史光柱一样的战斗英雄。

"史光柱影响了一代人。"胡国桥说。

当年,同他一起从石家庄陆军学校毕业的学员有2000多名,大家都把史光柱当成学习的榜样。而被当作榜样的史光柱,是他们的同龄人。

1984年,收复老山的战斗打响时,史光柱20岁,是驻滇某团9连2排4班班长。由于战前训练表现出色,他在那年1月入了党,还被指定为战时排长的第一代理人。

4月28日凌晨,我军炮兵一轮猛烈的炮击过后,史光柱和排里的战友们在夜色的掩护下发起攻击。他们的任务是先攻占57号高地,然后配合1排夺取敌军连部所在的50号高地。

刚冲击到58号高地与57号高地之间,代理排长刘朝顺负伤了。史光柱赶紧扑过去,把自己带的3个急救包全都给刘朝顺包扎上。

"排长断断续续地对我说,4班长,现在全排由你指挥,一定要打好,不要给我们排抹黑。"史光柱说,排长在战场上交代的话,自己一辈子都不会忘。

接过指挥权,史光柱带着战友们继续冲击,接连拔掉敌人的几个火力点。

在一棵被炮弹炸倒的大树前,敌人的机枪吐出火舌,子弹"嗖嗖"乱飞,史光柱突然觉得左小腿一热——他受伤了。来不及多想,史光柱忍着疼痛指挥战斗,一鼓作气拿下了57号高地。

"轰""轰"两声巨响,史光柱被强大的气浪掀出两三米远,头上的钢盔也飞了出去,飞散的弹片击中他的头部,把他的左肩打得血肉模糊,史光柱当场昏了过去。战友们冲过来，一边为他包扎，一边大声喊他的名字。

史光柱终于醒了，感到"伤口一阵阵剧痛，脑袋'嗡嗡'直响"。

第一次冲击受挫了！史光柱咬着牙站起来，立即组织全排进行第二次冲击。

穿雷场，攀绝壁……各班交替掩护，很快攻下第一道堑壕。

在离第二道堑壕20来米的地方，敌人突然扔了一排手榴弹，密集的弹片击中了史光柱的喉部、胸部和左膝。

离敌人越来越近，战斗到了最关键的时刻。史光柱虽然已经5处负伤，却没有片刻犹豫，他命令机枪掩护，起身继续冲击。

10米、8米、6米……再冲两三米，就是敌人的前沿堑壕。就在这时，代理副连长李金平踩中一颗地雷，小腿当场被炸断，在他身旁的史光柱也被炸成重伤，什么都看不到了。

"感觉两只眼像被刀猛戳了一下，嘴里全是血肉和泥巴，闷得透不过气来。"回想当时情形，史光柱脸上的肌肉不经意间抽动了一下。

他顿了顿，接着说："我在左脸摸到一个肉团子，拉了一下，钻心的疼，是眼球被打出来了。"

战斗还没结束，史光柱告诉自己，只要还有一口气，就必须挺住。他一咬牙，一把把眼球塞回了眼眶。

"疼，真疼，牙都快咬碎了。"他说。

摸索着找到枪，史光柱开始爬着向前冲锋，直到摔进堑壕昏死过去。

他，再也撑不住了……

生活的墙

1985年9月4日，胡国桥如愿地争上了去老山前线最前沿阵地的名额，到了战斗最激烈的地方。

敌人几乎每天都发动进攻或袭扰，他和战友们每次都把他们打回去，片刻不敢放松。

胡国桥有个叫荆建平的军校同学，上阵地前跟他床挨着床，喜欢每天写写日记。那天傍晚，天已有些暗，荆建平就挪到猫耳洞洞口，趁着微弱的光亮写起来。

就在这时，敌人突然开炮了，一发炮弹落在附近，弹片击中了荆建平的头部，他当场就牺牲了，鲜血染红了还没写完的日记本……

战友的离去，让胡国桥看到了战场的残酷，也让他对史光柱的英勇有了更深的理解。可他那时还不知道，史光柱此时正在另一个战场上步履艰难地战斗着——这个战场，叫生活。

夺回50号高地的战斗结束后，史光柱的战友们一路狂奔，硬生生把他从死亡线上拽了回来。但由于伤势过重，史光柱再也看不到光明了。

黑暗，无边无际、无休无止的黑暗。

尽管诊断结果是医生亲口告诉他的，但很长一段时间里，史光柱在内心深处保留着一丝希望，他总觉得只要拆下缠在眼前的纱布，或许就能重新看见，哪怕只是一点点微弱到不能再微弱的光亮。

奇迹，没有降临到这位勇敢的英雄身上，灾难却接踵而至。

远在家乡的父亲接到史光柱负伤的电报，马不停蹄赶到医院。虽然一路上设想了各种可能，鼓起了全部勇气，可看到儿子双目失明，他怎么也接受不了。巨大的悲伤诱发心脏病，老人家再也没能醒过来……

相亲相伴的丈夫去世了，只有20岁的大儿子残疾了，史光柱母亲的天塌了。一个无依无靠的农村妇女，拉扯着6岁的小儿子，日子还有什么盼头呢？在悲伤、无助、绝望的反复煎熬中，她的精神崩溃了……

不幸一个接着一个，史光柱想到了死，他想结束自己的生命，结束这令人窒息的生活。

"可如果我真的死了，谁给我妈治病？谁把我弟养大呢？"史光柱说，他是那段时间想明白的，自己就是瞎了残了，也仍然是家里的顶梁柱，要给母亲和弟弟撑起一片天。

只是，这件事对健全人来说都不容易，更何况是残疾人史光柱。

自从没有了眼睛，他只能靠听觉、触觉，甚至是靠对温度的感知来对世界作出判断。就连曾经最喜欢的武打片，都成了折磨他的"刑具"。

"动起手来，一句台词没有，都是拳脚的声音，越听心里越烦躁，简直是一种煎熬。"史光柱说，"黑暗就像一堵墙，把我从正常人的生活中隔离出来了。"

除了他自己，没人能帮他穿过那堵墙。史光柱开始有意撇开寸步不离的护士，学着自己走路、自己上厕所、自己出门散步，自己做所有力所能及的事情。

撞床头柜，撞门，撞柱子，撞树……把身边的东西几乎撞了个遍后，史光柱自由活动的范围越来越大了，能独立完成的事越来越多了，这让他重新拾起了生活的信心。

然而,那堵墙却并没有消失,它依旧立在史光柱面前,等着他攻克,或者投降……

流彩的诗

没人相信史光柱能成为作家,读书给他听的护士不信,史光柱自己也不信。

在打定这个主意前,史光柱考虑过学推拿按摩或者拉二胡,但心中那些优美的文字涌动着,让只有初中文化的他触碰到了另一片天地。

史光柱想读书,然后自己写点东西,虽然最初他还不知道能写些什么,但有一个信念在支撑着他:一定要写。是的,一定要写。

可要读书,长久指望护士明显行不通。伤好了,他也就该离开医院了。一台收音机需要3个月的津贴,他还得给母亲治病、供弟弟上学,舍不得也拿不出这么多钱。

没有收音机的日子里,史光柱学会了盲文,用手指在文字的世界里跌跌撞撞、摸索前行。

1986年,史光柱迎来了人生中又一个重要转折:深圳大学中文系决定破格录取他。老师和同学们热烈欢迎这位家喻户晓的战斗英雄,可课堂上讲得兴起的时候,偶尔也会不经意间忽略了他。

有的老师喜欢写板书,史光柱看不到,只能像听天书一样坐着干着急。但即便如此,他也从来不打断老师——他不愿意因为自己影响其他同学。

跟不上课堂的节奏,史光柱只能在业余时间多努力,他一遍又一遍地听录音,一趟又一趟地往老师办公室跑。那几年流行跳舞,同学们经常喊史光柱一起,可他一次也没去过。

史光柱学习盲文

由于长时间高度集中注意力,史光柱得了神经性头痛,每次一疼起来,他就使劲掐手指分散头疼,好多次差点掐出血来。

功夫不负有心人。1989年,史光柱出版了第一本诗集——《我恋》。

英雄

在同名诗中,他写道:"正因我热恋四季的多姿/我的枪管才射出激情""正因我热恋生活的多彩/我才乐于忍受猫耳洞的潮湿""正因我热恋大江南北/我才把火红年华/写进亏了我一个/幸福十亿人的/慷慨悲歌、壮志凌云"。

他是在写自己,也是在写老山战场上的中国军人。

"眼睛看不见了,想得就多,想到哪儿就写到哪儿,写着写着就停不下来了。"他说。

近30年来,史光柱上过高原哨所,登过南海岛礁,几乎走遍了大江南北的所有省份,先后在国内外发表作品700余篇,出版了《眼睛》《星星树》等多部文学著作,21次获鲁迅文学奖等国家级奖项。

文学,并非史光柱的全部成绩。这些年,他还自学音乐知识,写词、作曲、出音乐专辑,祖国、青春、英雄都是他讴歌的主题。

北京音乐家协会秘书长赵金波说,史光柱的歌旋律优美、朗朗上口,每一首都充满了真实丰沛的情感。

2016年,史光柱写了一首新歌,歌名叫作《山》——

"你可听说一座山,远方一座山,有人花开在身边,有人花开已走远。"

"你可听说一座山,一座热血山,一个个曾经奔赴前线,谱写壮丽诗篇。"

"你可听说这座山,边关这座山,有人花开到终年,有人花开只一天。"

……

史光柱记忆中最后的色彩,来自老山;现在,这些色彩又化作音符,流向老山,流向那片中国军人浴血战斗过的热土……

史光柱

最美的光

钟慧玲结识史光柱,是在昆明军区的庆功大会上。

那是1984年9月,钟慧玲18岁。因为在野战医疗所表现突出,她被授予"模范卫生员"荣誉称号。

巧的是,到全国各地做英模事迹报告时,钟慧玲与史光柱分在同一组。

3个多月的时间里,史光柱每次讲负伤经过,钟慧玲都忍不住要流眼泪,把眼睛哭得又红又肿。

一天,她闭上眼睛,假装自己是史光柱,结果刚走几步就磕东碰西的,腿被撞得生疼。她想,自己只是试试,史光柱却是一辈子都看不见了,鼻子一酸,眼泪又流下来了。

钟慧玲渐渐发现,史光柱不需要同情的眼泪,他需要的是支持。

高位截肢的战友吴华因为家里生活困难,曾经在大街上蹬人力车载客谋生,史光柱就隔三岔五接济他一下;战友贺荣光是他的同乡,打仗时牺牲了,每次回老家,史光柱都会替贺荣光尽尽孝心,买些东西、拿些钱,去家里看看老母亲……

史光柱做事迹报告

可单靠他自己的力量,又能帮助多少人呢?

2013年,史光柱发起并成立了北京助残爱心公益促进会,汇聚大家的爱心,帮助那些需要帮助的人。找到钟慧玲时,她二话没说就答应了。

短短3年多时间,促进会已经开展了100多场活动,给1.5万多个身处困境的人送去了温暖。

在北京怀柔残疾人康复中心,大部分孩子患有先天脑瘫,话说不流畅,走路也有困难,看见陌生人,总会怯生生地躲开。

但史光柱一来,屋子里却马上热闹了起来,年龄稍大的孩子大老远就开始喊"史爷爷好",家长们也都围过来跟他打招呼。

中心负责人周福春说,孩子们康复训练用的乐器、游泳用的场地,都是促进会帮忙解决的,大家都记得史光柱的好。

2016年底,史光柱听说把孩子们训练的照片印成挂历,能帮他们找到自信,有利于康复,便专门安排人联系印刷厂,给每个孩子印了一本。

"挂历上也有我,看着特别高兴。"邓蕾说。

英雄

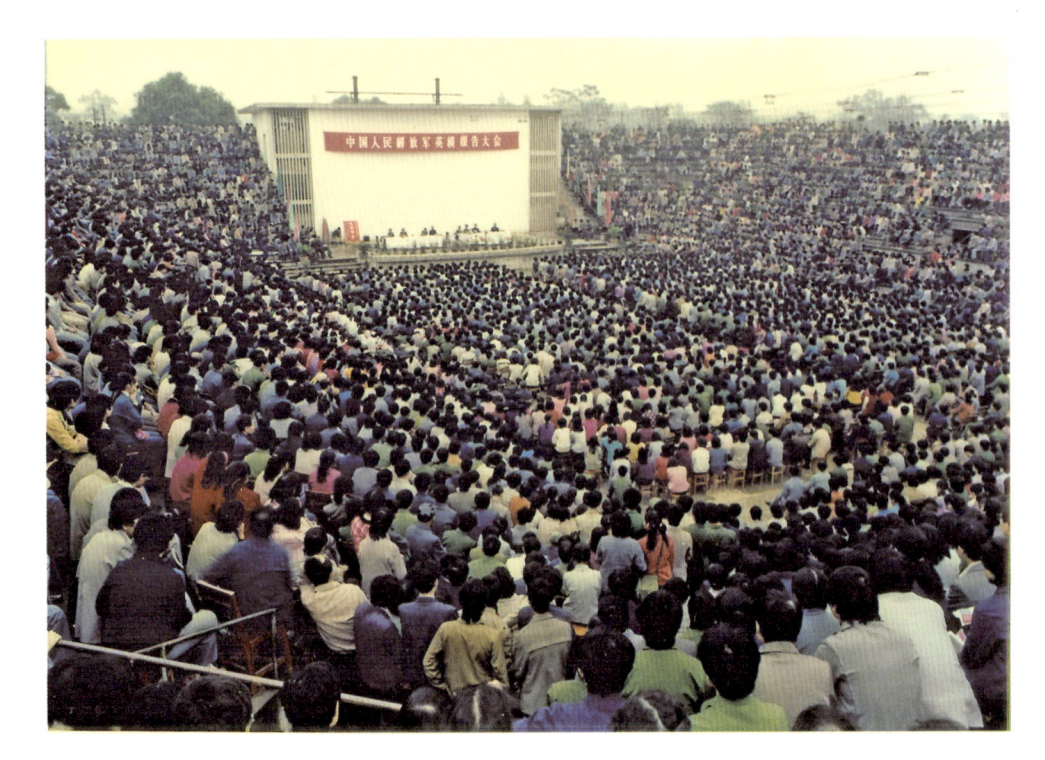

史光柱英模报告会现场

  邓蕾今年 22 岁,已经在康复中心训练了 7 年时间,她从小就喜欢听音乐、喜欢唱歌。
  那天,邓蕾为史光柱唱了一首《最美的光》。她说,等自己有能力了,要像史光柱一样做公益,给更多的人送去快乐。
  史光柱听完,爽朗地笑了,笑得很开心。
  临近傍晚,阳光斜洒进屋,照着在场每一个人的笑容。史光柱虽然看不见,却能感觉到暖暖的温度——那,确实是最美的光。

并蒂莲花
——将军农民甘祖昌和夫人龚全珍的故事

曾 涛 陈 曦

【人物小传】甘祖昌，1905年出生在赣西一个叫沿背的小山村，1927年加入中国共产党，翌年参加中国工农红军，参加长征、抗日战争、解放战争……从井冈山下的乡村起步，他的革命足迹遍布大半个中国，到达了地处西北的新疆军区。1955年他被授予少将军衔，荣获八一勋章、独立自由勋章、解放勋章等，1957年8月，甘祖昌举家返乡。1986年3月23日，甘祖昌因病在莲花县逝世，被称为"将军农民"。

在江西莲花县玉壶山，龚全珍携子女为甘祖昌将军扫墓

"祖昌,我和孩子们来看你了……"

清明时节的江西莲花玉壶山,白雾弥漫,气温微凉。

甘祖昌老将军的墓前,一位头发花白的耄耋老人,颤抖着身体,刻满褶皱的脸庞上,淌下两行热泪。

老人叫龚全珍,曾陪伴甘祖昌老将军33载。如今,这对革命伉俪天人相隔已经31年。

泪水里,写满了怀念与哀思,写满了风雨和故事……

革命为媒

龚全珍、甘祖昌夫妇

这是两个截然不同的人生起点。

他,1905年出生在赣西一个叫沿背的小山村。在舅舅一桶米、一斤油、一斤盐、一担煤的资助下,9岁的他走进了私塾学堂。

然而好景不长,太过贫穷的家实在是揭不开锅,又饱受地主剥削。作为长子的他,一年半后不得不辍学回家,放牛、打草……

15岁时,他便帮地主家挑着一担谷子走几十里山路到萍乡安源,碾成米卖给矿工,回程时再帮中药铺挑回一担药材。来回往返,挣得三四角钱脚力费,维持全家生计。

她,1923年出生在山东烟台一个唤作平安里的巷弄。父亲在烟台市邮电局当报务员,但是这点工资要养活"蝗虫"一般的11个孩子。

依靠着自己的懂事和努力,她从班上的劣等生升为佼佼者。在父母的格外"开恩"下,她顺利读完初中,并考上了市立女中,上了高中。

这是两份不约而同的革命情怀。

起初,他对父母的话深信不疑:"孩子,你命苦,生在我们穷人家,注定一辈子受穷。"

同乡中有两位青年——谢运鹏、苏国珍,鼓励他参加农民协会,并在1927年8月介绍他秘密加入了中国共产党。

化名李伟民的特派员方志敏1927年来到莲花，召开群众大会，更加点燃了他心中那团打倒劣绅土豪、解放劳苦大众的革命之火。

在县里当交通员、土改委员会主任、独立团军需处处长，跟随红军参加长征、抗日战争、解放战争……从井冈山下的乡村起步，他的革命足迹遍布大半个中国，到达了地处西北的新疆军区。

她的家里虽然不算富裕，但吃饱肚子应该不是问题，然而在"沦陷区"的日子让她感到受辱和愤怒。

她永远记得一位带了半袋盐的老乡被日本兵扒光衣裤、刺开后背、撒进盐粒的残酷画面，更不能忘记宪兵队里同胞们受刑发出的惨叫声……

她拒绝在日语考试中作答，交上白卷；拒绝在学校庆祝某地沦陷的大会上发言。然而，她发现这些并没有什么作用，于是瞒着母亲辍学，在19岁的时候剪短头发参加革命，成为了一名流亡学生。

一路流亡抵达陕西，1945年，抗日战争终于取得胜利，她也被西北大学教育系录取。中华人民共和国成立那一年，大学毕业的她参了军、入了党，响应号召来到边疆，在新疆军区八一子弟学校当了一名老师。

这是两位相互依偎的同志伴侣。

一位是新疆军区后勤部部长甘祖昌，一位是八一子弟学校老师龚全珍。从赣西农村到胶东半岛再到天山脚下，两条相隔千里的生命轨迹，竟然神奇地交织在了一起。

新疆军区司令员王震和八一学校副校长李平一起做红娘，想把这对革命战友撮合在一起。

龚全珍一听，连忙摆手："他是个大首长，这点不合适。"

甘祖昌却十分坦率："我文化水平低，你这个'龚'字我都写不拢。""我的身体不好。""我比你大18岁。"

坦诚的谈话撬开了龚全珍的心灵，久经战场的革命魅力征服了她，而甘祖昌欠佳的身体状况，更唤起了她的怜爱之心："我要为他服务终生，我要他每天都快乐幸福。"

1953年，两位饱受战火和岁月磨难的战友，以革命为媒，终于成为了相守一生的同志伴侣。

解甲归田

甘祖昌将军(前)参加生产劳动

"能活到 56 岁就可以了,如果活到 60 岁,那就是个奇迹。"

1951 年,甘祖昌乘坐的吉普车从一座被敌特分子锯断的木桥上栽下,他的上唇裂成三瓣,下巴脱落。治疗后,医生给 46 岁的甘祖昌下了如上定论。

彼时,他落下了严重的脑震荡后遗症,脑内还留存着大块淤血。只要稍微一用脑,甘祖昌就会头晕头痛,甚至昏倒。

住院、治疗、休养……反反复复两三年,情况依然不见好转,身高 175 厘米的甘祖昌,体重只剩 70 多斤。

眼看着没法儿再在领导岗位上工作,甘祖昌给组织写了申请:我的脑子负了伤,但手脚还是好的,请求组织批准我回江西农村。

申请交了两次,组织都没有批准,而龚全珍,全然不知情。

1952 年,解放军总政治部副主任萧华来新疆军区视察工作,甘祖昌软磨硬泡,辞职的申请终于得到了批准。

组织安排他去上海、南昌等城市,为他建房子,让他安心疗养,他断然拒绝。

这一次,龚全珍知道了情况,虽然心中有疑问、有犹豫,但依然选择了付出牺牲,跟着丈夫回到江西莲花的小山村。

将军当农民?!这件事情在各方引起了轰动。龚全珍学校的老师们劝她:"你是城市来的,你知道乡下有多苦吗?如果真要回去,得先让甘将军联系好工作。"

同村的乡亲们更是不敢相信:好不容易从山沟沟走出去,当了大官,还愿意回来?恐怕回来是享福疗养的吧?

没有作任何解释,甘祖昌于 1957 年 8 月,带着全家大小 12 人回到了阔别 30 多年的沿背村。除去 3 个箱子和 3 个麻袋之外,他们一行剩下的行李则是 8 只笼子——6头约克猪、15对安哥拉兔、15只来亨鸡——他要让新疆的优良品种在莲花繁殖下去。

跟着甘祖昌回乡的警卫员和保健医生待了一个星期就被他"打发"走了："我已经不是部长，也不是将军，不需要警卫员和医生，更不能耽误你们。"

"真的回农村了。"龚全珍觉得就像做了一场梦，这里的菜特别辣，这里的方言听不懂，这里的蚊子还特别多。有一回插秧，突然下起雨，没打惯赤脚的龚全珍动弹不得，在两位村民的"左右护驾"下才走出稻田。

大女儿、二女儿在新疆出生，跟随父亲回到农村后，高干子弟成了山里娃。更让她们"崩溃"的是，父亲不仅让她们打赤脚练脚板，还每天带着她们捡粪、打猪草，不完成任务就得挨批评。

"甘将军真的当农民了。"村民们每天见到的甘祖昌，光着脚丫子，身穿粗布衣，腰系白汗巾，手拿旱烟杆，一副典型的老农形象。

"不要叫我将军，也不是什么部长。"慢慢地，大家改了口，亲切地称他为"祖昌兄弟""祖昌伯伯"。

大队供上电，为甘祖昌家里装灯泡，他得知别人家都是15瓦，强烈要求把自己家的60瓦灯泡换了；建房子时，省民政厅的领导想为他装上玻璃，"别人家都是塑料膜蒙窗户，我搞什么特殊？"

从将军到农民，对甘祖昌来说，是身份和心灵的回归。

在江西莲花县沿背村甘祖昌将军故居中，摆放着他曾经使用过的劳动工具

当年,他为了解放劳苦大众,告别母亲和家乡,走上革命道路。长征路上,同村战友约好,革命成功后,一起回家搞建设,让乡亲们过上好日子。

如今,革命取得成功,几名乡友只剩他一人。曾经相约的誓言让心中的乡愁越酿越浓,那颗思乡的赤子之心不停在胸膛跳动——他终于回到魂牵梦萦的家乡,闻到了那熟悉的泥土味。

服务农民

甘祖昌将军(右一)在田间地头和农民们聊天

"他是一个很平常的人,在农村里面随便都能找到的老农民,但是他又是一个有'野心'的农民。"在龚全珍的眼里,老伴甘祖昌回到农村,是想干一番大事业。

刘初开在公社跟甘祖昌共事过。谈起甘祖昌,刘初开满眼都是藏不住的敬佩之情:"甘部长做事情是'做一备二观三',做一件事情的时候后面两三件事情都筹划好了。"

怀揣着宏伟抱负,甘祖昌开始在家乡大展身手。

改造冬水田。寒冬腊月,他亲自下田,没入齐胸深的水里,仿照城市修下水道的方法,在两侧深挖阴沟排水,用双手一抔一抔捞烂泥。

冬水田的水干了,200多亩冬水田成了良田,粮食产量有了质的飞跃,村民们终于不用再依赖国家吃"回供粮"了。

兴修水利工程。甘祖昌在1965年8月,担任总指挥,他每天5点起床,第一个赶到,三餐都和村民们吃在工地。

60多岁的甘祖昌咬着牙和年轻人一起挑水泥、运材料;砌墙时,几块石头把他砸伤,他嚼几根草药敷在伤口上继续干活……

技术人员王新安由于"出身"不好,被开除公职,没有人敢去找他来。"只要能把水库修好,有什么责任我来担!"甘祖昌挥笔写下条子,打消了王新安的顾虑,并跟着他一道勘察调查、设计方案。

赶在春雨来临之前,一座高 19.5 米、长 25 米、蓄水量达 550 万立方米的江山水库终于建成。

开垦荒山。虎形山被当地村民称为光头山,"只能埋人,别的什么都不长。"甘祖昌找到几个生产队长:"大家跟我一起来开荒,工钱、材料全部我出。"

赣西的红土地呈酸性,甘祖昌带领大家在地面撒石灰、盐巴、烧茅草、烟叶秆,再堆上烟囱里的黑灰。

土壤的酸碱性被改善,光头山成了丰收岭。刘初开现在还记得第一年的收成:红薯 30 多担,南瓜 500 多斤,各类蔬菜 3000 多斤。

修水库、建桥梁、办企业……半个世纪过去,甘祖昌当年留下的一项项利民工程仍然在发挥着重要作用。经历过那个年代的村民们常常回忆道:"当年我们沿背村就是莲花县的'华西村'。"

让村民们慢慢地富裕起来——甘祖昌的理想得以成为现实,这位农民将军,在服务农民中,实现了人生最大的价值。

"我是想给他当个助手,但我没来过农村,没有实践经验,帮不上忙。"对于龚全珍来说,没能直接参与到丈夫的农业大计,她倍感遗憾,"那就只有他种他的田,我教我的书了。"

来到莲花,龚全珍主动找到了县文化教育局,毛遂自荐:"我是西北大学毕业的,你们这里需不需要老师啊?"

龚全珍记得,她任职的第一所农村学校第一年只有 3 个教员和 50 个学生。学生们都是带着米和菜,走几十里山路来上学的。

对这群山村里的孩子,龚全珍是既当老师,又当妈妈;既要教他们读书,还要带他们劳动。

今年 63 岁的村妇女主任刘金娇,8 岁时母亲就去世了,父亲又忙于劳动无暇照顾她。龚全珍把她当成自己的孩子,为她做饭做菜,给她钱买文具、买作业本。

一次,调皮的刘金娇爬树时把衣服上的扣子全磨掉了。龚全珍赶忙找来自己的衣服为她披上,并一针一线把扣子缝好。从小缺乏母爱的刘金娇至今都不会忘记:"龚老师就是自己的妈妈。"

相比于物质条件,摆在龚全珍面前的困难,最大的还是农村人的思想。学生们可能头一天还在好好上着课,第二天就辍学在家里干农活了。龚全珍一家一家造访,一户一户讲道理,苦口婆心地劝家长。

几十年下来,龚全珍早就记不清,她劝回过多少孩子,又为多少学生交了学费。

"妈妈是学校的妈妈,爸爸是公社的爸爸。"三女儿甘公荣年幼时并不理解自己的父母,父亲早出晚归待在田里,母亲一周六天都在学校。

甘祖昌改造的荒山收获的蔬果,他硬是不让孩子们碰一下,全部交给了公社。龚全珍给别的孩子过生日、买礼物,自己的孩子鞋上破了一个大洞都没有发现。

"有很多人,比我们更需要帮助。"年过半百的甘公荣,长大了慢慢理解,"先公后私,先人后己,服务人民,是父母这两位老革命、老党员毕生的信仰和追求。"

妇承夫志

1986年3月28日,甘祖昌老将军永远地离开了。弥留之际,他断断续续地交代老伴:"领了工资,买了化肥农药,送给……贫困户……支援农业建设……"

除了这句遗言,甘祖昌并没有给家人留下什么,他几乎所有的钱,都用在了农村建设上。

龚全珍深深地知道,农村有丈夫未竟的事业:"老伴,你到另一个世界去了,我还要在这个世界上,继续我的征程。"

在甘祖昌去世后的一年里,龚全珍几乎天天都在奋笔疾书,她要把丈夫这一生的故事记录下来。

"老伴,你像我这么大岁数时还是朝气蓬勃地干呢!我的身体比你强,我不信有什么跨越不过的鸿沟。"这是龚全珍日记里的一句话,也是她人生新征程的决心。

甘祖昌老将军去世后,她成

在江西莲花县玉壶山,龚全珍老人为甘祖昌将军扫墓

立"龚全珍工作室",带着整理的资料,到社区、部队、学校,言传身教进行革命传统教育。每次外出讲课,她都自带馒头和白水。

谁家有人生病看不起医生,谁家孩子大学缺学费,她都掌握得一清二楚,一家一家把慰问金送到人家手中。孤寡老人过冬缺少衣服她会记得,留守儿童缺乏关爱她会关心。

生命不息,奉献不止。在前行的道路上,龚全珍一直把丈夫当作榜样:"我和你结合,老年生活在你的光环照耀下,增添了很多光彩,这是我的幸运,应当十分珍惜,学习你的精神,多做有益于人民群众的事。"

甘祖昌和龚全珍的事迹经媒体报道后,捐钱捐物的好心人越来越多。她成立了龚全珍基金会,不仅把善款全用作救济人家,连自己的工资都捐进去了。"我们做得很不够,有时候国家照顾不到的,我们就来拾点尾巴。"

甘老将军已经离开31年了,龚全珍年纪也大了,帮扶他人的担子正在慢慢地转移到女儿身上。

在将军墓前,龚全珍喃喃自语:"祖昌,我们一定按照你的教诲,老老实实做人,勤勤恳恳做事。"将军一句话,成了龚全珍老人一辈子的人生信条。

搬到县城和女儿一起住之后,龚全珍总想着回沿背村看看。那里有田野,有课堂,有她的青春和信仰,还有和祖昌的宝贵时光。

一名讲解员在甘祖昌故居为前来参观的人们介绍将军事迹

夜幕低垂，沿背村祠堂里热闹了起来，一幕采茶剧正在上演。和着锣鼓配乐，舞台上的村民演员放声唱了起来："池塘荷花开并蒂，并蒂莲花好夫妻。中国夫妻，恩爱的真谛；革命夫妻，红色的史记……"

英雄苏宁：热血化干城

王经国　王天德　秦富梁　蔡琳琳

【人物小传】苏宁，1953年出生于一个干部家庭。1969年入伍，生前系中国人民解放军65435部队参谋长。入伍22年中，他以坚定的政治信念和献身国防的高度责任感，树立了一个革命军人、共产党员、领导干部的光辉形象。他潜心钻研军事理论，撰写了70篇学术论文，受到有关专家高度评价。

1991年4月21日，苏宁负责组织全团进行手榴弹实投考核时，为保护战友不幸牺牲。1993年，中央军委授予苏宁"献身国防现代化的模范干部"荣誉称号。

55岁的李印全有一个习惯：逢年过节，都要去看看"母亲"苏妈妈。

这个习惯，李印全坚持26年了。

苏妈妈不是李印全的亲生母亲，而是他的老参谋长——苏宁的母亲。

26年前，当他还是个毛头小伙的时候，苏宁从他腿下扒出滋滋冒烟的手榴弹，救下了他和另外一位战友的性命，自己却不幸牺牲。从此以后，他把苏妈妈当成了自己的妈妈。

那场意外中炸掉1/3脚掌的李印全，没有离开部队，而是又在部队努力工作了8年，然后才转业到地方。

苏宁

"无论是在部队,还是回地方,我都尽最大努力把工作干好,我得对得起给我换命的参谋长,对得起自己的良心。"他说。

厚积"厚"发

1991年4月21日,一个让李印全一辈子都不能忘怀的日子。

上午,身为13连连长的李印全按照团里部署,组织连队进行手榴弹投掷训练。

负责现场督导的是团参谋长苏宁。

13连顺利投完了,该12连投了。李印全准备带回部队。苏宁下达命令:"13连连长你做观察员,12连连长修柏岩先投。"

连长第一个投就是给连队"打样儿"的,所以一听到指挥员下达"投弹"的指令,对修柏岩自信满满的李印全就没有看他投弹,而是抱头下蹲。

可他刚蹲下,就听修柏岩说了一声"妈呀"。抬头一看,冒着烟的手榴弹就在身边。紧接着,身后参谋长"趴下"的声音大声传来……

脑子一片空白的李印全,还没有反应过来,手榴弹轰然起爆的声音就在身边响起。

这一切,发生在拉开手榴弹引信后的3秒之间。

"参谋长!"回过神来的修柏岩听到不远处战友带着万分焦急的声音冲了上来。

再看,参谋长苏宁已经倒在血泊中,手已经被炸烂了。

事后才知道,由于挥臂过猛,修柏岩投出的弹体碰撞在堑壕后沿,滚落在不到1米外的李印全脚下。而一直在关注投弹的苏宁一看情况危急,立刻冲了上来,推开修柏岩,拨开李印全的腿,抓起手榴弹往外扔,可还没有出手,手榴弹就爆炸了。

重伤入院的苏宁在医院昏迷了8天,医护人员全力施救,没能挽回他的生命。

那些日子,让同样在住院治疗的李印全后悔、自责不已,参谋长遭此重创,不知道全团官兵会心疼成什么样儿。

果不其然,整个团陷入了难以抑制的震惊和悲痛之中,一位战士死死缠住医生:"求求你,救活参谋长,只要救活他,要我的什么器官都行。"

陷入巨大悲痛的还有苏宁的家人。年迈的父母无法接受这样的残酷事实，一夜间苍老了许多，远在北京工作的哥哥苏峰得知弟弟受重伤的消息后，心急如焚，连夜乘车赶回哈尔滨。

当他在医院看到苏宁后，心中一阵阵剜心地疼。"那个样子我一辈子也忘不了。"虽然已过去了 20 多年，苏峰眼泪还是止不住地往下掉。

在弟弟昏迷的那些天里，苏峰天天陪着。当时苏宁的身体在失温，苏峰就抱着他的腿给他一点点按摩，边按边讲两个人小时候的事、讲部队的事、讲笑话……一会儿哭一会儿笑。

今年 65 岁的苏峰大苏宁 2 岁。兄弟俩感情很深。"我俩都喜欢军事，经常在一起看军事书，一起玩对抗性游戏。"苏峰回忆说，"我们玩得很专业，要把双方战斗的真实情况画出来，比如路障、堑壕、铁丝网、碉堡以及空中的弹道爆烟、地上的弹坑炸点、进攻与防守的士兵、俯冲的飞机和燃烧的坦克等，像真的一样！"

"他对军事创新有特别的偏爱。"苏峰说，苏宁酷爱学习与钻研是战友们公认的。他针对部队一些装备特点进行创新。比如优化了火炮的助锄装置，在冻土上挖助锄坑是炮兵最累的工作。他设计在火炮助锄底部焊几个带尖钢棒，就像挖掘机的牙齿，这样在寒冷的冬天经过简单的准备，利用火炮发射时的后座力，使钢齿扎入冻土，快速形成战斗力，可以大大节省战士的体力。

苏宁生前所在团原团长孙友新介绍说，从 1981 年到 1991 年 4 月，苏宁自己完成和参与研制的装备改革有 16 项，其中 1 项获得全军模拟器材二等奖，6 项受到原总部机关的肯定和推广，1 项获原军区科研成果四等奖，8 项被原军区、集团军推广。

苏宁一生未经历战争，但他却一生为未来战争准备。从军 22 载，他都枕着叠放军装的包袱皮。别人晚上聊天、看电视，进餐厅、歌舞厅，他却独自在屋中钻研军事学术，研究高技术战争。

海湾战争爆发后，苏宁很快就关注起这场高技术战争。

"他经常来电话，了解最新战况，讨论当时的局势和美军装备的特点。"因为苏峰在高校的电教中心工作，有机会看到 CNN 等国外媒体关于海湾战争的报道。

孙友新说，苏宁结合海湾战争潜心钻研军事理论，撰写了 70 多篇学术论文，研究成果有的在全军属于首创，有的填补了我军军事研究的空白，受到专家高度评价。

就在他牺牲前的那段时间,他还在与科研单位共同研制激光火炮测速仪——一项提高火炮射击精准率的先进技术。

"他满脑子都是课题,有太多的事要做,只是走得太早了……"苏峰回忆起这些往事,喃喃地说。

"敢于在危急关头挺身而出,这是苏宁一贯的表现。"苏峰说,小时候,小伙伴们一起玩"打仗"游戏,苏宁总是被推举为"指挥员"。因为他不仅在军事指挥上有想法,能打"胜仗",更重要的是,每当别人有危险的时候,他总能挺身而出,大家都服他。

"此前,苏宁曾两次在别人投弹失误的时候成功处置。因为他知道手榴弹爆炸的时间,能推算出是否能成功。"李印全说,"这一次,他应该也知道的,可他依然这么选择……"

"这就是苏宁。"苏峰说。

每年清明,只要回哈尔滨,苏峰都要到弟弟的陵园去祭拜,到弟弟生前的部队看看。"在炮场,我会使劲喊,苏——宁,哥——哥来看你啦。"苏峰泣声说,"这是苏宁生前最牵挂的地方,他一定在这里。我相信他能知道,我们都很想他。"

家风浩然

苏宁的母亲冯静轩老人在苏宁牺牲后不久曾对媒体说:"儿子的牺牲,我很悲痛,人死不能复生啊!可他一个人的死,换来了两个人的生,一个母亲悲痛,换来两个母亲不痛苦,我觉得宁宁死得有价值!"

苏宁出生于一个深明大义的军人世家。这一点,这些年,李印全深有体会——

"每次去看望老人,问问老人有什么要求。老人总说:'不用,安安稳稳工作就行,把工作干好,比什么都强。'他们什么都不提,越不提,我心里越不是滋味。"

苏宁的父母是从战争年代走过来的老革命,对于孩子,他们始终非常严格。"他们从不娇惯我们。"苏峰说,爸爸经常领着他们到地里,教他们种茄子、辣椒、豆角,教他们自己钉纽扣、补袜子,教育他们绝对不能剩菜饭……"就连我们玩的玩具枪、汽车、坦克都是父亲带着我们一起做的。"

小时候,苏宁和他的哥哥妹妹常听父母讲述战争年代的故事。苏宁的妹妹任虹回忆,父亲讲得最多的是他犯过的错。

苏宁的父亲苏醒，本姓任，叫任克良，抗日战争时期为逃避敌人抓捕，避免家人受牵连，随了奶奶的姓，取名苏醒，意思是参加革命以唤起更多民众的觉醒。

1941年日本鬼子大"扫荡"，人民群众生活十分困难。苏醒任120师敌工科长。一天，战友们跑到200里外的敌占区买回一只鸡，给阑尾炎术后的苏醒补充营养。恰好师直属政治部主任（中华人民共和国成立后我军第一个女将军）李贞来看他，批评说："你是共产党员、干部，弄鸡吃影响多不好。在困难的时候，党员干部比群众多吃一个胡萝卜都是犯错误！"

讲完了，苏醒问孩子们批评得对不对，苏宁说："批评得对！"

军旅生涯，苏宁出了名的艰苦朴素，生活用品全是陈旧物品，大头鞋都打过好几个补丁。

1937年2月，苏醒在山西参加党的外围组织"抗日牺牲救国同盟会"。按中央文件规定，参加这个会的同志任分队长和区以上干部的才算红军，与他同时参加革命的老同学通过打证言享受了红军的待遇，家人劝苏醒也试试。

苏醒一直没有答应，他对孩子们说："打个证言容易，但是每当我一年多领半月工资，当别人称我为老红军时，我就会难受一次。我的许多亲密战友牺牲了。我今天得了这么多待遇还去争红军荣誉、待遇，这样对不起那些长眠的战友呀。"

苏宁当时回应说："以前认为爸爸是七七事变前参加革命，应该算红军干部，爸爸不去争，我们想不通。可是听了爸爸的话，觉得爸爸做得对，干革命不能图名利。"

从小聆听的这一个个朴实却又感人的故事，深深影响了苏宁，在他身上也逐渐形成踏实的作风。

参军入伍后，由于起步学历较低，苏宁成长进步缓慢。当有人劝苏醒利用老关系为儿子说个情，好提拔快点时，苏醒拒绝了。苏宁也不同意，他说："应该在工作中比谁更有作为，而不应该把劲用在比职务、比待遇上。"

苏宁升任团参谋长，仍坚持住在不足10平方米的小屋里，团政委王焕来几次催他"搬家"都没有说动他。苏宁说："群众最烦官升脾气长、官升要待遇的党员干部，我不能穿上毛料忘了自己仍是普通一兵。"

良好的革命家风培育出来的品质不只集中在苏宁一个人身上。苏宁的哥哥苏峰在部队服役18年后转业。在部队从不张扬，不提父亲担任的职务，别人偶尔问他父亲是干吗的，苏峰回答："我爸爸是烧锅炉的。"

"父母培养出我们艰苦朴素的作风，也培育出我们爱学习的习惯，这让我们

英雄

获益匪浅。"苏峰说,在他和苏宁成长的道路上,有几本书对他们的影响很大。

"文化大革命"开始后,学校也不上课了,孩子们都待在家里。"那时候,每天就是在家看书,把家里看得懂看不懂的书翻个底朝天。"苏峰说,从1967年到1968年,两个人最喜欢看的书是《毛主席的好战士》《十万个为什么》丛书和有关战役、战术、战斗方面的军事书。

"这三部分书籍可以说对我们一生的成长都有很大影响。"苏峰说。

"我们不仅学习了自然科学知识、军事知识,更重要的是学会了做人的知识和道理。"苏峰说,比如董存瑞、黄继光、雷锋……这些英雄模范的形象从小就扎根在心中,成为他们前进的航标。"那时候我们就立志成为像他们一样对国家、对社会有用的人。"

"苏宁用行动践行了自己的誓言。"苏峰说。

历久弥新

20世纪90年代,苏宁事迹在全国范围内宣传后,在全党、全军、全社会引起强烈反响,各行各业兴起了数个波次的学习苏宁积极投身社会主义现代化建设的热潮,特别是中国军队在现代化建设的道路上越走越远、越走越宽。

1993年2月19日,中央军委授予苏宁"献身国防现代化的模范干部"荣誉称号(宣传画)

"苏宁精神正在不断发扬光大。"在苏宁纪念馆,看着从20世纪90年代至今,原沈阳军区涌现出来的100多位"学雷锋学苏宁学习成才标兵"名单时,李印全感慨万千。

如今,当年苏宁牺牲的地方,已用大理石铸起一块银灰色的纪念碑。每年4月,李印全都要回部队和官兵们一起在纪念碑下进行宣誓活动——"学苏宁精神,做苏宁传人,建过硬团队"。

在部队,苏宁精神是什么？原苏宁所在团官兵几乎异口同声地回答："想现代化,钻研现代化,干现代化。"

在原苏宁所在团,有苏宁班、苏宁连,还有苏宁奖章评比。"争创刀尖子连队,争做苏宁式传人",苏宁精神的文化基因渗透在每一位官兵的血液里。

"学苏宁金质奖章"获得者和苏宁团官兵在苏宁烈士雕像下庄严宣誓

"苏宁连"连长苏宏宇是毕业于国防科技大学的高材生,他认为"把连队带好,形成战斗力,官兵军事技能练精"就是对苏宁精神最好的传承。

然而,在任职连长前,苏宏宇在政治指导员的位置上。团队实行军政互换,苏宏宇一开始并不适应。2014年带连队参加集团军考核,苏宏宇只考了2分。

"火车跑得快,全凭车头带",连长怎么可以成为全连训练上的短板？苏宏宇下功夫提高军事指挥技能,很快后来居上。去年"雷暴16－13"演习,他参加集团军优秀射击指挥员考核取得满分5分的好成绩,被上级评为"优秀教练员""优秀基层干部",荣立二等功。

和苏宁从未知到先知、门外汉到行家里手的成长经历一样,同样毕业于国防科技大学的大学生干部、苏宁连指导员王宇,尽管是非专业干部,但从全团新排

211

长集训、指挥干部考核、阵地干部考核,每一个第一他都没落下。

"拿再多的第一,实战中检验了才有含金量。"王宇说,"和老参谋长苏宁相比,我们基层干部不要总认为自己离国防现代化这个大命题很远,不仅要把手头上的工作做精做透,还要抬起头看着部队现代化建设的远方。"

王宇介绍,随着部队换装进程的加快,原集团军一级的新装新科目试点先行分到团里10个,其中六七个又分到"苏宁连"。由此,在"苏宁连"图书室,琳琅满目的军事高科技书籍被官兵翻卷了书角,他们还经常光顾团里的"互联网吧",上网查资料。

想、钻、干的劲头不只在"苏宁连",四级军士长、修理所火炮技师赵其杰和苏宁一样,参军入伍前只是一名初中毕业生。

参军入伍到原苏宁所在团后,他深受苏宁说的一句话影响——"我们这一代人不是享受的一代,而是奋斗的一代"。

从一名普通战士到全团、全集团军,乃至全军有名的修理能手,赵其杰有几个叫得响的"硬货":

——火炮通用退弹器,将原来火炮卡弹后需要8—10人至少2小时排除的工作,改编为只需1—2人10分钟就可以处理完毕,不仅把危险系数降到最低,而且适用于多种带伸管发射的装备。这项发明荣获全军科技进步三等奖。

——自行火炮履带更换器,同样将装备履带更换工作5—7人30分钟的工作量,改编为只需1—2人10分钟内完成,安全系数高,且军地履带装备通用。这项发明获得了国家专利。

发明创新是一项艰苦的工作,每一项的创新成果都会经历无数次失败。遇到艰难瓶颈时,他就想到老参谋长——

"想想老参谋长也是学历不高,但他当年的眼光用在现在也不落后,为提高部队战斗力服务,和学历、岗位没有关系,每一名官兵都有责任,我不恐惧,我一定能拿下它。"

赵其杰不仅自身过硬,带的"徒弟"也频频出彩,先后有30多人获得高级技工资格认证,30多人次在原沈阳军区比武中摘冠夺魁。

孙友新介绍,团里在从机械化炮兵向信息化炮兵转型建设中,打破行政和战斗编组限制,按训练编组,把每个专业的尖子任命为课目总教头,牵引全团各个军事训练课目的提高。现在,团的科技含量在整个集团军赫赫有名,为上级机关输送了大批创新型的高科技人才,被评为"全军学习成才活动先进单

"苏宁团"官兵在营区内组织开展战备拉动演练

位""学雷锋学苏宁学习成才标兵单位"等,并先后10次被上级评为"军事训练一级团"。

"当你看到外军指挥系统1秒钟处理几万个数据,指挥战争效率成倍增长,而我军指挥员们还用铅笔在地图上点点时,作为一个中国军人,你不着急吗?"

原苏宁生前所在团政委尹卓岩说,苏宁老参谋长当年述职报告中发出的强有力的呐喊,影响了数代中国军人,特别是激励着我们高举苏宁精神旗帜的"苏宁生前部队"砥砺前行。

英雄徐洪刚的多彩人生

李宣良　梅世雄

【人物小传】徐洪刚，云南省彝良县洛旺乡人，1971年3月出生，1990年12月入伍，1993年7月加入中国共产党。1993年8月17日，徐洪刚探家期满，乘坐长途公共汽车返回部队时，勇斗4名持刀歹徒，被捅了14刀，仍用尽最后的力气追凶。1997年，徐洪刚当选为党的十五大代表，是第十二届全国政协委员。现任中部战区陆军第83集团军某旅副政委。

两年多前，获知自己将升任著名的"铁军"师——原第54集团军某红军师政委时，杨友斌很兴奋，其中一个重要原因就是终于有机会近距离接触"传说中的徐洪刚"了。

2010年至2017年4月，徐洪刚担任这个红军师政治部副主任。今年4月底，他调任新组建的中部战区陆军第83集团军某旅副政委。

2017年5月调任第83集团军政治部副主任的杨友斌说："在那之前，尽管徐洪刚的名头很响，但我还从来没有和他见过面。借用一句网络语言，他就像'神一样的存在'！"

内心充满英雄情结的杨友斌，渴望深入了解那个"神一样的存在"！

还有一个让杨友斌对徐洪刚感兴趣的关键因素，就是入伍30年来，他通过各种途径了解到有不少英雄仅仅昙花一现。

徐洪刚是英雄一时，还是英雄一世？当年，他被捅14刀仍盘肠斗歹徒的豪气来自哪里？舆论热点中的他，哪些是真，哪些是假？

2014年9月，带着一系列疑问，杨友斌就任声名远播的某红军师政委。

铁汉徐洪刚

——勇斗歹徒，被捅 14 刀，肠子流出体外 50 多厘米……

2015 年元旦，徐洪刚第一次陪同杨友斌下部队。

在车上，杨友斌决定查验徐洪刚的伤口，他让徐洪刚脱去上衣，用手指一块一块地细数徐洪刚身上的伤疤。

"太震撼了！"不久前，杨友斌在接受新华社记者采访时回忆说，"我在徐洪刚的胸部、腹部、肩部、腿部看到了刺眼的伤疤，一共 14 块，其中有一块离心脏很近。"

那一刻，自认为泪点很高的杨友斌落泪了。

杨友斌说，每一块伤疤都记录着 24 年前徐洪刚惊天动地的英雄壮举！

1993 年 8 月 17 日，云南省彝良县籍士兵徐洪刚探家期满，乘坐长途公共汽车返回部队。

当汽车途经四川省筠连县巡司镇时，徐洪刚突然遭遇生死考验！

"那天大约上午 10 点钟，车上一名男青年突然站起来，向靠窗坐的一名青年妇女要钱。"坐在后排的徐洪刚把这一切看在眼里。

今年 46 岁的徐洪刚日前接受新华社记者采访时回忆说："青年妇女刚说完'没得'，歹徒就逼过去动手抢手表。另一名同伙上前一把扯开妇女的上衣。"

车上的气氛骤然紧张起来。但没有人敢站出来制止。

危急关头，徐洪刚站起来，大吼一声："住手！不许这样耍横！"

徐洪刚回忆："歹徒被我的突然举动吓住了，但当发现我是一个人时，又满不在乎。"

同伙一边叫喊"揍他！揍他！"，一边冲上来打了徐洪刚两耳光。

与此同时，后面又窜出两名同伙，一名紧紧抱住徐洪刚的腿，一名死死地卡住他的脖子，其中一名拔出匕首朝他胸前猛刺了一刀。

"我感到胸前湿乎乎的，伸手一摸，满手是血。"徐洪刚回忆，"我意识到自己面对的是一伙灭绝人性的亡命之徒。"

徐洪刚回忆："我抬起右手打在一名歹徒的脸上。4 人把我团团围住，轮番用匕首向我身上猛刺。"

顿时，鲜血浸透了徐洪刚的迷彩服，肠子流了出来。"当时只觉得眼冒金星，

英雄

天旋地转。但我紧咬牙关,不让自己倒下。"徐洪刚回忆。

此时,有人大喊:"出人命啦,快停车!"司机急忙刹车!

徐洪刚回忆:"4名歹徒想跳车逃跑。我使出全身力气,一手抱住一名歹徒的腿,一手抓住他的衣服,后因体力不支,被歹徒挣脱,跳窗逃跑了。"

"我当时只有一个念头:就是死也不能让歹徒跑掉!"徐洪刚回忆,"我忍着剧痛,用背心兜着流出的肠子,紧跟着跳下车,用尽最后的力气追去。"

徐洪刚晕死过去!

医生后来告诉徐洪刚,他身中14刀,靠近心脏部位的一刀深达8厘米,肠子流出体外50多厘米⋯⋯历经三次大手术,他才侥幸活下来。

1993年8月,徐洪刚在筠连县医院治疗10天,前来送锦旗、鲜花、食品、慰问信的人数超过5000人次

后来,4名犯罪嫌疑人全部被抓获归案,首犯被判处死刑。

1993年12月,徐洪刚所在部队为他记一等功;济南军区授予他"见义勇为的英雄战士"荣誉称号;1994年2月,团中央命名徐洪刚为"见义勇为青年英雄",并授予"全国新长征突击手"荣誉称号,同年被评为第五届"中国十大杰出青年"。1997年,他当选为党的十五大代表。他目前是第十二届全国政协委员。

徐洪刚的事迹经媒体报道后,在全国产生强烈反响。一时间,徐洪刚的名字,家喻户晓,他成为了那个年代中华大地上标志性的英雄!

成名之后,无论是媒体记者,还是领导、同事和社会各界人士,都反复追问徐洪刚一个问题:"冲上去的那一刻,你当时是怎么想的?"

各种报纸杂志和网络上也有许多"高大上"的回答。

英雄徐洪刚的多彩人生

1994年10月,徐洪刚(中)被济南军区授予"见义勇为的英雄战士"荣誉称号后,战友们纷纷请他签名赠言

对于这一点,徐洪刚对新华社记者说:"当时根本来不及想太多,我的第一反应就是认为这是错误的事情,必须制止!"

军人徐洪刚
——演兵场上苦练本领,救灾现场身先士卒

在古都洛阳,外表儒雅的徐洪刚对新华社记者说:"我是一名军人,这是我的本质!"

熟悉徐洪刚的人都说,他像珍惜生命一样珍惜军人身份!

"我从小就想当兵。"徐洪刚说,他从记事起就受到革命英雄主义的熏陶,比如,父亲曾是一名光荣的解放军战士;长征中,中央红军曾途经他的家乡;著名的罗炳辉将军就出生在彝良县。

更让徐洪刚兴奋不已的是,1990年底入伍时,他竟然到了天下闻名的"铁军"师!

到部队后,徐洪刚给家里发出的第一封信这样写道:"你们不是经常念叨从家门口走过的红军到哪去了吗?我现在就在这个部队当兵!"

这个师是我党掌握的第一支革命武装,被誉为军旗升起、军魂发源的地方,参加过3000多次战斗无一败绩,曾走出中华人民共和国5位元帅、7位大将和300多位上将、中将、少将。"八一"南昌起义,打响武装反抗国民党反动派的第

一枪；1927年9月三湾改编后，毛泽东来到这个师"红一连"，亲自发展6名党员，开创"支部建在连上"先河……

杨友斌说，"铁军"厚重的历史传统，给徐洪刚的兵之初打下深深的铁血豪情烙印！

在新兵连时，"大山里的娃儿"徐洪刚有意识磨炼不怕苦、不怕累、不怕流血、不怕牺牲的意志，表现出了一名优秀士兵的特质。"新兵连第一次打靶，我5发子弹打了47环，是新兵中的最好成绩。"徐洪刚回忆。

成名提干后，初中毕业的徐洪刚自知底子薄，整天铆在训练场苦练，训练成绩大幅提升。

部队换发新装备，徐洪刚很快发现，自己很难适应部队日新月异的现代化步伐。"没有扎实的理论功底和专业知识，仅凭一腔热情是跟不上部队发展的脚步的。"

1999年9月，装步2连指导员徐洪刚如愿进入原解放军南京政治学院学习。此后5年间，他凭着不服输的劲头，以全优成绩完成了本科和硕士研究生的学习。

学成归队后，徐洪刚和战友们一起出色完成了"铁拳－2004"涉外演习、"和平使命－2005"中俄联合军演等多项重大军事任务。

杨友斌发现，尽管徐洪刚满身伤病，但当人民需要时，徐洪刚总是毫不犹豫地挺身而出，如同"铁军"师历史上的先辈们！

1998年长江抗洪抢险，徐洪刚请战到一线。面对荆江大堤青山段的特大险情，他主动请缨担任突击队队长。扛沙袋、填裂缝、堵管涌，带头跳入滔滔洪水，和战友连续奋战36个小时……浑身刀伤的他一遇阴雨天就酸痛难忍，但徐洪刚总能咬牙坚持："作为一名军人，就是倒也要倒在抗洪一线。"

10年后，四川汶川发生特大地震，已是某红军团副政委的徐洪刚受命出征。临行前，他对妻子刘晓莉说："我去灾区了，别为我担心。如果我留在那里，别哭，那是我对人民最好的报答，那是我一生的荣耀！"

徐洪刚回忆，在地震中心映秀镇，他带领239名官兵，每人背着30多千克的给养，3次穿越余震不断的死亡大峡谷，完成搜救幸存者、救助受困群众、掩埋遇难者遗体、运送活动板房等任务。

2015年1月2日，休假回乡的徐洪刚在路过云南省广南县珠琳镇以兔村时，村民陈松祥家房屋起火，着火点与10多户土木结构的房屋紧密相连。

在险情面前，徐洪刚迅速加入扑火队伍。

救灾现场再现英雄身影。面对当地媒体采访,徐洪刚说:"服务人民是军人的本质要求,我的所作所为,只是履行军人的职责而已。"

2017年2月20日徐洪刚(中)与某红军师战士谈心交流

"雷锋"徐洪刚
——扶贫帮困,捐资助学……尽其所能光大雷锋精神

河南省洛阳市天元社区居民王社功、侯庆霞夫妇至今都难以忘怀,就在他们这个苦难的家庭快要走到悬崖边的时候,是徐洪刚拯救了他们。

"我是通过居委会主动找到徐主任的。"王社功回忆,2014年寻求帮助时,他们家几乎快要崩溃了。

2011年,妻子侯庆霞患强直性脊柱炎花费11万元。第二年,王社功又被查出患有白血病。"到2014年时,我们已经负债累累,无处借钱了。"王社功回忆,"当时,我想死的心都有了。"

抱着最后的希望,王社功找到徐洪刚。

"他们最初的方案被我婉言拒绝了。"徐洪刚回忆,"他们说,你们兵多,能不能帮他们在部队推销牙刷,一把牙刷挣一块钱。"

拒绝筹款方案的徐洪刚并没有拒绝对王社功的关心和帮助。作为铁军书画院院长和远近闻名的书法家,他决定精心挑选自己创作的部分书法作品举行义卖活动。

2014年6月28日,第一次义卖筹集善款12万元;2015年2月8日,第二次义卖筹集善款16118元。

如今,在徐洪刚等人的帮助下,王社功已战胜病魔,身体基本康复。

侯庆霞说,自从结识了徐洪刚,一家人再也没有哭过,对生活充满希望!

在许多洛阳市民眼中,徐洪刚几乎可以说是古都洛阳的城市名片,而"雷锋"徐洪刚则是这张名片上的耀眼光环。

从徐洪刚组织的公益活动中受益的远不止王社功家庭。云南鲁甸地震灾区、云南镇雄县乌峰镇王家湾小学及福利院贫困儿童、洛阳市孟津县上河小学、河南省嵩县失学儿童……据不完全统计,全国至少有上千人都曾直接被徐洪刚的爱心温暖。

在杨友斌看来,徐洪刚利用业余时间从事公益事业,不仅带动影响了"铁军"官兵,更是直接影响了他的亲朋好友。

徐洪刚在河南省洛阳市一所小学开展国防教育

"他的妻子刘晓莉从事公益活动的劲头比徐洪刚还足。"杨友斌说。

徐洪刚从事公益活动大都借助于一个叫作"洛阳市'心灵百度'助学济困服务中心"的平台。

2015年初,徐洪刚和妻子刘晓莉等人创建了第一个"心灵百度"公益微信群。如今,"心灵百度"公益微信群和相关公益网站已汇集群员上万人,其中还包括海外华侨和留学生,他们都像徐洪刚那样,尽自己所能光大雷锋精神。

2015年4月4日,"心灵百度"举行第一期一对一帮扶助学活动,杨育菲等

28名来自国家级贫困县嵩县纸房镇的困难儿童得到资助,每人每月200元。

徐洪刚说,类似的助学活动,他们又先后在嵩县大坪乡、栾川县潭头镇、汝阳县等多地成功举行。

共事2年多,杨友斌深刻感受到,雷锋精神已融入徐洪刚的血脉,它和军人的宗旨意识共同构成了徐洪刚永葆英雄本色的源泉。

文人徐洪刚
——出版专著6部,多地举办个人书法展,
成为中国作家协会会员和中国书法家协会会员

徐洪刚(右一)在中国人民解放军铁军书画院以书法作品为媒介向某红军师战友们传递雷锋精神

从一名普通的"铁军"战士到受人崇拜的时代楷模,一个突发事件,让只有初中文化程度的徐洪刚的人生发生巨大转变。

"成名之后,我常常在想,我配得上拥有这么高的荣誉吗?"徐洪刚说,"在鲜花和掌声过后,每当夜深人静之时,我都深深感到自己的不足,觉得自己离人们心中的英雄还有很大差距。"

徐洪刚说,一个重要的标志就是知识和文化修养上的差距。

从此,向文化要战斗力,成为英雄徐洪刚一生的追求。

在原解放军南京政治学院深造的5年里,徐洪刚几乎把全部精力和休息时间都用在了学习上。"同学们给我取了三个外号,分别是自习室的'守夜人',教员们的'关系户','泡'图书馆的'书包族'。"

转变也在悄悄发生。徐洪刚的新闻稿件《政治学院的路灯》被新闻系主任当作范文讲解;诗集《生命的礼赞》《徐洪刚散文集》《我在铁军》等专著相继出版。2007年,他成为了中国作家协会会员。

徐洪刚酷爱书法。经过20多年的不懈努力,他的书法具有了很高造诣,成为远近闻名的书法家。

"书法传'雅'不传'恶'。"徐洪刚说,他创作书法,就是想传播人民军队的光辉形象和正能量。

如今,徐洪刚已成为中国书法家协会会员,其书法作品被几十种书法集收录,多次入选全国全军书画大展,部分作品被人民大会堂和中国人民革命军事博物馆收藏,出版书法专著《隶书章法》。

此外,徐洪刚先后在河南、云南等地举办个人书法展和"学雷锋书法展",大力弘扬社会主义核心价值观。

通过近千个日日夜夜的亲密接触,一个有血有肉、有情有义,有担当、有奉献的徐洪刚形象在杨友斌的心中树立起来。

杨友斌说,徐洪刚骨子里透着真诚和朴实,面对众多荣誉和诱惑,他没有迷失人生的方向,一步一个脚印地走着自己的人生路。

杨友斌说:"'大山之子'徐洪刚的人生轨迹非常励志,如果说人人成为徐洪刚不太现实,但人人都可以学习徐洪刚精神,传播真善美,传递正能量。"

记者手记:"徐洪刚也要学习'徐洪刚'……"

对徐洪刚3天的采访,听到最多的,就是他反复强调:"我不是英雄……""徐洪刚也要学习'徐洪刚'……"

徐洪刚说,他的成长因素既有偶然性又有必然性。"如果当年遇上的不是我,也会出现张洪刚、李洪刚。因为社会需要见义勇为,需要弘扬正气。"

"时代需要徐洪刚式的精神,我也要向报纸、广播、电视、银幕、舞台和网络上的徐洪刚学习,向人们心目中的徐洪刚看齐,徐洪刚也要学习'徐洪刚'!"徐洪刚说。

当然,刚成名那会儿,在鲜花和掌声之中,徐洪刚真有一点飘飘然。

徐洪刚回忆:"1994年11月,在出席第五届'中国十大杰出青年'表彰大会后乘车归队,同车的旅客得知我是徐洪刚,纷纷找我签名合影,我俨然成了车厢里的'大明星'!"

"说实话,当时我是很得意的,有点飘飘然!"徐洪刚说。

就在徐洪刚正陶醉于"明星"待遇之时,旁边一位老人的话深深地刺痛了他。"这位老人说,小伙子,你还年轻,路还很长,还是谦虚点好啊!"

老人的话猛然警醒了徐洪刚。他逐渐意识到,成名不等于成功,荣誉是暂时的,奉献永无止境!

"鲜花和掌声只属于过去,辉煌之后仍然要归于平凡,我还是徐洪刚,永远是普通一兵。"从此,徐洪刚把这句话牢牢地记在了心里。

采访中,记者发现,无论是部队官兵,还是普通百姓,凡是与徐洪刚接触过的人,对他几乎都有同一个评价:好人与好兵!

徐洪刚的人生态度也深深影响着妻儿。

"虽然我父亲身上发生过那样的事迹,但是他也是个普通人,我也是个普通人。"正在军校上大一的儿子徐泽林对记者说,"我不需要在生活中反复强调父亲是个英雄,我和其他同龄的孩子是一样的。"

"经历过生死之后,他有一种大彻大悟的感觉。"热心公益事业的妻子刘晓莉说,"只要活着,能做多少工作就做多少工作,能帮多少人就帮多少人。他帮了别人,别人也帮了他,这是一种非常好的循环。"

方红霄：一颗感恩心　满腔英雄气

王玉山　陈海龙

【人物小传】方红霄，湖南省岳阳市人，1970年出生，中国共产党党员，1990年入伍，历任班长、排长、中队长、大队长、副处长、副支队长、支队长，现任武警云南省总队参谋长，大校警衔。曾荣立二等功1次、三等功4次，是首届"中国武警十大忠诚卫士""中国青年五四奖章"获得者。2009年9月，光荣入选"100位新中国成立以来感动中国人物"。

仿佛是岁月的眷顾，46岁的方红霄依然像年轻时一样英气勃勃。

他短发平头，剑眉朗目，皮肤黝黑，说话时掷地有声，沉默时平静如海。这一切，再配上一身笔挺的绿军装，令其不怒自威，气场逼人。

这是一个被犯罪分子视为"克星"的传奇人物：在昆明火车站执勤7年间，先后查获海洛因、鸦片等毒品45.3千克，各种枪支41支、子弹2000多发，抓获各类违法犯罪嫌疑人1919人。他身上的7处伤疤，每一处都是惊心动魄的生死见证……

这是一个被人民群众深深喜爱的英雄人物：荣获"中国青年五四奖章"、云南省"人民卫士"和首届"中国武警十大忠诚卫士"荣誉称号。1999年，新华社发表长篇通讯《人民的忠诚卫士——方红霄》，使他成为大家学习的榜样。

岁月匆匆，昔日的缉毒英雄如今已是武警云南省总队参谋长，一名正师职领导干部。

回首来路，从普通一兵到大校警官，方红霄最大的感受是：人活着，要有一颗感恩心、一股精气神！

2008年6月9日武警昆明支队副支队长方红霄参加2008年奥运年昆明火炬传递

勇气：直面生死不惧安危

入伍前，方红霄是家乡湖南岳阳的一名养殖专业户，18岁就和父亲一起参加过县里的养殖劳模大会。

1990年，为了入党和转志愿兵，方红霄离开家乡，来到武警云南省总队。

入伍第二年就入了党的方红霄，很快就不满足原来的"小目标"："老兵退伍的时候，拉开抽屉一看，满满的都是军功章。我又立了一个新目标，二等功。"

方红霄入伍前练过散打，来到部队后又参加过武警部队60公斤级散打比赛，在尚武的军营里，这让他对新目标充满信心。

"一拳一个！有次一拳打过去，贩毒分子滑出去好远，断了3根肋骨。"从1993年起，凭着一身硬功夫和舍生忘死的勇气，方红霄开始了在昆明火车站"三品"（易燃、易爆和危险品）检查执勤第一线——这个缉毒缉私、打击犯罪的特殊战场上的战斗。

云南省紧邻世界上最大的毒品集散地"金三角"。20世纪80年代末，一些犯罪团伙企图利用云南特殊的地理位置，在中国大陆打开一条毒品走私的"黄金通道"。

1994年4月的一天，昆明开往广州的列车检票进站。熙熙攘攘的人群中，一高一矮两名青年男子大摇大摆地向检票口走来。方红霄准备检查时,小个子突然"唰"地抽出腰间长刀,从背后向他恶狠狠地砍来——在被袭击的一瞬间,他已经触摸到大个子的腋下藏有毒品。

"我往下一蹲,手就挡了上去,那家伙一刀砍过来,我的小指头就被锯开了。然后,小个子跟大个子两个家伙转头就往火车站的进站口外面跑。我大喊一声,快追,有毒品。"当年那惊险的一幕,方红霄至今难忘。

趁着混乱,两名犯罪嫌疑人夺路而逃。然而,他们没有想到的是,不管如何狂奔,被砍伤的那个武警却如同影子一样始终紧追不舍。

感到绝望的小个子最终被方红霄和战友们逼到隧道里,走投无路,举手投降。

就在小个子被擒获的时候,大个子已经爬到了车站附近一座工地的2层工棚上。方红霄随即跃了上去,激斗中,大个子跳下工棚,随后跳下的方红霄左脚落在一块施工废弃的木板上。

"当时一跳下去就感觉不对,一个钉子扎到我的皮鞋上,把脚底钻通了。我把脚拔出来,还没跑五六步,皮鞋就打滑,里面有血……"看着歹徒逃窜的身影,方红霄一咬牙,用力把脚上的钉子猛然拔出,抓起一把土撒在脚背上,一瘸一拐继续追去……

"我在后面追,他拼命往前跑,最后跳进鱼塘里去了,我扑上去就把他按住了,在水里淹了二三十秒之后才把他拖上来。"这场惊险的追捕战斗持续了近1个小时,从两名犯罪嫌疑人身上共缴获海洛因1800多克。

那一年,方红霄如愿实现了立二等功的目标。

那些年,类似的战斗经常发生。从1993—1999年,在昆明火车站执勤的7年间,方红霄和战友们仅是与犯罪分子面对面搏斗就有几十次。最多的时候,一天就查获8起毒品。在他们的努力下,昆明火车站成了各类犯罪分子的"终点站",毒贩们苦心经营的"黄金通道",最终也成了一条有去无回的不归路。

2010年,方红霄离开省会昆明,就任武警云南省总队曲靖市支队支队长。

"当兵的时候缉毒惊险,在曲靖反恐维稳更惊险,比那个香港大片都危险,都是要命的!"方红霄记得,在一次设伏抓捕盗油团伙的战斗中,一伙亡命徒不顾车辆爆胎,在高速公路上飞速倒车,伺机逃窜,他带领官兵加大油门冲上去,硬生生将歹徒车辆直接撞到护栏上,才将其逼停擒获。

"处置劫匪持枪劫持人质事件时,我们手心里都是汗。他说,怕什么,有我在!"曲靖市支队作训股股长周扬,当时在方红霄部下任作训参谋,"每逢任务,方红霄都是亲自指挥、冲锋在前,既当指挥员又当战斗员。他往那一站,大家心里就有底。"

"别人不敢上的地方,他敢上;别人不敢开枪的时候,他敢开。"曾多次和方红霄一起执行特种勤务任务的曲靖市支队一大队副大队长王文飞说,方红霄来曲靖之后,市公安局才将反劫持任务交给支队,充分体现了对他本人的信任,"几乎每次任务绑匪都有枪,很危险,但他从来没有失手过。"

虎气:直面问题不问得失

初来曲靖,方红霄干了两件"得罪人"的事。

此前,曲靖市支队领导班子闹不团结,导致部队管理较乱,正常的一日生活制度甚至都难以落实。

前三天,方红霄一句话都不说,他在观察。第四天,支队一名副政委因为晚上喝酒,早上睡懒觉不出操。

方红霄命令警卫战士:"把他拖出来!"

等了有10分钟,一肚子不情愿的副政委才拖拖拉拉来到操场上,站在队列前面满脸怒气地瞪着方红霄。

"犯错了还这么嚣张!"方红霄一下子就火了:"你瞪什么啊,你以为自己是谁?!快到队列里去,下不为例……"

不久,支队一名副支队长又撞到了方红霄的"枪口"上。

这是一名比方红霄年龄大的老同志,下基层时违反规定喝酒,被支队政委检查时发现后,狠狠批评了一顿。

"他不高兴了,就给我打电话:'老大,我给你报告一下,刚才政委骂我了……'我说为啥,他说喝酒。"方红霄"啪"的一声就把电话挂了,让人通知他立刻回来,站在办公室里反思,"自己违反规定,还敢在背后搞小动作,挑拨是非,最讨厌这种'两面人'。"

新官上任,方红霄的"两把火"虎虎生威,令支队全体官兵为之一震。

"管理工作是老大难问题。上级给我职务,就是给责任,就要敢于担当,对得起组织和官兵的信任。"方红霄在曲靖市支队工作期间,受益于他的严格要求和人格魅力,班子成员基本上都成长起来。

"他来以前,支队7年没有提拔一个正团职干部。都是守摊子、过日子,年限一到,就再见。"周扬说,作为主官,方红霄敢于拉黑脸,盯着机关抓出操,盯着排头抓管理,逐步把班子成员的心聚拢起来,把部队的士气也提升起来。

除了基础性、经常性的管理工作,方红霄在抓训练——这个部队中心工作上,更是虎气十足。

"年年比武,不是倒数第一,就是倒数第二。"在曲靖市支队工作了10多年的周扬说。

"我来了以后就说,训练考核谁替考,就撤谁的职!全体干部都要写保证书。"方红霄记得,刚来曲靖市支队时,光"大肚子"兵就看到几十个。

"抓训练就是抓战斗力,不能混日子。一旦国家有事,如果训练不过关,战场上是要出人命的,要流血的。"在方红霄带领下,曲靖市支队从上到下,开始了"魔鬼般"的全员训练。

武警云南省总队昆明市支队支队长方红霄到特勤排集训队传授狙击要领

"带兵人都讲究人格魅力,不管什么科目,不管风吹日晒,他都钉在训练场上。支队长都这样了,战士们能不玩命练吗?"王文飞至今记得方红霄的那句"名言":训练比武没有名次,到禁闭室去;有名次,我给你们敲锣打鼓,戴红花。

"我对参加比武的官兵开玩笑说,要是拿不到前三名,就别回来了……"方红霄说,自己不是非要拿名次,而是要荣誉,因为不争荣誉的军人不是合格兵。

当年,曲靖市支队就打了个漂亮的翻身仗,训练成绩突飞猛进,跃升到全总

2016年2月8日武警昆明市支队支队长方红霄到火车站指导春运安保工作

队第二名。此后，连续几年被评为先进支队，大批干部战士立功受奖，提干晋职。

2013年6月，方红霄被提拔为武警昆明市支队支队长，副师职。

"我们俩有个共识，部队要立得住脚，就要靠训练说话。"和方红霄搭班子的昆明市支队政委孙伟明说，"不管哪一级考核，成绩好与差是我们的能力问题，但考风绝对不能出问题，不允许弄虚作假。"

孙伟明说，他们俩上任第一年，支队考核合格率仅37％，第二年就接近70％。"今年有3个训练考核不及格的干部要转业，我说不行，在教导队练及格了才能转业。就是给地方送干部，也要送一个合格优秀的好干部。"

2017年1月，方红霄再次提升，任武警云南省总队参谋长，正师职。

"我这个参谋长干的第一件事还是狠抓训练，严格落实军委总部大抓实战化训练的要求。我在大会上讲，你们搞假的人要注意了，谁玩虚的，别怪我不客气。"方红霄说。

正气：直面人生不愧天地

铁骨铮铮的方红霄，正气凛然。

"这么多年，他从来没有负面新闻。"曲靖市支队2大队大队长汤云峰说，官兵们私下里都叫他方英雄，和他在一起，满满的正能量。

可即便是英雄，方红霄的军旅之路也不是一帆风顺：此前，仅副团、正团两个职级，他就干了12年半。

方红霄说，自己最看不起的就是那些一天到晚琢磨怎么当官的人，"把工作干好是一辈子的，不能只想着自己的'小九九'。要追求工作有多高的标准，为部队、社会作了多大的贡献。"

方红霄的性格深受父亲的影响："他今年72岁了，是一名老党员。我当兵的时候，他就说，你有三兄弟，牺牲你一个，还有两个在家照顾我，听党话，好好干，不要怕。"

方红霄说，老父亲特别讲党性，以前风气不好的时候，他每隔一周、半个月的都会打电话，千叮咛万嘱咐："儿啊，在部队不要想着赚什么钱，都是农民的儿子，从五湖四海来，不容易，咱千万不能收人家的东西。"

"我说你放心，你儿子不是那样的人！"方红霄说，自己是个地道的农家娃，穷习惯了，哪里能干那些送钱收钱的鬼事情。人穷要穷得有骨气，活要活得有良心，"这么做讲大点要对得起组织和党，讲小点要对得起父母和家庭。"

年年岁岁，岁岁年年，父亲的教诲、个人的自律，一身正气的方红霄，始终如罡风劲吹。

"他没有任何乱七八糟的爱好，做事做人都是从工作、从大局出发，干干净净、坦坦荡荡。那几年，昆明支队党委班子空前团结，干部使用上没有一封告状信，应该说离不开方红霄的表率作用。"孙伟明说，"按理说，像他这种'大牌'英雄，我还是从外地调过来的，但他从来没有欺生，做得非常好。不管班子成员哪个单位来的，他就认可你的工作为人。"

"从来没想过捞什么好处放在自己口袋里，不管在哪个岗位上，不吃、不喝、不拿别人的，更不会坑人害人。"方红霄说，"不干坏事，不走夜路，怕什么鬼？哪一个敢请我吃饭……"

不过，"不食人间烟火"的方红霄，也有侠骨柔情的一面。

在曲靖，一名战士比武时骨裂住院，他心疼得掉眼泪。"兵的事，他都记在心里。"王文飞说。

在昆明，许多战士写日记时都喜欢写老方今天提了几个要求、布置了哪些工作。"老方是谁？方红霄啊！"孙伟明说，官兵们都把他当哥一样看。

"一年到头，干部转业安置、家属工作安排、子女上学……本来工作训练就够忙的，他还是想尽一切办法帮忙解决官兵生活中的各种难题。有时候他家属都怪他，你不做天也不会塌下来，为什么啊？"和方红霄一起共事3年4个月零5

武警云南省总队参谋长方红霄到新兵营看望新兵

天,孙伟明对方红霄的了解也一天天加深,"他总是说,党和人民给了我那么多荣誉,应该尽力回报官兵,回报社会。"

一颗感恩心,满腔英雄气。

多年来,英雄方红霄从未以英雄自居,他说,英雄是一个集体的代表,培养造就一个英雄,离不开组织、领导和战友的关心。

他记得,18年前,在被媒体广泛宣传的时候,武警总部一位将军特意把他请到家里,语重心长地说:"千万不要当了英雄,迈步都不知道怎么迈了,要大胆地干、不断地学。"

他希望,自己现在所做的一切,没有辜负组织、首长和同志们的信任与期望!

十九载，抗洪英模永在

曾 涛　陈 曦

【人物小传】李向群，1978年出生，海南省琼山县人，1996年12月参加中国人民解放军，为原广州军区某集团军"塔山守备英雄团"9连1班战士。1998年8月5日，他随部队赴湖北荆州抗洪抢险，14日在抗洪抢险一线光荣加入中国共产党。在公安县南平镇堤段的抗洪保卫战中，他带病坚持抢险，先后4次晕倒在大堤上，终因劳累过度，抢救无效，于1998年8月22日壮烈牺牲，年仅20岁。1999年4月，中央军委授予李向群"新时期英雄战士"荣誉称号。

李向群在1998年抗洪抢险中

在中国人民解放军悬挂挂像的八大英模中，李向群，是最年轻的一位。如果没有牺牲，李向群今年39岁了。

然而，这个世界没有如果，距离1998年那场大洪灾，距离李向群牺牲，已经19年了。

19载时光，在抗洪英模的家人和战友心中，李向群从未走远，永远同在。

"当兵就要入党"

从海口市驱车前往琼山，道路越来越窄，路旁的高楼大厦慢慢换成一片芭蕉林。

1个多小时后，记者到达海口市东山镇

主街。在几番电话沟通后,一位穿着白衬衫的男子骑着电动车来到镇上,给记者带路。

七拐八拐,从一排排拥挤的房子中穿行而过,记者到达了一栋3层小楼前。这里便是李向群的家。

李向群家门口的路,是条狭窄而安静的小巷子。几位穿着的确良衣衫、拖着凉鞋的老人在自家门口的台阶上坐着发呆,几个小孩在小巷里追着一个足球打闹,晾在屋檐下的衣服随风飘动。只有偶尔经过的摩托车,会给这条巷子添些喧嚣。

时光一下子慢了起来。

"这里一两百年都没有变化。"说话的是给记者带路的男子,李向群的父亲李德清。

跟之前在网络上搜索到的照片相比,记者眼前的李德清胖了很多,黑黑的脸上也多了很多褶皱。

李德清已经67岁了。1978年,他28岁的时候,最小的孩子李向群呱呱坠地。当时的李德清,满心地以为,自己的生活正在朝着他预想的方向发展:两儿两女,家庭富裕,生活圆满。

在家人的呵护下,李向群开始了他美好的童年。1982年,父亲李德清搞起了服装加工厂,钱越挣越多,日子越过越红火。

李向群长到十几岁,就到海口市区替父母管理家里的几辆车,小小年纪就能赚不少钱。然而,1995年,在17岁这年,李向群决定要改变自己的生活方式,要按照自己的想法来规划人生——去当兵。

李德清也有些意外,儿子只是看到了当兵休假回来的初中同学帅气的军装而已,为何就铁了心要去参军?

不管怎样,李德清还是非常支持小儿子的这个决定:"孩子有自己的理想就是好事,父母不能去阻止。再就是,我们家依靠党和国家的政策富裕起来了,但不能忘了回报党、回报人民。"

那一年,李向群报了名,却并没如愿——他太瘦了,1.65米的个子,只有78斤。

从军的梦想不能就此破灭。李向群把在海口挣钱的活扔下,回到家中,专心致志干一件事:锻炼,让自己的身体变得越来越壮!

"什么活都不干了,就搞锻炼。"李德清说,从来没见过儿子下这么大的决心。

"第二年终于检上了,要去当兵了,他高兴得很。"李德清清楚地记得,儿子离开家去当兵的日子,是 1996 年 10 月 23 日。

在儿子走之前,李德清语重心长地叮嘱李向群:"当兵是你自己选择的,既然选择了,就要把兵当好,到部队一定要入党!"在这个淳朴的海南老乡眼中,自己能从农民变成小老板,全靠党和政府的政策。

儿子终于如了愿,李德清夫妇心中却多了一份牵挂:部队辛不辛苦,儿子适不适应?随着李向群的一封封信寄回家中,夫妻俩的担心才少了许多,儿子终于长大了。

1997 年,李德清出差到儿子所在部队的驻地桂林。李向群请了假,和父亲在七星岩拍了一张合影,聊了两三个小时,就急匆匆地返回了部队。

谁又能想到,那张照片是父子俩最后的一张合照,李德清说:"当时他说下午单位有一个重要的授课,他不想缺席。"

李向群入伍后在驻地和父亲李德清的合影

向群走后的日子

1998 年那个夏天,在历史的册子上,是中国人民不忍翻开的一页。

那个夏天,在李德清夫妇的人生历程中,是最不能触碰的那个伤口。

那年夏天的开端,在李德清的家里,基调本来是欢乐的。李向群休假回来,一家人其乐融融。

然而，在回家的六七天时间里，李向群天天盯着电视，时时关注着电视上播报的洪水灾情，整天一副"不舒服"的样子："阿爸，桂林发洪水了，部队肯定要去救灾，我想回部队去。"

李德清也没有多想，反正自己儿子水性好。他也帮着儿子收拾行李，为了让儿子尽快赶回部队，他还给儿子买了一张机票。

李向群回到部队参加了桂林的抗洪后，又随部队北上来到湖北省荆州市。长江流域，灾情严重，危在旦夕。

和全国人民一样，李德清一家没有放过长江抗洪的每一条消息，因为儿子李向群，就在那个危险的堤坝上。

1998年8月22日，李德清接到部队的电话：李向群在抗洪中得了重病，住在广州军区武汉总医院。

走南闯北多年的李德清心里隐隐感觉，出大事了！

接到电话后的李德清心里乱作一团，他不知该如何去面对这个意外。一夜无眠，戒烟多年的李德清买了一条烟，一晚上抽了4包。母亲王立琼，则哭了一个通宵。

第二天一早，李德清夫妇赶飞机的时候，当地政府民政部门、武装部等单位的领导都到机场送行，这更让李德清起了疑心，甚至是让他更加肯定了内心的不祥预感。

当飞机抵达武汉，一同抵达的，还有李向群牺牲的噩耗：在连日的抗洪抢险中，李向群带病坚持，先后4次晕倒在大堤上，最终因劳累过度，抢救无效，于8月22日壮烈牺牲。

虽然有足够的心理准备，但当噩耗证实的那一瞬间，李德清夫妇俩还是没法接受。王立琼哭干了眼泪，李德清则是脑子一片空白。

让李德清感到欣慰的是，自己的儿子在8天前火线入了党，终于没有辜负自己的期望。他说："向群是我们家唯一一个共产党员，是全家人的骄傲。"

悲痛尚未散去，李德清夫妇却在思考着：儿子虽然走了，但洪水正在肆虐，抗洪任务还没有完成。

于是，李德清作了一个决定，他要替儿子完成未竟的任务。在征得部队领导同意后，李德清换上了儿子的迷彩服，穿上了写有"李向群"名字的救生衣，再在上面写下了"李德清"三个字。

"洪水都淹到大堤了，哪管得了那么多，反正战士们跑我也跑，他们扛多少沙包我就扛多少沙包。"

在丈夫上堤抢险的两昼夜里,强忍着悲痛的王立琼在儿子连队的临时驻地,默默地为官兵们洗衣服。她把儿子班上战士的脏衣服、脏鞋袜一一洗干净,晒干后又一一叠好。

李向群的父亲李德清(左二)穿上儿子的军装,完成儿子未竟的任务

在这次抗洪救灾中,军民万众一心、众志成城,终于取得了抗洪斗争的伟大胜利。

"为人民战洪魔流芳千古,保大堤献青春英名永存。"28日中午,上万名群众来到南平镇港关中学,送李向群最后一程。

李向群遗体火化后,应灾区群众的要求,李德清把儿子的骨灰安葬在了当地,同时取出一部分,撒入长江。"这里都是他战斗过的地方,希望他能保佑长江不再发洪水。"

1999年,中共中央总书记、国家主席、中央军委主席江泽民签署命令,授予李向群"新时期英雄战士"荣誉称号,并题词:"努力培养和造就更多的李向群式英雄战士"。

"向群是为了自己的理想而牺牲的。他牺牲了,我要保持他的作风,不能给他抹黑。"谈到自己的儿子,李德清的语气中,满是骄傲。

李向群牺牲后的几年里,李德清跟随事迹报告团,去部队、机关、院校,做了多场巡回报告,把儿子的故事传遍大江南北。

十九载，抗洪英模永在

李德清几乎每年都会去儿子生前所在部队，参与部队组织的纪念活动，到连队看望官兵，和他们座谈。

每隔一年，李德清都会回到当年父子俩抗洪的地方，给儿子扫墓，陪儿子聊天。

李德清下半辈子的生活几乎全被小儿子李向群填满。在李德清的名片上，除了职务和联系方式，背面还印着"新时期英雄战士李向群"。

家中二楼一个60多平方米的主屋，是一个荣誉室，里面陈列着李向群从童年到当兵期间的各种照片，以及他牺牲之后，党和国家颁发的各类奖章、证书、锦旗等。

在海口市东山镇，李德清在家中擦拭儿子李向群的烈士证

这个荣誉室是李德清在1999年建起来的。"儿子牺牲之后，很多人来家里看望，但我不知道拿什么给他们看，就建了这个荣誉室。"

荣誉室在2011年又改造过一遍，李德清一点儿也不心疼钱，只要儿子的事迹不被别人忘记就够了。

李德清说，来家里的人不少，尤其是儿子刚牺牲的那几年。收到的锦旗有100多面，来宾签字留言簿三四本，"大家记得向群，我心里很宽慰。"

李向群式的兵

李向群的牺牲，带给所在连队最直接的，是"李向群班"和"李向群连"两个荣誉称号。

然而，对于连队和官兵们来说，英雄李向群赋予的意义，绝不仅仅于此。

"李向群连"现任连长杨加泳，当兵时就在这个连队，提干后又回来了。他一直有个感受,"李向群连"无小事,连队的一举一动都在别人的注视中,"做不好就配不上'李向群连'这个荣誉称号,我们一直在背负压力前行。"

有压力就会有动力。

1997年出生的上等兵李明流,和连队其他9名义务兵组成代表班,代表营到旅里进行单兵战斗动作会操。在训练时,往水泥地上一趴就会擦破皮,于是营里给他们配备了护膝护肘。

但是,不久后李明流他们把护具都扔掉了,"戴着护具影响动作,这样肯定练不好。"

"李向群连"的官兵,不是一般地敢拼。现任指导员李新光,参加半年考核时,在400米障碍赛中从5米高墙上摔下,恰好撞在水壶上。等到他忍痛完成考核,才知道自己的腰椎骨折了。

英雄个人造就英雄集体,英雄集体培养英雄个人。从李向群开始,连队出现了越来越多李向群式的官兵。

旅政委严国正说,"李向群连"的兵有个明显的特征——脸庞黑、伤疤多、老茧厚,"这才是我们高颜值的官兵。"

战士盛森林的老家是湖北鄂州,一座距离当年李向群抗洪牺牲地不远的城市。当他告诉家人自己分到"李向群连"的时候,得到的回答是"更要好好干!"

在去年的半年考核中,他执意带病参加考核,跟着连队跑武装5000米,刚到终点就晕倒在地。醒来后,他以为自己没完成考核,拖了连队的后腿,不停掉眼泪,一个劲儿地说:"连长,对不起!"

在"李向群连"这个集体里,官兵们把荣誉看得比生命还重。

3排长段国宏毕业于国防科技大学,初到连队就被大家的工作标准所震撼:"大事小事都做到完美,不能让连队头顶的荣耀暗淡半分。"在连队,段国宏看到了,也很快学会了搞训练你追我赶,学理论深挖细读,守规矩一分不差,"总之,我们连队一定要做其他单位的示范。"

施国宾是"李向群班"第13任班长。在这个岗位上,他对荣誉有更深刻的感受:"班衰我耻,班兴我荣。班上每个人都只有让'李向群'这张英雄名片越来越闪亮的义务,但绝对没有给英雄、给集体抹黑的资格和权力。"

"带走"李向群

走进李向群生前所在部队,处处都是英雄的影子。

在营区中心广场,坐落着李向群纪念馆。这栋红色砖墙建筑占地面积不大,室内摆满了介绍李向群生平和事迹的展板。

一张张图片、一段段文字,把前来参观的人带回到那段抗洪的岁月。李向群抗洪时穿过的那件橘红色救生衣已经有些发旧了,静静地躺在展览柜内,衣服上"李向群"3个字依然清晰可见。

纪念馆门口,是一尊李向群的半身雕像,底座上镌刻着他的英雄事迹。

从2000年落成以来,每年都有大批党员群众、部队官兵前来参观学习,举行各类纪念活动。

沿着李向群纪念馆一侧的道路走几百米,便到了"李向群连"。在一排整齐而相似的营房中,找到一尊李向群雕像,是迅速找出这个连队的最好办法。

与纪念馆门口的半身雕像不同,连队门口的雕像,是英雄李向群肩扛沙包奋斗在抗洪一线的冲锋姿态。

连队二楼栏杆正中,写着"李向群连"4个鎏金大字。左侧的墙壁上,则挂满了由原四总部、原广州军区等颁发的几十块奖牌:军事训练先进单位、全面建设先进单位……

一楼排房的门口,挂着"李向群班"的巨大标志。走进排房,英雄生前睡过的床铺,还整理得整整齐齐。班上的战士每天晚上睡觉都要把英雄的被子打开,早上起床再替他叠好,就像李向群从未离开一样。

奇峰山下,相思江畔,这支部队在这个公园一般的营区驻扎了40多年。然而,根据军队改革命令,他们要告别桂林,移防至数百公里外的另一座城市。

移防是个大工程。李向群纪念馆怎么办、这几尊雕像怎么搬走?

"李向群连"指导员李新光这段时间一直在思考,从一座城市到另一座城市,从一个营区到另一个营区,如何让"李向群连"依然是"李向群连"。

李向群的床铺要运走,雕像要搬走,各种奖牌、锦旗要带走,连"李向群连"4个大字都要拆下来带走。"这些只是一些面上的工作,还有更多的传统需要我们去坚守。"

用故事集学习英雄事迹,到连史馆感悟英雄精神,在演兵场争当英雄传

战士们在李向群生前的床铺前重温英雄故事

人……近20年来,从英雄个人到英模连队,这个集体以李向群精神为动力,创造了一项又一项佳绩,培养了一批又一批李向群式的先进个人。

"移防不移志,换地不换心。"李新光表示,英雄的"基因"已经注入了每个官兵的血液。他们会把李向群完完整整地"带走",在新的驻地,一如既往地传承英雄精神,永葆连队英雄本色。

在旅政委严国正眼中,移防就是一场战斗:"我们这支部队南征北战80年,逢战必胜、越战越强。面对军改这场战斗,我们必须取得胜利,部队在历经这场战斗后,也会变得更加坚不可摧。"

航天英雄杨利伟

李国利　陈　曦

【人物小传】杨利伟，辽宁省绥中县人。1965年6月出生，1983年6月入伍，1988年9月加入中国共产党。现为中国载人航天工程办公室副主任，少将军衔。

杨利伟1987年毕业于空军第八飞行学院，历任空军航空兵某师飞行员、中队长，曾飞过歼击机、强击机等机型，安全飞行1350小时，被评为一级飞行员，1998年1月正式成为我国首批航天员。2003年10月15日9时，杨利伟乘坐神舟五号载人飞船在酒泉卫星发射中心发射升空后，准确进入预定轨道，成为中国进入太空第一人。2003年11月7日，中共中央、国务院、中央军委授予杨利伟"航天英雄"荣誉称号，并颁发"航天功勋奖章"。

经历21小时23分钟的飞行后，他从太空归来。中华民族千年飞天梦想，一朝梦圆。

2003年的那个金秋，38岁的他成为亿万中国人心目中的英雄，被授予"航天英雄"荣誉称号。

时至今日，他说他仍无法承当这样的褒奖，因为他是代表祖国和人民出征。但他也绝不后悔自己的选择，因为他一直都在努力仰望天空，天空也赋予他更广袤的人生。

他是航天员杨利伟，我国飞天第一人，中国载人航天工程办公室副主任。

2008年8月6日，第一棒火炬手杨利伟在进行传递。当日，北京奥运圣火在北京市传递

英雄有梦

飞机在轰鸣声中起飞,又呼啸着降落跑道。

身穿飞行服,手拎飞行帽,脚蹬飞行靴,飞行员们从飞机里下来,排着队走在平整开阔的机场。

这个神气场景,至今仍反复出现在杨利伟的脑海里。他说:"那时,我对他们可是老崇拜老羡慕啦。"

杨利伟出生在20世纪60年代,成长于20世纪70年代。那是一个崇拜英雄的年代,那是一个崇尚理想的年代。

他的母亲是名中学教师,学校里经常在晚上放露天电影,《铁道游击队》是他最喜欢的一部。刘洪大队长率领游击队员扒火车、跳火车的英雄行为,杨利伟和小伙伴们最喜欢"模仿"。

他们瞒着家人,偷偷溜进火车站,跑到铁道边,快速扒上缓缓进站的火车,在喷出的团团白雾中一个接一个地跳下。"英雄"行为刺激而危险,但他们乐此不疲。

"跳出车厢的那一瞬间,有一种豪迈的英雄气概发自心底。"杨利伟说,那个时候,自己有种强烈的愿望,长大后要当一名火车司机。

不过,这个梦想如同夏日的雷雨,来得急也去得快。

杨利伟的家乡是辽宁省绥中县。县城里有个机场,隶属于海军航空兵。

一次,学校组织到部队进行慰问演出。杨利伟穿着小飞行员服装,和同学们一起表演了名叫《小小飞行员》的集体舞蹈。演出后,他们被邀请去机场看飞机。在那里,他近距离地看见飞机腾空而起,又看见飞机从天而降,还看见飞行员们神气地排着队走过来。

从那以后,飞行员成为杨利伟脑海里挥之不去的英雄形象,空中掠过的飞机轰鸣声则有了别样的味道。后来,机场也成了他最常去的地方。在那里,他有时会尽情地玩旋梯滚轮,有时则会仰望蓝天,许久许久——机场上方的那片天空,自己何时才能够翱翔?

"应该就是在那时候,飞行梦想的种子在心里种下了。"多年以后,杨利伟坐在办公室里这样对记者说,冥冥之中,飞行和蓝天也从那个时候开始,成为他生命中不可或缺的一部分。

机 遇 垂 青

一路小跑到教室门口,急里忙慌地推开门的刹那,上课的铃声"丁零零"响起。喘着粗气出现在门口,踩着铃声进来的杨利伟顿时吸引了满屋子人的目光。

1983年初春的这一天,空军来学校招飞初选面试,杨利伟记得清清楚楚,自己差点迟到。

"这个踩着铃声进来的,看上去身高体重就不错,都够了。"教室里一位看上去是领导的人,打量了杨利伟一下后说。

听到简单的"够了"两个字,心里忐忑不安的杨利伟平添了不少自信,来时路上他一直担心迟到而错过了这场人生机遇。

事实上,自从心里有了成为一名飞行员的想法后,杨利伟就一直在有意无意地做着各种准备——机场上飞行员们使用的所有训练器械,他早已玩遍且应付自如。比如玩旋梯滚轮,别的同学上去几分钟不到就呕吐不停,他则没有一点不适。甚至,他还给自己制订了一个健身计划。

机遇虽说来得毫无预兆,但垂青有准备的人。

"如果说梦想是一片麦田,那付出汗水才能收获饱满的麦粒。"杨利伟说,飞行梦想不是空想,要想实现就需要从一点一滴做起,需要用大量切实可行的计划和行动来支撑。

1983年6月,杨利伟一路通过了层层选拔,在他18岁的时候成为绥中县录取的5名飞行员之一。

20年后,杨利伟首飞太空成功,成为国人敬仰的航天英雄。他的母校绥宁二中改名为利伟高中,他所在的班级被命名为利伟班,修建的杨利伟展览馆成为当地的国防教育基地。

"小时候接受的红色教育,英雄人物的言行举止,给了我一种积极向上的力量。"杨利伟说,种什么籽开什么花结什么果,我们现在的社会仍然需要营造这样的氛围,让孩子们从小在红色教育的熏陶中成长。

生 死 关 头

戴着大红花,杨利伟在家乡父老敲锣打鼓的欢送中,踏上了开往梦想的列车,如愿成为一名飞行学员。

飞行学员和飞行员,虽一字之差,却如隔着万仞大山。杨利伟说,飞行员是个高危职业,飞行之路也是一条残酷的淘汰之路。文化、军事、体能……一项不行,就遭淘汰——停飞。

离开飞行队伍,飞行梦想破灭,这是杨利伟所不能接受的。那几年,他的神经始终是紧绷着的,拼命学、拼命练,所有的努力都是为了一个目标:不停飞。

第1年,他的成绩名列前茅。但队伍中少了20多个战友,包括同一节车厢入伍的2个老乡。

第3年,他放单飞成功。当他第一次独立驾驶飞机在蓝天上惬意飞翔的时候,有的战友已经复员走人了。

第5年,他拿到毕业证书,成绩距离全优只差一门课,这门课距离优秀只差1分。和他一起拿到毕业证书的同年战友,不足当年的1/5。

1987年,他成为空军某师一名强击机飞行员,后来又改飞歼击机。10年间,他从华北到西北,又从西北到西南,祖国的万里蓝天都留下过他矫健的身影。

"从来没有因为身体原因而耽误过一次飞行,我的出勤率是全勤。"杨利伟说。

在日复一日、年复一年的飞行训练中,杨利伟迎来了1992年。这一年对他来说,多事多难。

这年夏天,部队赴新疆执行任务。一天,他驾驶飞机在吐鲁番艾丁湖上空做超低空飞行。

艾丁湖是吐鲁番盆地的最低处,也是我国陆地的最低点。突然,飞机发出一声巨响,仪表显示汽缸温度骤然升高,发动机的转速急剧下降。

坏了! 杨利伟心里一惊,马上就意识到自己遇上了发动机"空中停车"特情。

对正驾机贴着地面高速飞行的杨利伟来说,此时完全可以弃机逃生。生死攸关之际,他并没有慌乱,反而更加冷静,心里只有一个念头:一定要把飞机开回去。

他稳稳地握住操纵杆,慢慢地收油门,驾驶着只剩一个发动机的战机一点点往上爬升、爬升。500米、1000米、1500米……飞机终于越过天山山脉,向着机场飞去,最终平稳降落在跑道上。

飞机转危为安。从机舱出来,他发现衣服早已被汗水浸透。这时,战友们纷纷冲上来高兴地抱着他,激动的师长当场宣布,给他记三等功一次。

与死神擦肩而过的杨利伟心态则很平静,像什么事也没发生过一样,第二天继续参加了飞行训练。

"没有哪个飞行员愿意遭遇危险,但险情更能锻炼自己的意志品质、心理承受能力。"杨利伟说。

沉着冷静的心理素质,不怕牺牲的意志品质,直面生死时的承受能力,这也许就是杨利伟在首次飞天时,长征火箭点火的瞬间仍能保持70多下心率的原因。

通向成功的道路是曲折的。这一年,杨利伟所在的部队被裁撤。留下,需要到新的单位改飞新的机型从头干起;离开,可以去待遇等各方面条件都要强过部队很多的民航公司。不少战友选择了离开,很多人也劝他别飞了。

那段日子,他时常在晚上睡觉的时候做梦,梦中被停飞了,然后突然哭醒。

最终,他还是选择留了下来。"我就是喜欢飞行,热爱飞行,我不想停飞,不想离开部队,不想让自己的梦想就此半途折翼。"杨利伟说,"如果不留下来,肯定就没有以后成为航天员的机会。"

特检过关

就在杨利伟来到位于四川偏僻农村的新单位,又从头开始新机型的飞行训练的时候,他人生中的重要拐点悄然来临。

命运就是这样,在给你关上一道门的时候,一定会为你打开一扇窗。

1992年9月21日,中国载人航天工程启动。4年后,航天员的选拔工作也秘密展开,空军现役战斗机飞行员成为首选对象。

不可否认,在所有的职业当中,只有战斗机飞行员的工作环境和自身素质最接近航天的要求。美国和俄罗斯等航天强国的第一代航天员,也都是从空军飞行员中选拔出来的。

身高、体重、职业、年龄、飞行时间……接到参加航天员选拔的通知后,各方面都符合参选条件的杨利伟,毫不犹豫地报了名。

杨利伟说,这一次他仰望的天空,或许可以从几千米直上几百千米的外太空。

航天员的选拔,比招飞时的难度大了很多。全空军符合条件的约有1500名战斗机飞行员,在报名后的海选中,仅是档案审查,就刷下了近一半人。初选,经过各种仪器从头到脚的全面检查,最终留下来的只剩 1/10。然后,专家把这些人的档案拿去盲审,完全合格的只有 60 个人。

接到去北京参加临床体检的通知后,杨利伟怀着迫切的心情,提前 3 天就来到北京,坐地铁转公交辗转找到空军总医院,护士还和他开玩笑:"你也太积极了吧!"

经过 10 多天的检查,又有 20 人在这一关被淘汰。1996 年 8 月,他来到北京航天医学工程研究所参加"特检",也就是航天生理功能检查。

特殊功能检查,是杨利伟在成为航天员之前遇到的最高难度的选拔,有些项目的难度与航天员的训练难度几乎相当。

"检查的目的,就是看看你是不是具有做航天员所必须具备的航天生理功能。"杨利伟解释说,这种功能是航天员与普通人之间最根本的区别。

比如,要在离心机上飞速旋转,测试受试者胸背向、头盆向的各种超重耐力;要在低压试验舱使受试者上升到 5000 米、1 万米高空测试耐低氧能力;要在旋转座椅和秋千上检查受试者前庭功能;要进行下体负压、立位耐力、心理功能等各种测试……

比如,"万米缺氧低压检查"需要先在舱外吸氧排氮,然后坐到舱里,模仿万米高空低压。当从模拟的万米高度下降时,顺利完成考核的杨利伟心里不由得一阵轻松,下意识地摸了摸头。结果把医生给弄紧张了,下来后忙问他:"你是不是在上面很难受啊?怎么看你摸来摸去的?"

最终,杨利伟顺利地过了一关又一关,临床医学、航天生理功能指标、心理素质测试等都是优秀。

魔 鬼 训 练

"成为航天员是我无尚的光荣,为了负起神圣的使命,我将英勇无畏,不怕牺牲,甘愿为载人航天事业奋斗终生……"

1998 年 1 月 5 日,杨利伟面对鲜艳的五星红旗庄严宣誓,正式成为中国航天员大队中的一员。与他一起宣誓的,还有来自全国各地的另外 13 名战友。

从这一天起,他们成为中国最为神秘的一群人。时至今日,他们当中的少部分人仍然没有被外界所知。

杨利伟说,我国的航天员训练没有经验,理论学习、课目训练等都是从零摸索起步,所以在标准设置上都是从难从严,就高不就低,这让他们吃尽了苦头。

第一阶段是理论学习。《载人航天工程基础》《航天医学基础》《星空识别》……涵盖了载人航天方面知识的30多门课程,每一门都需要学会弄懂。

"白天跟着老师学,晚上加班加点补习知识短板,我和战友们没有在晚上12点之前睡过觉。"杨利伟回忆。

随后进行的航天技能训练,更难更苦,很多项目都是直接挑战人体极限。比如,增强航天员前庭功能的转椅训练,普通人1分钟都难以承受,航天员却要坚持10—15分钟。

离心机训练,是航天员公认的超难项目。游乐场里的过山车,产生的超重最高不过3G,离心机的机械臂高速旋转强度能达到8个G,这相当于要承受自身体重8倍的重力。

"能把人甩得呼吸极度困难甚至意志丧失、出现黑视。"虽然自己的离心机成绩很优秀,但杨利伟仍然很头疼去面对这项训练,"每次,脸上的肌肉都会被甩得变形,眼泪唰唰往外流,腹背犹如承受百斤巨石之压。"

地球上难以模拟出太空的失重状态,失重训练通常是在失重飞机上进行。国外航天员把失重飞机称为"呕吐飞机"。第一次赴俄罗斯进行失重训练,失重飞机在1.5万米高空一个小时里连续飞了10个抛物线,俄方一个助理教练半途就在机舱里吐得一塌糊涂,杨利伟和战友们却紧紧抓住每次抛物线飞行造成的短暂失重状态,高标准完成规定动作和技术操作,从头至尾没有一人呕吐。

"转椅"和"头低位"训练,也是常人难以承受的,可杨利伟依然做得十分出色。一个休息日,妻子回家时发现他一个人在客厅里不停地转圆圈,惊讶地问:"你这是在干什么?"他说:"过两天我们就要做转椅训练考核了,我先刺激刺激自己。"

经历多大的艰难,就会收获多大的幸福;吃过多少苦头,就能体味多少快乐。2003年,在航天员的全部学习训练课目的结业总评中,杨利伟的综合成绩排名第一。

此时,包括杨利伟在内的所有航天员,都完全具备了代表祖国和人民去实现中华民族千年飞天梦想的能力。

首飞梯队

就在杨利伟和战友们没日没夜地训练时,我国相继发射了4艘无人神舟飞船。尤其是神舟三号和神舟四号,是在与载人状态一致的情况下连续发射成功的。

2002年秋,中央决定于次年实施首次载人航天飞行,发射神舟五号载人飞船,实现一名航天员太空飞行一天。

好中选优,强中挑强。经专家组无记名投票,杨利伟以其优秀的训练成绩和综合素质,与翟志刚、聂海胜一起,被选入"首飞梯队"。

此时,距离神舟五号发射只剩下一个月的时间。杨利伟全身心地投入了强化训练之中。

大部分的时间,他都待在了飞船模拟器中。飞船模拟器是在地面等比例真实模拟飞船内环境,对航天员进行航天飞行程序及操作训练的专业技术训练场所。飞船从发射升空到进入轨道,再调姿返回地球,持续时间几十个小时甚至上百个小时,飞行程序指令上千条,操作动作有100多个。舱内的仪表盘红蓝指示灯密密麻麻,各种线路纵横交错,各种设施星罗棋布。要熟悉和掌握它们,并能进行各种操作和故障排除,只有靠反复演练。

在此之前,杨利伟把能找到的舱内设备图和电门图都找来,贴在宿舍墙上,随时默记。他还买了一个摄像机,把座舱内部设备和结构拍录下来,输入电脑,有空就放来看。

杨利伟严肃认真的精神和熟练的技术赢得了教员的称赞。在最后阶段的专业技术考核中,教员为他设置了许多的故障陷阱,他都能很快发现并予以排除。每次考核结束后,教员都要问他:"操作有没有失误?"他总是自信地回答:"没有失误!"

在5次正常飞行程序考试中,他获得了2个99分、3个100分的好成绩,专业技术综合考评排名第一。

飞船起飞后,整流罩将按程序被抛除,航天员在这时可以看到舱窗外的天空。2016年神舟十一号发射升空后,航天员景海鹏和陈冬在整流罩打开后的一段对话就曾引爆网络。

然而在2003年之前,中国人从来没有到过太空,演练时也只能是一种想象中的景况。进行演练时,飞船座舱内的杨利伟忙而不乱地做着各种规定动作。程序到了那个时间节点,指挥大厅里传来杨利伟响亮的报告声:"整流罩抛除,我看到窗外的天空了!"

这个既按照程序又合乎情理的回答,让现场的载人航天工程各系统负责人赞叹不已。

发射前夕,杨利伟来到酒泉卫星发射中心,参加"人、船、箭、地"联合测试演练。此时,他对飞船的飞行程序和操作程序已是倒背如流。他说:"我一闭上眼睛,座舱里所有仪表、电门的位置都能想得清清楚楚。如果遇到特殊情况,我不看手册,也完全能处理好。"

这次合练,杨利伟心里"首飞航天员可能是我"的感觉非常强烈。他回忆说,从整个演练的环节上来看,只有他走的是实程序,都是一比一的设备演练,而翟志刚和聂海胜的演练程序是压缩的。

"但不到最后一刻,不可以有半点松懈。"杨利伟说。

2003年10月14日晚,杨利伟被告之,代表祖国和人民执行中国人的首次太空飞行任务。

一飞冲天

2003年10月15日,酒泉卫星发射中心。寥廓的戈壁滩上空晨星闪烁,黎明的熹微之光映出地平线优美的轮廓。

5时28分,身着乳白色航天服的杨利伟出现在欢送人群的面前。透明防护面罩里,一双眼睛显得格外平静。

在得知自己被确定为首飞航天员之后,他酣睡了5个小时,睡得很香很沉,好像比之前所有的夜晚睡得都踏实。

晨曦中,杨利伟向中国载人航天工程总指挥报告:"我奉命执行首次载人飞行任务,准备完毕,待命出征,请指示。"

"出发!"

此刻,高耸入云的发射架稳稳地拥抱着

2003年10月15日,执行中国首次载人航天飞行任务的航天员杨利伟出发登舱前挥手致意

英雄

58.3 米高的乳白色船箭塔组合体。神舟五号飞船正静静地等待着它的第一位乘客。

6 时 15 分,杨利伟进入飞船座舱。简单的适应后,他开始有条不紊地做起飞前的各项准备工作。此刻,他的心率保持在 76 左右,与平时相比变化不大。

"10、9、8、7……"零号指挥员的倒计时口令响彻发射场上空。

听到"4"的时候,杨利伟下意识地举起了戴着很大的航天服手套的右手,冲着摄像头的方向庄严敬了一个军礼。"这是飞行程序中没有安排的。"他说,"但在那个万众瞩目的神圣时刻,只有敬礼才能表达自己内心的感受。"

"3、2、1……点火!"9 时整,神舟五号飞船在长征二号 F 火箭的托举下腾空而起。

2003 年 10 月 16 日,神舟五号载人飞船在内蒙古主着陆场成功着陆,中国首位航天员杨利伟自主出舱

太空一日

"逃逸塔分离"

"助推器分离"……

火箭在加速上升过程中,杨利伟刚开始感觉良好。但很快,他就遇到了麻烦——火箭开始急剧抖动,产生了共振。

此前,他从来没有进行过这种训练。

"难以承受的痛苦,感觉五脏六腑都要碎了。"杨利伟说,"有一刹那,以为自己要牺牲了。"

　　航天,是风险极高的事业。神舟五号发射之前,美国"哥伦比亚"号航天飞机在返回时发生爆炸解体,7名航天员遇难。巴西的一枚火箭在发射场爆炸……

　　那一刻,杨利伟的脑子非常清醒。坦率地说,他并不害怕牺牲。在出征之前,他早已做好了牺牲生命的心理准备。他担心的是,如果牺牲了,他就无法完成接下来的任务,中国人的飞天梦想又将推迟实现。

　　幸运的是,这种共振状态持续了二三十秒钟后开始慢慢减轻,杨利伟终于从难受的状态解脱了出来。

　　3分20秒,整流罩打开,阳光透过舷窗照射进来,他不由自主地眨巴了一下眼睛。画面实时传回了地面,一直寂静无声的指控大厅突然有人大喊:"快看,他眨眼了,利伟还活着。"

2003年10月15日18时40分,中国培养的第一位航天员杨利伟从太空向世界各国人民问好,并在舱内并列展示了五星红旗和联合国旗

　　杨利伟说,第一次进入太空,很多东西是未知的,是不确定的,这个过程无论是对航天员来讲还是对科研人员来讲,都是一种挑战。

　　但这些不适,很快就被震撼所代替。"火箭和飞船分离的那一刹那,真正意义上的太空失重的感觉出现了,无以言表,非常震撼。"杨利伟说。

　　这时,被牢牢束缚在座椅上的杨利伟,突然感觉自己身体飘起来了。"舱里所有用来系设备的带子都飘起来了,就像潜水时看见晃动的水草一样。"他现在回想起来还很激动地说,他还注意到,飞船里面的灰尘也"噗"的一下全起来了。

英雄

　　束缚带解开,杨利伟想都没想,迫不及待地一下就飘到舷窗那儿,贪婪地看着出现在眼前的太空和地球。

　　在他所撰写的《天地九重》这本书里,杨利伟详细描绘了他从太空看到的地球景象:浩瀚的海洋骄傲地披露着广阔壮观的全貌,我还看到了黄绿相间的陆地,连绵的山脉纵横其间,我看到我们平时所说的天空,大气层中飘浮着片片雪白的云彩,那么轻柔,那么曼妙,在阳光普照下,仿佛贴在地面上一样。海洋、陆地、白云,它们呈现在飞船下面,缓缓驶来,又缓缓离去。

　　"我所能看到的一切,充分表明了中国航天技术的成功。我认为我的心情一定要表达一下。"杨利伟说,于是,他拿出太空笔,在工作日志背面写道:"为了人类的和平与进步,中国人来到了太空。"

　　是的,中国人第一次来到了真正的太空。

　　"这个第一次决不仅仅属于我,它属于我们共同奋斗的航天人,属于每一位炎黄子孙,它属于我们深爱的祖国,属于整个中华民族,甚至属于全人类。"杨利伟说。

　　按照计划,神舟五号飞船太空飞行将近1天,共绕地球14圈,但每一圈经过地球的地方都是不同的。杨利伟说,由于当时没有中继卫星等,每一圈只能与地面联系约20分钟。"所以,在与地面无法联系的时间里,除了工作,我就抓紧一切时机反复看太空拍地球。"

　　"然后就是在舱内体验,你得吃三顿饭吧,你得喝水吧,你得睡觉吧……这些地面上的日常生活在太空变成了任务,必须都要体验体验,看看与地面到底有什么不一样的地方。"杨利伟说,为了回去让战友能够看到自己在上面是怎么工作的,他还费了半天劲儿用胶带把DV机粘在前仪表板上开启自拍模式。

　　10月16日凌晨,杨利伟接到了返航的指令。做好返回的一切准备后,他冲着舷窗外的太空挥手告别:再见了,太空!

英雄凯旋

　　2003年10月16日6时23分,神舟五号飞船返回舱降落在内蒙古阿木古郎草原腹地,距离理论落点不到5000米。

　　经历21小时23分钟的飞行后,杨利伟从天上归来。中华民族千年飞天梦想,一朝梦圆。

这一时刻，与天安门广场升国旗的时间基本吻合。

这一时刻，黎明的草原沸腾起来，直升机在天空轰鸣，搜寻车在草原上奔驰……

飞船落地后的时候倾倒了，杨利伟感到嘴上一麻，有液体流出来。"嘴唇磕破了。"他回忆说，但他顾不上止血，打开信号发射器向指挥部报告，"我是神舟五号，我已安全着陆！"

当时，杨利伟是头冲下，脚朝上，身体被压到座椅上。报告完后，他才把束缚带解开，一用力翻了下来。过了几分钟，他隐约听见外面有人喊叫的声音，手电的光从舷窗上模糊地照过来。他知道：搜救人员来了。

被挑选为航天员后的数年间，杨利伟和战友们一直过着隐姓埋名的生活，不是学习就是训练，生活半径不出北京航天城。确定为首飞航天员后，他所有的心思也都放在了如何完成任务上面。在太空遨游的时候，他更未想过自己回来后会受到这么多人的关注，自己会这么出名。

"我一出舱，整个人傻了，为啥傻了呢？没想到有那么多人。"杨利伟对出舱时的热闹场景记忆犹新，"人老多了，哪儿哪儿都是人，有牧民，有记者，有武警战士，有公安干警，还有搜救人员。"

"我没事儿，甭扶我。"杨利伟谢绝医护人员的搀扶自主出舱，随即被人海包围起来。

看着这个欢迎的热闹场面，杨利伟内心也是非常高兴。虽然离开地球只有短短的 1 天，他却兴奋得像久历漂泊终返故乡的游子一样，向身边欢呼的人们不停地挥手示意。

这时，人群中不知是谁大喊了一声："杨利伟，你说句话啊。"

杨利伟脱口而出："我为祖国感到骄傲！"

"在那个场合，那个时候，只有这句话能代表我的真实想法。"杨利伟说，"这是我生命中最伟大一天，更是祖国历史上辉煌的一页。"

春播一粒粟，秋收万颗种。太空一往返，中华五千年。

2003 年 11 月 7 日，中共中央、国务院、中央军委在人民大会堂举行庆祝我国首次载人航天飞行圆满成功大会。会上，杨利伟被授予"航天英雄"荣誉称号。

时至今日，杨利伟仍说，"航天英雄"不是一个人，而是代表着一个群体。

他说，他后来才知道，飞船入轨之后，发射场的零号指挥员如释重负，一下子瘫在座椅上。

英雄

2003年10月16日，航天英雄杨利伟返回北京后被高高举起

他说，他进入太空后，很多为航天事业奋斗了一辈子的老专家，哭得稀里哗啦，像个孩子一样。

他说，直到火箭发射的最后1秒，翟志刚和聂海胜作为首飞梯队的一员，作为飞行任务的备份，仍在做着随时飞行的准备。

他说，直到今天，他的战友中还有一些人从未执行过飞天任务。他们现在都50多岁了，把人生最美好的青春都献给了载人航天事业。如今，有的退出了航天员队伍，有的仍在默默参加着严格的训练。

他说，载人航天是万人一杆枪的事业，他首飞的背后浸透了几十年来几代航天人的心血。

"他们，都是航天英雄。"杨利伟说，他们身上体现出来的精神，就是对英雄主义最好的诠释，"当前社会尤其需要发扬这种精神。"

导弹司令
——追记"忠诚履行使命的模范指挥员"杨业功

张选杰　李兵峰　王　瑶

【人物小传】杨业功，1945年出生，1963年8月从湖北省应城县入伍，1966年2月加入中国共产党，历任班长、排长、参谋、作训处长、旅长、基地副参谋长、副司令员、司令员等职。他是我军新型指挥员的杰出代表，2004年7月因积劳成疾，倒在军事斗争准备的战斗岗位上，年仅59岁。先后被中央军委追授"忠诚履行使命的模范指挥员"荣誉称号，被中组部追授"全国优秀共产党员"。

中华人民共和国新型导弹部队的建设者、原第二炮兵某基地司令员杨业功少将

将军已经远离人间，将军精神没有消失。

2017年清明节前，坐落在安徽黄山脚下的杨业功纪念馆，迎来了一位拄着拐杖的老人，在一张张照片、一个个视频面前久久驻足，老泪纵横。

这位来自外地的老人说，12年前，这位中华人民共和国将军通过报纸、电视走进了普通老百姓的心里，从此自己记住了这样一位导弹司令——他为了国家的和平和安宁，在中国战略导弹部队进入跨越式发展的新阶段，潜心砺剑、呕心沥血、作风严谨、一生清廉，用40余年的军旅生涯，把生命的每一分热都献给了热爱的导弹事业，将生命定格在59岁……

"爸爸一直说，要在还能走动的时候，来看看杨司令，今天终于得偿所愿。"陪伴在这位老人身边的人这样说。

前几天，一群刚刚学完导弹专业基础的新兵，分配到了南国密林的导弹发射分队，看到俱乐部悬挂的8位英模挂像时，一名大学生士兵说自己记住了这位"忠诚履行使命的模范指挥员"的面孔——他的双眸冷峻深邃，眺望天疆，身后飞腾起的大国长缨，划出了一道美丽的曲线，那是导弹司令描绘的打赢蓝图，也是为中华人民共和国铸就的和平盾牌……

"我期待着自己早日走上导弹号位，有一天能够亲手按下发射按钮，将导弹送上蓝天。"这名新兵说。

政声人去后，民意闲谈中。让我们再次走进南国深山的导弹劲旅，去追寻导弹司令杨业功的足迹。

使命重如山

12年前的2005年9月3日，杨业功先进事迹报告团走进将军的家乡湖北省应城县，为他的家乡人民做报告。这改变了一个青年学子的命运。

杨志当时是湖北县应城一中的一名高三学生。正是懵懂之时的他，聆听完报告会后，被视使命比生命还重要的导弹司令深深感动，当即作出了一个决定：报考军校，要成为像他一样的英雄火箭兵。

2006年，他以优异的成绩考入第二炮兵工程学院，加入了壮阔的战略导弹方阵。4年后，他毕业来到了杨业功生前所在部队。

如今，黑黑脸庞、精明干练的杨志，已经成长为某导弹旅一个阵管分队的政治指导员，如他所在的分队营院里那棵大树一样，在山沟里深深地扎下了根。

"我守护的阵地都是杨业功司令员亲自规划筹建的。"一转眼，杨志已经在这里待了7年，他习惯了每天与大山为伍、与长剑为伴。

斯人已逝，长剑倚天。虽然已经离开了10多年，但是导弹司令杨业功的足迹，仍然镌刻在一支支导弹劲旅上。

杨志所在的导弹旅，是21世纪初，在杨业功的亲自筹划下组建起来的。

为了让这个旅尽快形成战斗力，从每个导弹发射阵地的选建，到导弹武器的列装，再到部队的训练演练，杨业功都倾注了大量的心血和汗水。直到他的生命进入倒计时之际，他还时刻惦记着这支部队的发展。

2004年6月9日，已经病入膏肓的杨业功，从昏迷中醒过来，就给导弹旅旅长陈楚华打电话，询问旅里达标考核的情况，叮嘱他一定要把工作做细致。

不久，杨业功又进入了昏迷。3天之后的7月2日凌晨3时，杨业功怀着对导弹部队深深的眷恋离开了人世。

就在当年，这个导弹旅全体官兵用优异的考核成绩，告慰已经远行的导弹司令杨业功。

带着杨业功的希冀，这支导弹旅一路负重前行。去年，他们成功地发射了第100枚导弹，还先后开创了夜暗连续突击、整旅整营发射和集群突击等先河。在全军作战能力集中检验评估中，全旅官兵以全优的成绩通过了战斗力建设的全面大考。

杨业功经常说"只有在和平时期把训练推进到极限，战时才能应付自如"，他总是以"与时间赛跑"的紧迫感抓战备、搞训练。

今天，这个导弹旅牢记使命任务，把时刻准备亮剑作为永远保持的姿态。

1996年8月，驻地发生洪涝灾害，杨业功（左二）率领部队清理淤泥

一个凌晨，一阵暴雨过后的南国大山，山谷中漆黑幽静一片，穿着大衣仍然觉得阵阵寒意。

越野车沿着崎岖的山路跑了1个多小时，通过了数道警戒线，转过一道大弯后终于停了下来。这时，听到路边传来低沉的发动机声音，走近一看，才见到几名号手穿着厚厚的防护服，在夜暗条件下，全副武装地正在起竖一枚导弹。

"像这样的演练，一晚上至少要搞三个波次，到早晨5点多才能结束。"发射4营营长陈晓剑对记者说。

"正如杨司令以前要求的，只有平时练强了，打起仗时才能强。"一辆导弹战

车下，1995年入伍的二级军士长曹海根，正带领自己的作战单元进入了发射倒计时。

这名优秀的导弹号手，始终忘不了与杨业功的两次见面的情景。

一次是在2001年。当时曹海根和部队正在执行一次演习任务。"演兵场上看见杨司令，身材不高、精神矍铄，讲话时简短铿锵，匆忙的脚步中仿佛带着风。"曹海根说，"感觉在他的眼里，没有什么比使命担当更重要，他是一心想打赢、谋打赢的军人标杆。"

的确，杨业功就是把党的事业和部队建设看得高于一切，把履行使命、不负重托看得比生命还重。

还有一次是两年过后的2003年夏天。作为发射号手的曹海根，在某演习场执行实弹发射任务。导弹发射的前几天，杨业功来操作场地，检查训练情况。

"司令披着一件大衣，风尘仆仆，但是精神状态特别好。"曹海根回忆说，"他说很想念大家，让大家好好训练，发射时打出好成绩，后来我们才知道，其实那时他身体已经不太好了。一个将军为了部队连命都不顾了，作为士兵更应以他为榜样。"

那一年，面临走留选择的他，毫不犹豫地选择了留下。这些年来，也遇到一些困难，"可一想到杨司令，我再也没有起过离开部队的念头。"曹海根这样说。

他现在是发射2营的士官长。这名老兵每天和新兵一样，出操训练、操作导弹。他的妻子说："海根有时休假在家，只要连续待上几天，就有点魂不守舍，想回部队。"

曹海根所在发射2营的许多官兵都说，想想杨业功直到病危临终前，想的仍是"何日请缨提锐旅，决战决胜伏强魔"，自己更要一门心思琢磨好打仗的事。这个营由于执行重大任务出色，荣立了集体一等功。

火箭军某基地领导对记者说，杨业功将军时刻把履行使命当作毕生最高追求的精神，早已融入了基地部队和全体官兵的血脉之中。

备战紧如弦

在杨业功生前所在的导弹基地，许多官兵都说，在杨业功的心头，准备打仗这根弦时刻紧绷着。

2005年，当兵已经第5年的某导弹旅士官王勇，准备到了年底就退伍回家。可是，当他听了杨业功事迹报告会后，感触很深："我要像杨司令那样，在部队干出一番事业来，否则就是个可耻的逃兵。"他最后坚定了在部队长干的决心。

就在当年，他刻苦训练，在全旅的比武竞赛中获得第一名。后来又提了干，现在成了一名发射连连长。

王勇说："在杨司令的心里，装的都是打仗的事。"他也一直将杨业功的一句名言——"军人不思打仗就是失职"记在心间，带领自己的连队不断前行。

1997年3月杨业功在国防大学进行标图作业训练

不论什么时候，杨业功都痛恨"假把式""花架子"，要求部队不能有任何虚假的东西，否则就要在战场上吃败仗。如今，在某导弹旅上上下下都一直贯彻"严上严，实打实"的作风，在打仗训练上不容半点虚风。

有一个连队，大部分官兵都外出驻训了，只留了8个人留守。有一次，旅里搞拉动，要求将连队物资进行装载演练。这8名官兵硬是加班加点，按照整连的标准，一件物资不差、一样东西不少按时完成了装载任务。

当年有一次在演习中，各项工作准备就绪，按要求发射车在进场准备时必须提前定位。有一个指挥员认为是演习，没必要那么较真，就随意目测了一下。杨业功问："精确吗？"指挥员回答说："差不多。"听到这，杨业功质问："差不多是差多少？马上重测，必须绝对精确！"

如今，"差不多是差多少"这个叩问一直在这支导弹部队回响。某导弹旅四级军士长琚红平说，平时训练中，大家也总是以此为鉴，占领阵地的时候，战车定位差一点都不行，动作不达标坚决不能过，采集作战数据时，总是精确到小数点后几位才肯罢休。

当年，新型导弹部队组建后，杨业功所在基地新建阵地分布在许多点上。从勘察到验收，杨业功都拿着丈量仪器一个一个地过，稍有偏差，就要返工。

这种按实战要求严上加严的态度对部队官兵产生了潜移默化的影响。今天，在某导弹旅，即使是在自己组织的年中考核中，也是自我加压，精心设置难局、危局和险局，采取多个营考一个营的方式，拿着"放大镜"逐个发射单元、逐个发射号手找问题、找短板,直到解决了所有问题才收兵。

杨业功为了打胜仗敢于冒风险。2000年,有一支部队提出一个安全风险比较大的训练计划。杨业功得知后,当即表态:"只要有利于战斗力的提高,就要大胆地干,决不能为保安全降低训练标准。作为一支部队,在提高战斗力上消极保安全,对于国家来说就是最大的不安全。"

这也一直警醒导弹部队的官兵,提醒他们在训练中动真格、不畏风险。这几年,为了在未来战争中"以快制胜",某导弹旅官兵大胆提出,要对导弹发射流程进行优化,尽量缩短发射时间。

这是个自我"找碴""加压"的过程。经过科学实践,最后探索出新的发射流程,比原来缩短了1/4的时间。但是,他们并没有满足,又继续改进,又缩短了1/6的时间。为了提升战斗力,他们还积极推进减员操作,也取得了很好的效果。

导弹武器精密昂贵,训练难度大,为了提升战斗力,杨业功亲自参与研发了"缩比弹",解决了制约部队核心能力提升的瓶颈。

某导弹旅以此为标杆,研制出一大批创新成果,大大提升了部队训练效能。导弹瞄准号手过不过硬是发射能否成功的关键,为此,他们研制出一套瞄准训练模拟器材,大大提高了训练效能,使这个岗位的号手培养周期缩短了不少。

筹建我军第一支新型导弹旅、新型导弹部队首次实弹发射……杨业功脑子里装满了部队训练打仗的事,总是寝不安席、食不甘味,经常说:"战争离我们并不遥远。"

某导弹旅官兵也时刻保持危机感,在战斗力建设上,一直用苛刻的标准来要求,常态化开展实战化对抗训练,通过激烈对抗比拼,磨砺锻造部队的作战硬功。

记者在某导弹旅演练中看到,导弹发射场演练火热异常。"大战"在即,发射场突然"风起云涌""号手阵亡""装备故障"等10多个特情课目连续不断。

在旅导演部不按"套路"出牌,不按"脚本"唱戏的情况下,指挥大厅的人都为参加演练的导弹营捏一把汗:他们能不能抓住宝贵的"发射窗口"?能不能准确命中目标?

瞬间,一条条来自"中军帐"的应对指令,源源不断传至导弹阵地。不多时,只见多个发射单元迅即出击,难题被一一破解,导弹战车顺利占领阵地,发射号手有条不紊顺利操作。

1999年,国庆50周年大阅兵,作为第二炮兵受阅导弹方队的方队长,杨业功带领 4 个威武的导弹方阵气势恢弘地通过天安门广场，接受祖国和人民的检阅。杨业功曾回顾那一刻的感觉：旁边一切的声音都没有了。

16 年后的 2015 年 9 月 3 日，在天安门广场，由杨业功生前所在部队组成的常规导弹第一方队，在沈国强少将的率领下，受阅官兵和两型导弹武器威风凛凛地通过天安门，全场观众报以热烈的掌声。

"牢记我军宗旨，坚决听党指挥。一声令下，万箭齐发；断然出手，决战决胜……"杨业功为部队写的这首军歌，还在官兵中传唱。

为了祖国的和平和安宁，一支支导弹部队时刻准备着。

国庆 50 周年阅兵前，杨业功在阅兵村留影

人生清如水

北京八宝山革命公墓，杨业功的遗像前，经常能看到有人献上的鲜花和祭品。一位悼念者说："杨将军一生清贫如洗，值得世人敬仰。"

黄山学院学生参观杨业功纪念馆

每天,杨业功纪念馆都会迎来一批又一批前来参观的人群,几名讲解员每天忙个不停,嗓子常常都给讲哑了。馆长罗勇说:"杨业功纪念馆自从2012年开馆以来,已经接待了150多万人次。"

记者见到杨业功纪念馆的门前,悬挂了"学生思想政治教育基地""廉政教育基地"等近20块军内外的牌匾,这里已经成为开展理想信念教育、社会主义核心价值观培育、爱国主义教育等基地。

一名地方领导参观杨业功纪念馆时,站在等比例复原的将军旧居前,深有感触地说:"杨业功是一名廉将,一生清风正气。将军在门楣贴上'携礼莫入',分明是他给自己划定的一道防线,杨业功就是一面镜子、一把尺子,需要我们经常对着照一照、量一量,找准差距,改正不足。"

在杨业功的军大衣、水壶和方便面"三件宝"前,在小饭桌、搪瓷碗、自制小台灯前,面对一件件实物,一些前来参观的领导干部久久回味。

有的人说:"杨业功一件腈纶秋衣穿了18年,一只搪瓷碗用了30年,睡的床是用4个大箱子拼成的。他是一个真正的共产党人,生活上低要求,作风上高标准,物质生活淡泊如水,精神追求高洁如松。"

"杨业功纪念馆是理想信念的'营养剂',为共产党人提供精神之钙。"一名地方领导干部参观纪念馆,深切感受杨业功的高尚情怀,在留言簿上这样写道。

已经过去14年了,但某导弹旅发射1营营士官长李志锋一直忘不了一件事。2003年"非典"疫情期间,当时部队野外驻训,一名战士感冒发烧,他所在的整个分队被隔离。

杨业功知道后,只做了简单的防护措施,来到官兵身边,和官兵们一一握手、谈话,让大家安心度过观察期,早日重返训练,"司令没有一点架子,我第一次感觉到和将军原来那么近。"

某导弹旅2营教导员盖云生说,杨业功司令员一直倡导的和谐交往风气,给每一名官兵做出了表率。直到现在,大家都在效仿。

"不拿士兵的一包土特产,不侵占官兵的一分钱……"盖云生当了营领导后,也将这些硬规矩作为风气建设的遵循,在全营营造出清风正气。

杨业功经常说"少说空话,多想办法,多干实事,多出成绩。"某导弹旅政委刘仁喜说,很多年来,旅党委都一直以此为准绳,每年想尽办法为战士办实事、解烦忧,每年承诺为基层办的10件实事,件件都要答复,从不落空。

刘仁喜说,杨业功任基地司令员时,要求各级都要树立选人用人的鲜明导向。如今，全旅官兵晋升、立功等敏感事务，都是用自己的成绩说话，每年的立功受奖都严格按照程序办，最后在全旅公示，没有任何官兵提过异议。

在旅里，要想当分队主官，全凭实绩能力，必须经过上岗资格认证，然后参加全旅竞岗，最后上任的官兵无人有异议。

刘倩是某导弹旅通信营的一名女战士，她说："杨司令常自称为'清贫的富翁'，经常救济贫困学生，帮助困难群众，这些也教育我自己，一定要成为一个高尚的人。"

2016年6月，她休假在家时，刚好江苏盐城发生了特大暴雨、龙卷风，她主动邀请在家的几个战友一起去当义工，帮助受灾的老百姓，受到了当地群众的好评。

直到当地政府给旅里寄来了锦旗，发来感谢信，这件事情才被战友们知道。后来，她走上了全旅优秀党员事迹报告会。"我做的还远不够，将军永远是我看齐的榜样。"刘倩说。

将军已经远行，将军没有远走。

坚定前行　唯有信仰
——独臂将军丁晓兵的"广西时间"

王玉山　李国闯

【人物小传】丁晓兵，1965年9月出生于安徽省合肥市，1983年10月入伍，现任武警广西总队政委、党委书记，武警少将警衔。

1984年，他在一次边境军事行动中负伤，失去右臂，荣立一等功并获得为他特设的第101枚"全国优秀边陲儿女"金质奖章；被评为"中国武警十大忠诚卫士"，被国务院、中央军委授予"保持英雄本色的忠诚卫士"荣誉称号；2007年，当选党的十七大代表；2008年，当选十一届全国人大代表；2009年，当选"100位新中国成立后为国防和军队建设作出贡献、具有重大影响的先进模范人物"和"100位新中国成立以来感动中国人物"。

2017年4月22日晚，一阵熟悉的旋律过后，守候在电视机前的人们在《新闻联播》中，看到了一位与众不同的将军：

21日，中共中央总书记、国家主席、中央军委主席习近平在广西调研时视察南部战区陆军机关，接见驻广西部队师以上领导干部、驻南宁部队团级单位主官和南部战区陆军机关正团职干部，听取南部战区陆军工作情况汇报，并发表重要讲话。

当大家鼓掌欢迎时，他静静站立；习近平走到他跟前和他握手时，他先用左手致军礼，而后习近平紧紧握住他的左手，关切地询问他的情况，与他亲切交谈。

这位中国现役军人中唯一用左手敬礼的将军，就是武警广西总队政委丁晓兵。

1984年，丁晓兵在一次边境军事行动中负伤，失去右臂，荣立一等功并获得为他特设的第101枚"全国优秀边陲儿女"金质奖章；2013年12月，丁晓兵任武

在广西南宁市某部营区，武警广西总队政委丁晓兵给基层官兵上党课

警广西总队政委、党委书记，一年后，他与另外17名武警部队警官一起晋升为武警少将。

30年前，英雄不惜生命捍卫和平；30年后，将军枕戈待旦履行使命。

英雄不曾远去，将军已经出发。丁晓兵的"广西时间"，正在进行……

立革为标，一切向战斗力聚焦

3年前，丁晓兵换办公椅的一件小事，令广西总队宣传处处长王丹记忆犹新："丁政委到任第一天，我去汇报工作，正好看见他在办公室让人换椅子。一开始，我还以为椅子出了什么问题。他说，这种软绵绵的老板椅不是我坐的，也不该是军人坐的，硬板椅坐起来才稳当提神。"

或许王丹不知道的是，类似的场景12年前就曾出现过。

2005年，在江苏武警某部任团政委的丁晓兵，出差到南昌。几个退伍多年的老兵知道后，执意要与他见上一面叙叙旧。席间，老兵们带着久别重逢的喜悦，争相嚷嚷着拿酒敬他。他当即板起脸："喝什么酒，唱连歌！不要以为离开部队就忘记了自己当过兵。5班长，你带头，让大家找找回连队的感觉……"结果，唱得个个热泪盈眶。

多年来，这些生活中看似不起眼的细节，折射的却是丁晓兵戎马生涯的一贯作风：只要当过兵，一辈子都是个军人。军人就要有军人的样子，心里时刻装着部队、装着战斗力。

丁晓兵（前左）在无锡市太湖边凤凰山窝里的一个连队当指导员时，与官兵们在训练间歇互动游戏

"2013年年底，总队召开第一次党委扩大会议，丁晓兵报告的题目是《一切工作向战斗力聚焦用力》。"总队组织处处长王清洁说，他一来就立起一个鲜明导向，牢固树立战斗力这个唯一的根本的标准，提出要把提升战斗力作为部队建设的第一尺度、党委工作的第一要务、各级领导的第一责任、物资经费的第一投向、官兵争夺的第一奖牌。

王清洁回忆，丁晓兵到广西总队工作后召开的第一次会议，散会后，大家纷纷起身准备走，只有他坐在那里一动不动。

"我说好像少了什么吧？结果大家又回来了。少了报告！"丁晓兵说，军中立草为标，任何地点、任何事情，都要有标准、有规范，"一切工作向战斗力聚焦，并不是突发奇想。我是参过战、有过生死经历的人。部队如果丢掉了作风，失去了战斗力，其他都无从谈起。"

"丁政委到来宾市支队检查时，眼睛足足盯了我十几秒钟才说，这就是你带的部队……虽然语气不重，可那一刻，让人心里发毛。"时任来宾市支队政委何方礼告诉记者，丁晓兵当时看到中队工具房物品摆放凌乱，就向他们讲过去老兵的传统，每次劳动后都会把工具擦洗得锃亮，有的还给工具上油防锈；当看到中队长把包裹随意放在战备库房里，他批评教育大家，立规矩的人首先要守规矩。"他走一路，讲一路，满满的正能量，让人又爱又怕。"何方礼说。

担负处突反恐维稳重任的直属支队,在武警广西总队有着特殊的作用和地位。支队政委蒲翔宇形容,它是总队党委的底牌,只能赢,不能输。

"2016年5月,支队承担的武警部队战备工作集训示范任务进入攻坚阶段,标准高、要求严,总部和总队几十个首长都铆在支队。面对这个历史性的任务,工作开展不力的时候,丁政委对我说,搞不好,你这20多年兵就白当了!……压力山大啊!旁边给我们施工的地方工程队老总都说,你们这个领导怎么一点情面都不留……"蒲翔宇笑笑说,自己一躺下就会做噩梦的,也就那段时间。

这次集训,不仅承担着带动武警部队战备建设体系发展、为全部队做示范的重任,也是丁晓兵上任后,总队党委提出"在强军新征程中奋力向武警部队第一方阵迈进"奋斗目标后的第一次重大任务牵引。各级的高度关注,官兵的殷切期望,让丁晓兵责无旁贷。

"那段时间,他打来电话的次数,比我们向他汇报的还多。他说,这是他来得最多、最挂念的一个支队。"蒲翔宇记得,当支队圆满完成示范任务,又把标兵支队的牌子拿回来时,丁晓兵激动地握着他的手,眼眶湿润,久久不放……

"他一心想着怎么完成好任务,提高部队的战斗力。大家的苦累,他看在眼里,疼在心里。他那个握手的动作,很简单,却最走心。那一瞬间,我心底压了很久的'弹簧'一下子蹦了出来,眼泪夺眶而出。"感动之余的蒲翔宇,颇有些"吹牛"地说,"支队现在和雪豹突击队比武也差不了多少,四川总队的特警队,前段时间我回老家休假时专门看了看,也不是我们的'一盆菜'。"

喜欢历史的丁晓兵,每次看到中国近代史都会感到一种切肤刺骨的痛。

"八国联军入侵,偌大的中国,每人吐口唾沫就能淹死他们,可竟然没有一点抵抗。尽管有装备方面的问题,但和一支军队的战斗精神、信念信仰有着直接关系。"丁晓兵说,有一次看《军人生来为战胜》时,自己眼泪都流出来了。

广西武警总队司令员王强也曾和丁晓兵一样,30年前奉命赴云南边境参战。相似的经历,让两人增添了许多共同语言。

"一起回忆往事时,他讲得最多的一句话就是:当兵打仗天经地义,武艺不精不是军人。"王强说,历史的教训,肩上的使命,让丁晓兵大抓部队战斗力建设的意识,旗帜鲜明。

在广西南部山区，武警广西总队政委丁晓兵（右三）率部参加冬季野营拉练，在无名高地组织红蓝对抗演练中判定地形、部署战法

治虚打假，在解决问题中不断进步

说起部队前些年接二连三出现的弄虚作假之事，北海市支队政委谭鸿鹰就气不打一处来，说到激动处，还情不自禁地撸起袖子，像在和谁吵架。

此前，谭鸿鹰任总队司令部办公室主任，多次陪同丁晓兵下部队检查调研。2017年初才到支队任政委。

"2014年初，检查防城港市支队，丁政委问能不能经得起看，支队参谋长当场拍胸脯，说绝对没问题。乍一看，面上确实很光鲜，尤其是一些材料和表格，整理得很规范，字迹也很工整。这时候，丁政委要求把中队工作笔记和党小组记录本拿过来，一边看一边问战士是哪个党小组的，第一个不知道，懵了！第二个知道党小组，可不知道参加过什么会，搞教育时授课人是谁也不清楚！……一个个漂亮的本子后面，水分一大把。"

几天后，丁晓兵一行又来到南宁市支队。

"他和中队干部谈心：'指导员，中队有几名党团员？'指导员张口就来：'报告首长，党员17名，团员25名。''司务长，中队交了多少伙食费？'司务长不加思索：'报告首长，总共交了875块4毛8。'理直气壮，有零有整，可丁晓兵拿来表格一看，没有一项对得上……这帮人真可以，说谎话脸不红、气不喘。"谭鸿鹰无奈地说,"丁政委开玩笑说,我们是打假队,白天走、干、讲,晚上读、写、想,想尽一切办法把部队方方面面的水分挤出去。"

"就像折子戏一样,净干一些自己糊弄自己的事情。"丁晓兵十分痛心地说,假教育掏空的是官兵的思想,假会议掏空的是各级组织,假训练掏空的是部队战斗力,规范化造假掏空的是部队的基础。

生气归生气,通过多次调研,丁晓兵也清醒地意识到:问题虽然出现在基层,但根子在一线指挥部。

"上级来检查总喜欢看本子,一个中队就要准备上百本资料汇编,摆一桌子。翻都翻不完,怎么指导基层?"蒲翔宇说,当时一个普遍现象是,上上下下都在琢磨怎么应付检查,如何搞好接待,没有把精力放在排查隐患、纠治问题上。

在充分调研的基础上,2014年,广西总队党委先后研究制定了以"打假求真、治虚务实、治粗增效、治庸提气、治偏正向、治乱化瘀"为主要内容的《广西总队开展"一打五治"活动实施意见》和以"跟勤、跟训、跟课、跟会、跟餐、跟事,帮建支部、帮理思路、帮带干部、帮抓骨干、帮解难题"为主要内容的《广西总队一线指挥部"六跟五帮"实施办法》,重拳出击,猛药去疴。

"成绩不讲跑不了,问题不讲不得了。每个人都希望得到上级肯定和表扬,可是如果上级只讲好话不指问题,光戴花不除刺,只击鼓不排雷,就容易让人产生盲目乐观,迟早被那些问题给害了。"丁晓兵说,部队建设只有在揭露问题、解决问题中才能不断发展进步。

为了让各级领导干部进一步领会总队党委的决策意图,丁晓兵在大会小会上没少"唠叨":不要老是在田埂上转悠,要脱鞋下田,踩到泥里,才知道水深水浅;要弯腰低头,薅草扶苗;要挤干工作中的水分,解决问题要打七寸……

"他一遍遍不厌其烦地给基层中队的惯性思维敲警钟,也一天天倒逼着一线指挥部树立起问题导向。"王清洁说,"他的话不仅接地气,'杀伤力'也更大。"

"很多人不高兴了,受不了。还有人打匿名电话向我表达情绪,说管得太多太严,不近人情。"丁晓兵不为所动,作为一个在战场上死过一回的人,他常想,一辈子很短,干不了多少事,浑浑噩噩一辈子,拼一拼也是一辈子,"在面对一些危机困局或重大挑战时,还真要有一股子把自己给豁出去的劲才成。"

据统计,近3年来,广西总队先后录像播报了25起"造假"问题,通报了24名干部不参训、不组勤、不上课等情况,叫停了3起"面子"工程,公开批评了5名支队主官,责令3个支队党委因弄虚作假向总队写出书面检查,并"约谈"了2名

旅级支队主官。

"宽是害、严是爱,丁政委对部队的严,是一种深沉的爱……"总队司令员王强说,现在总队之所以能取得这样好的发展态势,与丁晓兵这些年坚持治虚打假、精确指导有着直接关系。

党管干部,领导干部首先要带头干

这几年,凡是和丁晓兵一起下过部队的人都熟悉他的"工作模式":第一天,直奔班排,实地调研,了解实情;第二天,检查机关,干部谈心,揭短亮丑;第三天,开民主生活会,真刀真枪,见筋见骨。

2014年6月,丁晓兵到百色市支队检查"三严三实"教育情况后,组织支队党委班子成员召开民主生活会。

"会上,支队政委进行自我批评,讲着讲着泣不成声,几名常委作剖析发言也眼含热泪……我就纳闷,都40多岁的人了,是什么能让他们这样当众掉泪?"时任总队政治部副主任黄汉京没多问,第二天早上才知道,丁晓兵昨晚与支队班子成员促膝长谈到深夜2点多钟。

"支队政委觉得来到革命老区百色这个地方,当了5年政委,本应该像驻守在延安、井冈山等地方的兄弟单位一样,好好地运用红色文化资源把部队建设搞上去,自己却只求稳不求进,几年来政绩平平,感到非常愧疚。"黄汉京说。

3天后,黄汉京陪同丁晓兵来到柳州市支队检查。

"见了支队刘政委,我私下里告诉他百色支队政委开会开哭了,让他有个思想准备。他就笑,民主生活会还能开哭,是不是作秀啊?"黄汉京记得,丁晓兵那次和他一直谈到凌晨三四点,"第二天他见到我,有些不好意思地说,没想到自己也哭了。以前身上有些官气,对官兵关心少,动不动就训人骂人,导致支队风气不好,现在终于找到根源了。"

令黄汉京倍感意外的是,那一次,平日里严肃刚强的丁晓兵也流泪了。

原来,在民主生活会上,支队参谋长向金国讲,自己的父亲是一名老党员,去年从老家来柳州住院做手术时,支队派人去看望,递上了5000元慰问金,可老人坚决不收,说这是部队的钱,要用在部队建设上。后来,支队就把这笔钱交给了向金国。

"向金国哽咽着说,直到民主生活会召开前不久,他父亲去世时他都没及时把这笔钱还上,遗憾终生。他觉得在父亲的境界面前,自己的私心太重了……当时,整个支队党委班子听了都哭了,丁政委也泪流满面。"黄汉京感慨地说,那一次人人掏心窝子的民主生活会,拨动了心弦,启发了大家的党性自觉。

"党的初心是要牺牲自我成全大家。作为一名共产党员,为了心中的理想,为天下计、为国家计,无话不可对党言!"丁晓兵记得,当年在前线时有个不成文的规定:各种危险任务,都是党员"优先"。入伍刚满一年的他,为了争取一次潜伏抓捕任务,拿匕首刺破手指,用鲜血在靶纸的背面写下了自己第一份入党申请书:敬爱的党支部,我坚决要求参加这次战斗,打头阵,当尖兵,请党组织在战斗中考验我。

党管干部,既需要民主生活会这样的"心灵大扫除",也离不开党小组会这样的"思想小扫除"。

"他一来广西就要求领导干部必须以普通党员身份参加党小组会。当时机关有个别同志很不理解,说他太较真,开这些会也解决不了什么问题,是浪费时间。因为大家都很忙,工作还干不完,现在每个月又要'浪费'一个下午开党小组会。"广西总队副参谋长韦庆和如实向丁晓兵反映了大家的意见和想法。

1991年,在江苏,解放军某部连指导员丁晓兵与青年学生在一起

"他问我,中国最缺什么?我说缺很多啊;他说不,最缺信仰!"韦庆和记得,那天,丁晓兵充满激情地说,有时候去地方参加会议,唱国歌的时候,竟然全场鸦雀无声。刚开始只有他一个人在那不管不顾地大声唱,后来边上的人被他感染才慢慢都跟着唱了起来……信仰不是光靠学习和教育就有的,而是靠以上率下、模范带头做出来的。不管别人信不信、烦不烦,我们领导干部先自己带头干。

丁晓兵参加总队机要处的党小组会。会上,他准备充分,言辞诚恳,既谈自己学习习主席重要讲话的理解和感受,也讲对照党员标准自己还有哪些不足和差距,以及下一步如何改进,并恳请大家批评监督……

"不仅提高了理论认知,还促进了工作开展,大家都说,开一次这样的会比参加一次学习、上一次党课还管用。"广西总队副政委龙文成说,丁晓兵把一个"小小"的党小组会开得那么好,令所有人感到震撼。

春来秋往,寒暑交替,丁晓兵的"广西时间"悄然间已走过1000多个日夜。

闲暇之余,丁晓兵有个习惯,经常到驻地的烈士陵园走一走、看一看,有时一待就是几个小时。

"共产党人为何奋斗,为谁牺牲?想明白这些,就不再有困惑了。"丁晓兵说,墓碑无言,却给了最好的答案,"坚定前行,唯有信仰!"

奋飞！沿着"734"的航线

刘永华　韩松豫　王德思

【机组名片】2008年5月31日，参加汶川抗震救灾的成都军区某陆航旅特级飞行员邱光华和他的734机组——副驾驶李月、空勤机械师王怀远、空勤机械师陈林、物资装卸和地面警戒员张鹏，前往四川省理县执行救灾任务，遭遇天气突变，飞机失联。近万名部队官兵经过11天的艰苦搜寻，终于在峡谷密林中找到直升机残骸，5位烈士永远地留在了他们抗震救灾的第64次飞行中。2008年6月，中央军委主席签署通令，给邱光华追记一等功。原成都军区给李月、王怀远、陈林、张鹏追记一等功。

2008年5月31日13时，参加汶川抗震救灾的51岁特级飞行员邱光华和他的734机组——27岁的副驾驶李月，47岁的空勤机械师王怀远，28岁的空勤机械师陈林，23岁的物资装卸和地面警戒员张鹏，前往理县执行救灾任务。

这是他们第64次飞向地震灾区。之前的63次，他们飞遍了汶川、茂县、理县以及卧龙、映秀、耿达、青川、北川、平武、安县等灾区，先后运送救灾物资25.8吨，运送各类救援人员87人，转移受灾群众234名。

当日下午，直升机在返航途中，遭遇天气突变，不幸失事……雄鹰一样的5位勇士，就这样永远地融入了川西北的青山之中。

"呼叫734！呼叫734！"

2008年5月12日14时28分，一股巨大的力量撕裂汶川。顷刻间，天摇地动，山河失色……

集结，集结！疾进，疾进！人民子弟兵紧急出动，以最快的速度奔赴灾区。

作为陆军重要的空中突击力量，原成都军区某陆航团震后第3分钟就启动应急预案；

第30分钟，所有直升机进入待飞状态；第118分钟，2架直升机升空飞向震中……

邱光华原本不在救灾人员的名单上。按照飞行员管理的有关规定，还有11个月，他就将到龄停飞——而他的老家就在重灾区。邱光华却主动请缨：这一带地形复杂，我经验比较丰富，应该到最前线去，而且，我还能多带带年轻同志，让他们尽快成长起来。

"每一回飞行，都是与死神擦肩而过。"曾在汶川执行过飞行任务的飞行员彭德意说。

在高山峡谷中贴着峰壁飞行，在毫无回旋空间的狭窄江边寻找降落点，在山头间蜘蛛网一样的高压线间杂技般穿越，在陡然变化的强烈气流中颠簸……拐弯、拉升、降落，飞行员的每个动作只有一次机会。

窄窄的山谷中，一股突然袭来的强气流，一团突然飘来的云，一根看不见的高压线，一处变形凸出的山体，都有可能给飞行中的直升机猝不及防的致命一击。

彭德意记得，部队投入抗震救灾以来，邱光华几乎每天都要提醒大家："沟里风向变化太快，一定要注意高度……"

5月31日12时，接到团长余志荣命令——运送10名防疫专家前往理县，当天已经执行了2个架次飞行任务的机长邱光华和副驾驶李月、机械师陈林立即作飞行准备。得知机上还缺一名空勤机械师，正在午休的王怀远一跃而起。快要起飞时，这些天来一直在帮各机组装卸物资的士官张鹏也上了直升机。

5名闻令而动的英雄，没有犹豫，就像地震发生时他们的第一反应——请战！请战！

如同此前的63次飞行一样，当邱光华机组飞向地震灾区时，人们安静地等待着，等待他们带回伤员和一大堆替灾区群众报平安的纸条。

然而——这一次，同时执行任务的4架直升机遭遇极端天气变化，两架迫降在映秀，一架飞回了成都，由邱光华驾驶的尾号为734的直升机与指挥部失去了联系。

"天气变化太快，恐怕不行……"在邱光华机组失联前，另一名特级飞行员多么秀曾在空中与他通话。这也是邱光华留给这个世界的最后一句话。

多么秀回忆说,那天的天气真是太差了,突然出现的云团很大,云底都有 1800 米到 1900 米高,必须拉升到 2200 米以上才能钻出云团。当他拉高时,又下起了雨,为预防万一,直升机打开防冰系统,然后加大马力上升,一直升到 2600 米才看清航线。

原成都军区司令部陆航处处长陈格辉是邱光华的战友,他判断,邱光华有丰富的飞行经验,如果直升机的机械有故障,飞行员会在第一时间报告,所以失联不可能是人为原因,天气突变导致事故的可能性很大。

陈格辉的话如一块巨大的石头,压在每个人心上。

"呼叫 734!呼叫 734!听到请回答!"部队运用各种通信手段联系机组,不断呼叫。

从中午到深夜,一连 10 多个小时里,一直没有回应。

"734,你在哪里?"

搜救,从直升机失联那一刻就开始了。

5 月 31 日 14 时 56 分,邱光华驾驶的编号为 734 的直升机与地面失去联系。15 时 45 分,联合搜救指挥组成立。

6 月 1 日,出动人员 8000 多人、直升机 20 个架次,在银杏乡至映秀镇展开拉网式搜救;

6 月 2 日,出动人员 1400 多人、直升机 25 个架次,对疑似区域展开重点搜救;

……

6 月 9 日,出动人员 9400 多人及各型飞机和飞行器 7 架、水上搜救装备 2 台,对映秀镇西北侧高地进行重点搜寻排查;

……

11 天时间里,军地先后投入近 10 万人次、各类飞机和飞行器 100 多架次,在汶川县城至映秀镇的山谷间,直升机和地面部队拉开了一张天地搜救的大网。从党和国家领导人到参加救援的普通官兵,从远在海外的华侨华人到四川地震灾区的干部群众,都在为机上人员的安全牵肠挂肚:"734,你在哪里?"

"实在是太难了",执行空中搜救任务的 752 号直升机机长杨磊回忆说,"盯

着看,眼珠子都快掉出来了。"

一架小小的、涂着迷彩的直升机,没入原始森林,就像一滴水汇入大海。

由于失事地点位于山区,除了部分滑坡地带外,大部分地区仍然被茂密的原始森林所覆盖。失事的这架734号直升机恰恰涂的是便于伪装的迷彩色,仅凭借肉眼的观察,很难发现目标。

搜救直升机在搜救中,风险非常大。峡谷细长,周边的山峰海拔都在2000米以上,直升机遭遇紧急情况,没有足够的空间爬升拉高,调头返航的回旋空间也很小。峡谷的气候变化太快,有时候飞得好好的,突然就飘来一朵云,直升机就像一头扎进雪堆里一样,什么都看不见。

在地面,上万人参加的搜救行动进行得同样艰难。有人在漩口镇赵公山附近发现疑似直升机残骸的反光碎片,搜救官兵立即对赵公山实施拉网式搜索。有人说曾在麻溪一带听到爆炸声。官兵们立即连夜从小路赶往麻溪。坡陡林密,道路泥泞,部队在暴雨中搜救,费尽全力搜索却毫无进展。

失事区域河流纵横、湖泊众多,直升机会不会坠落到水里?搜救部队迅速对失事区域内的水域展开搜索。

紫坪铺水库大坝上,水陆工程侦察车对水库展开全方位侦察。在显示屏上,浑浊的湖水变成了一片透明,可是偌大的湖底一无所获;

在岷江岸边,搜救人员对几万米长的河流进行了河床断面扫描,没有获得丝毫进展;在地震形成的一个个堰塞湖边,官兵们冒险进行投锚拖拽,可是每次拉上的都是失望……

6月10日10时55分,历经千辛万苦,失事的734号直升机残骸终于在峡谷密林中被找到,机上人员全部遇难。

生死飞行,英雄无悔。5位英雄永远地留在了他们的第64次飞行中。

英勇的734机组

734,是一架20世纪90年代初装备部队的米-171直升机。把这批飞机从厂家接飞回国的,正是邱光华。

1957年4月出生的邱光华,有着5800小时的飞行经历,是我国培养的第一代少数民族飞行员,先后荣立二等功2次、三等功4次。

在陆航团年轻飞行员眼中,作为四种气象飞行指挥员的邱光华不仅是全大队最年长者,也是经验最丰富、技术超一流的飞行员。

他们清楚地记得,1999年10月,当接到把遇险台胞接出贵州山区的命令后,是邱光华冒着细雨在没有航线的高原上开辟出了一条新航线;

他们难以忘记,在2000年的一次军事演习中,是邱光华以高超的战术动作震惊全场……

他们永远铭记,当一家直升机公司用丰厚的年薪邀请他加盟时,邱光华拒绝说:"我从山里走出来不容易,要珍惜党和人民给的荣誉。"

在汶川地震中,家中房屋被毁,年近80岁的父母住进窝棚——这是地震发生5天之后,邱光华才得知的消息。

其实,从大地震发生当天起,邱光华就曾多次飞过家乡上空。一次抢运伤员时,机降点距家不足800米,在等待升空的间隙,他仍然没有离机回家。

当直升机飞越满目疮痍的故乡,邱光华的眼中是否有泪?当他的机组从灾区接出一批又一批伤员,他是否在人群中寻找过白发的双亲?

这一切,我们已经无从知晓了。

但我们知道,邱光华所在的陆航团,包括团长在内,7名飞行员的家都在重灾区。他们无暇顾及亲人,无法顾及危险,因为前方,有战士必赴的使命。

或许只有当过飞行员的人,才能理解他们对于蓝天的向往。

王怀远曾经是歼击机飞行员,后因身体不适导致停飞。从地面机械师到空勤机械师,不放弃梦想的王怀远重回蓝天,带出了一批为飞行员护航的年轻机械师。

1985年底,西藏墨脱发生严重雪灾,部队派出4架直升机参加抢险。

在这次救灾行动中,运输机把一架"黑鹰"空运到西藏。负责拆卸和组装工作的王怀远,和同事们一起仅用了4个小时就完成了直升机的组装。在冰天雪地中,为了保持电瓶的温度,他把自己的衣服脱下来盖住设备,边吸氧边操作……

团里的年轻人对王怀远又爱又怕。平时,兄长一般的他喜欢跟大家一起聊天。可一到停机坪,谁开个玩笑,他都要干涉。

他说,我严格要求,是对战友们的生命负责!

28岁的陈林,2001年从军校毕业后短短4年就通过考核,从地面机械师成为空勤机械师,是同批技术人员中第一个"提空"的。

每一次飞行结束,他都要爬进密不通风的尾梁,仔细检查每一个部件。他所在的中队,机务维护水平一直走在全团前列。

邱光华 　　　　　　　　王怀远 　　　　　　　　陈林

李月 　　　　　　　　张鹏

  1980年出生的李月，是陆航团年轻飞行员中的佼佼者。作为家中的独子，李月2008年年初刚领了结婚证。小两口有一个心愿：等部队任务不紧张时，举行旅游结婚。不想，这却成为永远无法兑现的承诺。

  张鹏，1984年出生，二级士官。在这次抗震救灾中，已被支部列为党员发展对象,他提出了一个让人难以拒绝的请求:请党组织在抗震救灾的战场上考察我!他每天在机场连续工作时间 12 小时以上,参与装卸救灾物资 170 架次……

若没有这场突如其来的事故,这该是一个多么优秀的组合!

2008 年 6 月 14 日,中央军委主席胡锦涛签署通令,给邱光华同志追记一等功。原成都军区给李月、王怀远、陈林、张鹏同志追记一等功。

"734 机组是我们永远的骄傲"

每一次旋翼轰鸣,都意味着希望来临。

每一次云中穿梭,都有生命得到拯救。

"734 机组是我们永远的骄傲!"邱光华的战友们说,战鹰虽折翅,但更多的战鹰擦干泪水,沿着他们的生命航迹继续不停地飞!飞!飞!

在余震中起航,在峡谷中穿行,在雨雾中降落——汶川抗震救灾中,这个陆航团承担了最艰巨、最紧迫、最重要的抢运伤员、输送物资、投送兵力等任务,创造了多个第一:第一个出动直升机勘察灾情;第一个从空中抵达汶川、茂县、映秀、北川等重灾区;第一个将食品、药品送到群众手中;第一个从灾区运回伤员;第一个搭载通信小分队飞抵汶川;第一个将通信设备运抵灾区。

他们先后出动直升机 1848 架次,飞行 1542 小时,成功救出伤员 1126 人,运送食品、药品等急救物资 619 吨,转运被困群众 2171 人,救援部队在直升机的协助下走进了全部 40 个重灾区的 405 个村社。

如今,这支被授予"抗震救灾英雄陆航团"的英雄团队,已经升格为西部战区陆军某陆航旅。

"我们 30 多年的历史,简单到用'急、难、险、重'4 个字就可以概括。"飞行大队长部学强说。

在该旅的历史上,哪一次执行任务不是这样的义无反顾?

1985 年底,墨脱发生严重雪灾。驾驶着刚刚装备部队的新机种,飞行员连直升机的性能还未完全掌握,就飞进了雪域高原。

1993 年的汉源大火中,直升机载着 13 名被烧伤的消防官兵,在雨中沿着大渡河超低空飞行。耳边,是此起彼伏的爆炸声;眼前,是弥漫于高山峡谷里的浓烟。

2005 年,四川巴塘兵站站长杨通建,一名在川藏线上服役 19 年的老兵突发脑出血。抢运杨通建的直升机,在贡嘎雪山等几座 5000 米以上的大山之间,完

成了一次超越极限的飞行。

2013年,四川芦山发生7.0级强烈地震。灾情就是命令,在前方航线、灾情、气象条件都不明朗的情况下,救援直升机直上云霄,实现了在芦山县城以及灾情最严重的龙门乡、宝胜乡、太平镇的首次着陆。

2014年,云南省鲁甸县发生6.5级强烈地震。危急时刻,该旅2架直升机冒雨挺进震中龙头山镇开辟"空中生命通道"。"神兵"天降,让灾区群众激动不已……

而今,在汶川地震9年后,人们走进成都凤凰山直升机机场时,门口的条幅依然醒目:不忘人民养育恩,为了人民敢献身!

那是邱光华和他的战友们许下的铿锵誓言。

听，渤海湾有风吹过来
——追记海军某舰载航空兵部队一级飞行员张超

梅常伟　王　瑶

【人物小传】张超，1986年8月生，中国共产党党员，生前系海军某舰载航空兵部队一级飞行员。2016年4月27日，张超驾驶歼－15飞机进行陆基模拟着舰训练时，飞机接地后突发电传故障，机头急剧大幅上仰。危急关头，他果断处置，首先选择推杆全力挽救战机，直至飞机几乎垂直于地面才被迫跳伞，错过跳伞最有利时机，坠地受重伤，经抢救无效壮烈牺牲，用4.4秒的生死一搏，谱写了激荡海天的人生壮歌。

转眼，他已经走了一年。

渤海湾的春天来得迟。他走的时候，营区里的花木叶子还没长齐，晨昏时分，海风吹在身上冷冷的。

可对他来说，不拘什么季节，只要能飞行，便是好天气了。

他热爱飞行。祖国东北的这片天空，是他梦起飞的地方，也是他梦陨落的地方。

2016年4月27日，张超驾驶的舰载战斗机在进行陆基模拟着舰接地时，突发电传故障。危急关头，他果断处置，尽最大努力保住战机，推杆无效、被迫跳伞，坠地受重伤，经抢救无效而壮烈牺牲。

他走后，人们每每看到歼-15飞机，总会想起那张阳光帅气的青春脸庞，总会想起他那近在咫尺却再也无法实现的上舰梦想。

心碎着的、思念着的、努力着的，都融入渤海湾的风里，化作来自远方又奔向远方的消息……

英雄

海军某舰载航空兵部队一级飞行员张超

一

听,渤海湾有风吹过来——那是梦圆的胜利。

2016年8月中旬,张超牺牲后4个月,与他同批选调到舰载航空兵部队的飞行员艾群,驾驶歼-15飞机成功在辽宁舰完成阻拦着舰和滑跃起飞考核,并通过航母飞行资质认证。

爬下舷梯,飞行员艾群拿出随身携带的手电筒,郑重地向人们展示。

"这是张超的。"艾群说。作为室友,他用这种特殊的方式,帮张超圆了上舰的梦想。

如果没有发生意外,再有3个飞行日,张超就能完成剩下的训练任务,跟艾群一样顺利上舰。

与陆基飞行相比,舰载飞行面临的最大难题是着舰有效区域仅长36米、宽25米,必须把调整飞行的战机着陆误差控制在前后不超过12米、左右不超过2米,才能使飞机尾钩顺利挂住阻拦索,实现安全着舰。

飞行员需要通过数百次的陆基模拟起降训练,才能熟练掌握。而张超的着舰飞行技术一直很出色。

12时59分,张超驾驶117号歼-15飞机进入着"舰"航线。跑道上的中心相机,把战机着陆的画面实时传到飞行员休息室。

"对中很好!""真棒!"那是当天飞行训练的最后一次降落,飞行员们心情放松地说着笑着议论着,等着张超回来。

后轮触地、前轮触地、滑行……117号战机稳稳落地,那片被称作"黑区"的模拟航母飞行甲板上,又叠上了3道漆黑的轮胎擦痕。

海上有风吹过来,跑道不远处,红白相间的风口袋轻轻飘动着。

塔台下的一间办公室内,某舰载航空兵部队的部队长戴明盟、参谋长张叶正在商议第二天的飞行计划。

一切看上去都是那么正常而平静。

然而,战机刚刚滑行了2秒钟,无线电里突然传来语音报警:"117电传故障,检查操纵故障信号!"

塔台、着舰指挥工作站、飞行员休息室……所有人的心都揪了起来,大家都知道,电传故障,是歼-15飞机最高等级的故障,一旦发生,系统会自动报警,并在无线电中广播;一旦发生,意味着飞机失去控制。

那一刻,是12时59分11.6秒。

紧跟着报警声,战机的机头一下子抬了起来,在不到2秒钟的时间内,机体与地面接近垂直!

"跳伞!跳伞!跳伞!"飞行指挥员徐爱平对着无线电大喊。

几乎同时,火箭弹射座椅穿破座舱盖,"砰"的一声射向空中……

那一刻,是12时59分16秒。

但由于弹射高度太低,角度不好,主伞无法打开,座椅也没有分离,从空中重重落下,在草地上砸出一道深深的痕迹。

救护人员迅速赶到,张超被紧急送往医院。

"我是不是要死了,再也飞不了了……"全程陪护的张叶没有想到,这句话竟是张超最后的告别。

2016年4月27日15时08分,张超年轻的心脏永远停止了跳动。

彩超检查显示,在巨大的撞击中,腹腔内脏击穿张超的胸膈肌,全部挤进了胸腔,心脏、肝脏、脾、肺严重受损。

医生说,那么重的伤,能坚持到医院已是奇迹。

飞参记录表明,从战机报警到跳伞离机的4.4秒里,张超的动作是全力推杆到底。

战友们说,张超肯定知道,歼-15飞机系统高度集成,发生电传故障,第一时间跳伞才是最佳选择,可他却作出了"最不应该"的选择。

张超走了,在离实现梦想仅一步之遥的地方,走了。

他的上舰梦,战友们替他圆了……

二

听,渤海湾有风吹过来——那是成长的足迹。

2016年11月30日,张超走后7个月,12名新入列舰载战斗机飞行员由老飞行员为他们佩戴头盔,面向军旗集体宣誓。

同样在那一天,中央军委追授张超"逐梦海天的强军先锋"荣誉称号。

无形之中,舰载航空兵部队的英雄与新秀完成了一次庄严的交接。

其实,张超是作为"插班生"加入舰载航空兵部队的。2015年3月14日,张超迎着初春的海风走进部队营区的时候,同班的飞行员已经进行了2年时间的学习训练。

幼年时的张超

张超要在1年内赶上战友们2年多的训练量。如果他能做到,说明新的训练方案是可行的,这将大大加快人民海军航母舰载战斗机飞行员的培训进程。

除了加倍努力,张超没有捷径可走。

艾群记得,每次飞行结束,不管飞得好坏,张超听完教员对自己的讲评,总会跑去"蹭"战友们的讲评,用来检查对照自己。

飞行员丁阳记得,有一天,飞完教练机,张超有个疑问,先是在餐厅和他讨论了半个小时,觉得还不清楚,吃完晚饭又跟着到宿舍,一直讨论到晚上11点30分才离开。

可丁阳刚躺下,张超又来敲门了,笑呵呵地说着抱歉:"有个问题想不通,睡不着。"两个人站在门口,直到把问题弄清楚,张超才满意地回屋休息。

在某舰载航空兵部队战斗的411天里,张超的起降数量是其他部队战斗机飞行员年均水平的5倍以上。

但这高强度的辛苦训练,张超并不是非经历不可。

加入舰载航空兵部队之前,张超是"海空卫士"王伟生前所在部队的一名中队长。

在那个椰树婆娑、温暖湿润的南国海岛上,不管是改装歼-8飞机,还是改装新型国产三代战机,张超都是同批飞行员中第一个放单飞的。

时任歼-8改装大队大队长的郭占军说:"张超的飞行技术,是同龄飞行员中最优秀的。"

海军决定在三代机部队破例选拔舰载战斗机飞行员的时候,张超已飞过6种机型,单位正准备提升他为副大队长。

此时,张超的家属刚刚随军,孩子还不满1岁,最需要的是生活、工作稳定。选择舰载机飞行,就意味着一切从零开始,也意味着更大的风险。

尽管利弊一目了然,但张超不愿错过这个飞向深蓝海天的机会。

与张超谈话时,考官戴明盟第一个问题就是:"舰载机飞行是世界上公认的最危险的飞行,你愿不愿意来?"

"我知道危险,但就是想来。"张超语气中流露出的坚定与果敢,戴明盟记忆犹新。

加入舰载战斗机部队6个月时,张超追平了训练进度;10个月时,他第一次驾驶歼-15飞机飞上蓝天。所有的课目考核成绩,都是优等。

一个从零开始的新尝试,在张超的超常努力中变成现实。未来,更多年轻的舰载战斗机飞行员,将沿着他走过的路,飞向深蓝,叱咤海天……

三

听,渤海湾有风吹过来——那是远航的捷报。

2016年12月,张超走后8个月,由辽宁舰和数艘驱护舰及多架歼-15舰载战斗机和多型舰载直升机组成的航母编队,组织了长时间连续航行并交替转换海区训练。

其间,航母编队航行一路、训练一路、检验一路、研究一路,歼-15舰载战斗机首次进行实弹射击演练。

电视新闻播出后,飞行员徐英写在头盔上的英文字母:SHOOT THEM(击中他们),成为大家所津津乐道的话题。

许多人不知道,张超牺牲时,电脑里保存的那份歼-15飞机实际使用武器教学法,是徐英交代给他的任务。因为在老部队时,张超积累了比较丰富的某型国产三代机实际使用武器经验。

2014年5月,海军向西沙永兴岛派驻新型三代战机,这是该型战机的首次前沿部署。一天,一架外军飞机实施抵近侦察,张超奉命战斗起飞,与外军飞机斗智斗勇,成功将其驱离。

那段日子,张超结合自己实际使用武器的经验,利用20多天的休息时间,加班加点整理,不清楚、不确定的地方就打电话回老部队反复核实。

"他总是那么严谨,不会告诉别人没把握的东西。"飞行员孙宝嵩说,他曾问过张超一个关于某型国产三代战机的问题,张超先是查资料口头告诉他,担心表述不准又整理成文字。没过几天,他又专门找到孙宝嵩,更正了其中几处错误。

张超走后,大家利用他整理出的200多份视频资料、2万多字的心得体会,对那份教学法进行了补充完善。

这次演练以及今后所有类似演练,每一个学习歼-15飞机武器使用的飞行员,都会记住张超的名字。

许多人不知道,张超走时,胸口的一级飞行等级证章,是徐英为他别上去的。

张超牺牲前,累计飞行时间达到了一级飞行员的标准,相关请示文件也已经上报。但由于工作流程的原因,一级飞行等级证章还没发到他的手上,他牺牲时佩戴的还是二级飞行等级证章。

"我不能让他带着遗憾走。"追悼会的头一天,徐英专门赶到殡仪馆,摘下自己的一级飞行等级证章,轻轻地别在张超胸前。

2016年1月19日张超执行飞行任务后与地勤人员进行交流

"张超的证章,我会一直珍藏。"徐英说。

在写给张超的百行长诗里,徐英写道:你盼着成为一级飞行员/我的证章别在你的胸前/带着我的祝福我的牵绊/愿你在天堂里飞得更远……

四

听,渤海湾有风吹过来——那是永恒的约定。

2017年2月,张超走后10个月,《感动中国》栏目组为他写下这样的颁奖词:

"那4.4秒,祖国失去了优秀的儿子。你循着英雄的传奇而来,向着大海的方向而去,降落,你对准航母的跑道,再次起飞,你是战友的航标。"

颁奖盛典上,张超的妻子张亚接受采访时说,她有时梦见张超蹲在地上哭,说:"怎么可能,不可能,我还没有上舰……"

"如果给他一次机会,他不会后悔他的选择,但这个遗憾,我觉得他是无法接受的。"张亚说。作为妻子,她太了解张超多么希望早日上舰。

张超到舰载航空兵部队一年多时间,一直不让张亚来。每次张亚提出要去探望,他总说:"等我上完舰。舰载战斗机飞行员只有真正驾机在航母上起降了,才算得上是舰载战斗机飞行员。"

但张超不知道,他刚到舰载航空兵部队时,张亚就偷偷跟着到了部队门口,想看看环境好不好。可要进营区就得告诉哨兵自己是谁的家属,她怕张超分心,也怕挨"批评",几次话到嘴边都咽了回去。

那是2015年的早春,渤海湾的风寒意依旧。张亚希望丈夫恰巧出现在那里,让她远远看上一眼,只一眼就好。但,只有风吹过来……

仿佛是一种巧合,张超出事那天,张亚买好了第二天的火车票,跟张超约好,先去沈阳看朋友,再趁"五一"假期来部队看他。

那天晚上,张超平日里很准时的"平安"电话却迟迟没有来,张亚打了好多个电话过去也都没人接。她有些心慌,往常只要白天飞行,张超都会打电话报平安。

但无论如何,张亚也没想到,她那亲爱的热爱飞行的丈夫已经走了。

关于上舰,张亚不止一次问过张超有没有把握,他总说:"很简单,一定没问题。"

"虽然我知道有很多事故,但是一直都认为他不会有事。"张亚说,"张超特别自信,我也特别相信他,他技术好是公认的。"

她没想到,这一次,张超"辜负"了她的信任。

她喊他名字,他再也听不到了;她吻他嘴唇,却是那么冰冷……

她跪在灵前,自责着:"是不是我要来,影响你飞行了?"

她跪在灵前,哭泣着:"我要是任性一些,不听你的话,早点来看你就好了……"

她剪下一绺头发,装在张超胸前的衣袋里:"这辈子我们很短,下辈子我还嫁给你……"

这,是多么令人心碎的约定。

后记：从胜利走向胜利
——献给中国人民解放军建军90周年

李宣良

有一种历史，用鲜血写就，几多慷慨，几多悲壮；

有一种胜利，用生命铸成，几多豪迈，几多辉煌。

1927年8月1日，南昌城头一声枪响，一支新型的人民军队登上历史舞台。

"军叫工农革命，旗号镰刀斧头。"1927年9月，在紧接着南昌起义举行的秋收起义中，工农革命军首次公开打出中国共产党的革命旗帜。

90年浴血荣光，90年红旗漫卷。在中国共产党的坚强领导下，人民军队不断从胜利走向胜利，为民族独立和人民解放，为国家富强和人民幸福建立了彪炳史册的卓著功勋。

"没有一个人民的军队，便没有人民的一切。"这是毛泽东主席根据中国人民在长期革命斗争中用鲜血换来的经验，得出的一个基本结论。

"建设一支听党指挥、能打胜仗、作风优良的人民军队，是党在新形势下的强军目标。"这是习近平主席站在实现中华民族伟大复兴的中国梦的战略高度，发出的时代号召。

90年风雨征程，光荣使命召唤人民军队勇往直前；

90年砥砺奋进，伟大梦想指引人民军队无往不胜。

在党的坚强领导下，人民军队砥砺成锋、军魂永铸

南昌，英雄城。建军节前夕，八一起义纪念馆迎来络绎不绝的参观人群。

一只强劲有力的大手，从崩裂的石块中伸出，紧扣着"汉阳造"步枪的扳

机——在纪念馆序厅正中名为《石破天惊》的圆雕前，人们驻足流连。

历史的震撼扑面而来。

"中国共产党的成立和人民军队的诞生，是中国近代史上石破天惊的两件大事。"军事科学院研究员肖裕声说，"中国共产党人是在付出了血的代价后，才懂得了创建人民军队、武装夺取政权的真谛。"

1927年，正当大革命蓬勃发展的时候，国民党反动派背叛革命，勾结帝国主义，血腥屠杀中国共产党人和革命群众。鲜血擦亮了共产党人的眼睛——没有革命的武装就无法对付武装的反革命。

1927年8月1日凌晨，清脆的枪声在南昌城寂静的夜空响起。两万多名颈扎红领带的起义部队官兵，对城内反动武装发起进攻。经过近5个小时激战，全歼守敌，占领了南昌城。

"南昌起义诞新军，喜庆工农始有兵。"一个政党从此有了自己绝对领导之下的武装力量，一支军队从此有了从胜利走向胜利的根本保证。

历史，往往在经过时间沉淀后才可以看得更加清晰。

我军能够无往而不胜，最终战胜一切敌人而不为敌人所压倒，坚决听党指挥是建军之魂、强军之魄。

听党指挥，人民军队毫不动摇坚持党对军队绝对领导的根本原则和制度。

在三湾这个小村庄，毛泽东领导了著名的"三湾改编"，在部队中建立了党的各级组织和党代表制度，将党支部建在连上。

"正是从这时开始，确立了党对军队的领导。如果不是这样，红军即使不被强大的敌人消灭，也只能变成流寇。"当年的连党代表、后来成为中华人民共和国元帅的罗荣桓这样评价"三湾改编"。

闽西古田，一个在中国革命史上打下深刻烙印的地方。

1929年12月，毛泽东领导召开著名的古田会议，全面系统总结红军诞生以来的建军经验，强调红军必须置于党的绝对领导之下，并确立了坚持党对军队绝对领导的一系列根本原则和制度。

85年后的金秋时节，全军政治工作会议在这里召开，研究解决新的历史条件下党从思想上政治上建设军队的重大问题，确定了党在强国强军进程中政治建军的大方略。

今天，全军官兵以更高的标准、更严的要求、更加自觉的行动，把党领导军队的根本制度贯彻到军队建设发展的各领域。全军不断深化思想认识，准确把握军委主席负责制的政治要求和制度规定,将之作为铁规铁律来执行。

听党指挥,人民军队坚持不懈用崇高的理想信念凝聚军心。

火热的七月,陆军第75集团军某红军旅4连官兵刚刚移防到位,就将连队"传家宝"——半截皮带庄重地存入荣誉室展柜。

1936年7月,4连的前身红四方面军274团8连第三次过草地,陷入断粮的困境,官兵们只好挖野菜、吃草根。14岁的战士周广才拿出自己的牛皮腰带,和战友们吃了一半,攥紧剩下的半截,眼含热泪对战友说:"同志们,我们把它留作纪念,带到延安见毛主席吧!"

就这样,大家怀着对革命胜利的憧憬,忍饥挨饿,将半截皮带留了下来。

在随后的征程中,周广才的6名战友相继牺牲,只有他到达了延安。周广才在皮带的背面烫上"长征记"3个字,纪念那段难忘的岁月。

崇高的理想信念,催生出可贵的精神。长征精神、延安精神、上甘岭精神、"好八连"精神、"两弹一星"精神……成为人民军队取之不尽、用之不竭的精神财富和力量源泉。

崇高的理想信念,催生出无数的英模。张思德、董存瑞、黄继光、邱少云、雷锋、苏宁、李向群、杨业功……一代又一代军人以对党的赤胆忠心,铸就了永恒的军魂。

心中有信仰,脚下有力量。今天,全军把坚定官兵理想信念作为固本培元、凝魂聚气的战略工程,勤补精神之钙、常固思想之元,组织党史军史学习教育,打造强军文化,着力培养"四有"新一代革命军人、锻造"四铁"过硬部队……一系列重大举措,浇铸出坚如磐石的忠诚信仰。

听党指挥,人民军队始终保持绝对忠诚、绝对纯洁、绝对可靠。

走进西柏坡纪念馆的电报长廊,"嘀嗒、嘀嗒"的电报声不绝于耳。解放战争时期,党中央通过408份电报决胜千里之外,最终打败了国民党。

"为什么仅凭电波就能运筹帷幄、决胜千里,让全党全军行动如一人?"中国战略文化促进会常务副会长罗援说,"就是因为全党全军都坚决维护党中央权威,坚决贯彻党中央指令,坚决听从毛主席的指挥。"

坚定维护核心,对党绝对忠诚,已经融入人民军队的血脉和基因。

40多年前,在国防施工现场,连队官兵在坑道里点着煤油灯学习毛主席著作;40多年后,从新兵下连、新干部报到第一天起,就注重用习主席系列重要讲话精神武装头脑。

陆军某部"大功三连"坚持用习主席系列重要讲话精神建连育人,官兵们真学、真信、真用党的创新理论,将"当习主席的好战士"作为自觉追求,连队完成一系列重大任务,连年被评为先进连队,成为享誉军内外的"时代先锋"。

一滴水可以反映太阳的光辉。今天的人民军队,维护核心、听从指挥成为三军将士的自觉追求——

思想上坚定追随,自觉用习主席系列重要讲话精神武装头脑、加强修养、指导工作;政治上绝对忠诚,不断强化政治意识、大局意识、核心意识、看齐意识,始终同以习近平同志为核心的党中央保持高度一致;行动上紧紧跟上,在任何时候任何情况下都坚决听从党中央、中央军委和习主席指挥。

在伟大祖国的怀抱里,人民军队英勇奋战、不辱使命

2017年7月11日,人民军队历史上值得铭记的日子——中国人民解放军驻吉布提保障基地成立暨部队出征仪式在广东湛江某军港码头举行。

即将迎来90华诞之际,人民军队迈出历史性的一步。这一步,承载着维护世界和平的坚定承诺;这一步,彰显着捍卫国家发展利益的坚定决心。

历史已经证明并将继续证明,人民军队是维护国家主权、安全、发展利益的钢铁长城,也是维护世界和平的坚定力量。

"虎踞龙盘今胜昔,天翻地覆慨而慷。"1949年10月1日,一个崭新的中华人民共和国屹立于世界东方。

中华人民共和国是先烈用鲜血换来的,人民军队愿意用生命来守护。民政部2014年公布的数据显示,全国有名可考、收入各级《烈士英名录》的烈士近200万名,其中绝大多数是人民子弟兵。

保卫祖国,建设祖国,保卫人民和平劳动,维护世界和平,人民军队在长期革命战争中形成的那么一股劲,那么一种革命热情,那么一种拼命精神,丝毫没有改变。

祖国利益高于一切,一代代官兵用生命和忠诚捍卫国家主权和尊严。

盛夏时节,位于中原大地某部营区内的杨根思雕像在阳光下熠熠生辉。雕像的底座上,铭刻着杨根思的誓言:"不相信有完成不了的任务,不相信有克服不了的困难,不相信有战胜不了的敌人。"

抗美援朝战争中,志愿军第20军第172团连长杨根思带领1个排,连续打

退美军最精锐的陆战第1师8次进攻。

美陆战第1师号称"王牌中的王牌",成立以来未尝败绩,却在小高岭阵地被志愿军阻击得寸步难行。恼羞成怒的第1师动用了最强大的火力,不惜一切代价企图拿下小高岭。

在战斗的最后时刻,杨根思命令重机枪排长撤退,不把武器留给敌人。然后,自己抱起10千克重的炸药包,拉响导火索,毅然决然地冲向敌群,与40多个敌人同归于尽。

抗美援朝,保家卫国。在没有空中掩护,没有海上支援,后方运输也被敌人封锁的条件下,志愿军与号称世界第一的对手展开殊死较量。他们中的每一个人都明白,自己的背后就是祖国。

胜利的光环,只属于过去。为了祖国的尊严,一代代官兵厉兵秣马、真打实备。

就在迎接建军90周年的这个火热7月,陆海空天多维演兵场烽烟四起。广阔草原,多支陆军劲旅鏖战正酣;远海大洋,一支支舰艇编队劈波斩浪;大漠戈壁,自由空战扣人心弦;密林深处,新型导弹部队盘马弯弓……

祖国利益高于一切,一代代官兵用青春和热血筑起保卫祖国的铜墙铁壁。

祖国的南疆,千里边防绿树成荫、繁花似锦,一片和平祥和景象。可细心的人们在老山附近的树干上,还会经常看到一些虽然模糊却依稀可辨的字迹——

"但有钢铁战士在,顽敌休想度边关。"

"你也苦,我也苦,咱不吃苦,谁吃苦;你有家,我有家,没有国家哪有家……"

这是当年戍边战士用刺刀刻下的誓言,他们用这种方式表达着对国家的责任和情感。他们深知,只有把炮火阻挡在国境线之外,才能有国家的繁荣和富强。

"国不可一日无防,军不可一日无备。"人民军队以"时刻准备着"的姿态严阵以待。"提高警惕、保卫祖国",是人民军队最响亮的战斗口号。

特战精英刘珪苦练作战本领,熟练掌握20多项特战技能,6个科目成绩刷新部队纪录,成为天上能飞、地上能打、水下能潜的特战尖兵。

海军372潜艇在一次执行任务中突遇"水下断崖",主机舱一根管道破裂。官兵们将个人生死置之度外,沉着应对、奋力抢险,终于化险为夷。

空军战斗机飞行员蒋佳冀瞄准强敌提升打仗本领,聚焦实战创新战法训法,成为三夺"金头盔"第一人,带领团队创造了空军三代机部队多项纪录。

火箭军导弹某旅组建当年便首发告捷,人人能打仗,架架能发射,攥指成重拳,创造了某型导弹的多项第一,成为远近闻名的"百发百中旅"……

一年三百六十五日,都是横戈马上行。在东海防空识别区驱逐外机,在南海常态化战斗巡航,在钓鱼岛开展维权斗争……广大官兵枕戈待旦,为了祖国时刻准备决胜疆场。

祖国利益高于一切,一代代官兵勇敢地承担起维护世界和平的责任担当。

中国的发展,离不开世界的和平。近年来,中国军队承担的国际维和、远海护航、国际人道主义救援等任务越来越多——

中国是联合国安理会常任理事国中派出维和部队人数最多的国家;中国海军护航编队安全护送的6000余艘中外船舶中,半数以上为外国船舶或世界粮食计划署船舶;在搜救马航370航班现场,在非洲抗击埃博拉疫情一线,在马尔代夫首都马累断水危机中,都有中国军人忙碌的身影……

中国军人用坚强的脊梁,挑起了维护世界和平的重担。

国家的发展利益在哪里,人民军队就在哪里提供保护。

2011年,利比亚战争爆发,中国在当地的企业和人员处境危急。人民解放军空军、海军紧急出动飞机、舰船执行救援任务,安全撤离人员3万多人,并帮助其他国家数千人撤离危险地区。

世界需要和平,更需要维护和平的力量。中国军队永远是国家主权、安全、发展利益的坚定捍卫者,永远是世界和平的坚定维护者。

在民族复兴的征途上,人民军队不忘初心、续写荣光

这是一个广为流传的故事——

戎马一生的原福州军区副政委王直,晚年时有一次坐车回老家——福建省上杭县。一路上,私家车来来往往。同车的警卫员因为堵车,就埋怨当地私家车太多了。

老将军见状,语重心长地对警卫员说:"我们当年参加革命,不就是为了让老百姓过上好日子吗?今天,乡亲们都开上了私家车,我们的心愿实现了,应该感到高兴才对啊!"

"让老百姓过上好日子",这是老将军的心愿,也是人民军队的初心。

从井冈山到古田,从瑞金到延安,从西柏坡到北京,共产党领导人民军队一

路走来,始终将民族的独立、解放和复兴作为永恒的价值追求。

历史,从来不只是过去,更指向未来。

为了民族的独立,为了人民的解放,一代代革命军人前赴后继、浴血奋战。

红军长征二渡赤水之后,遭遇十倍于己的敌兵围困。红5军团军团长董振堂指挥红38、39团掩护军委纵队。多次打退敌人的猛烈攻击后,董振堂命令部队撤出阵地,快速向前跟进。

刚刚走出三四里路,董振堂接到通知:一名红军女战士生孩子难产,一定要顶住敌人,等孩子生完。

董振堂立即带领部队重返阵地。有人不解:不就是女人生孩子吗,这又要牺牲多少红军战士?

董振堂板起脸吼道:"我们打仗干革命,为了什么?不就是为了孩子吗!"

整整两个小时,红军战士用血肉之躯阻挡敌人的疯狂攻击,直到一个新生命呱呱坠地。

"不就是为了孩子吗!"多么简短朴实的一句话,折射出红军将士的博大胸襟和革命初心。

为了民族,为了人民,决不是一句空洞的口号,它需要真诚的付出、忘我的牺牲。

在解放上海的战役中,人民解放军官兵中激荡着这样一句激动人心的口号:"为了人民,愿作胜利前的最后一批牺牲者!"1949年5月,上海的一个黎明。打开家门的市民们吃惊地发现——经过一夜激战的解放军官兵怀抱钢枪露宿在雨后湿漉漉的街头。

从这些秋毫无犯的官兵身上,人们更加深切地认识了共产党领导的人民军队。

为了民族的复兴,为了人民的福祉,一代代革命军人不忘初心,接续奋斗。

"我是一个兵,来自老百姓……"一代代官兵传唱的这首歌,昭示着人民军队与人民的血肉联系,生动诠释着人民军队全心全意为人民服务的根本宗旨。

红军、八路军、新四军、解放军,名称虽然几经变更,但人民军队为人民的本色始终未变。

战争年代,为了民族的独立和人民的解放,人民子弟兵浴血奋战;和平时期,为了支援国家经济建设和社会发展,人民子弟兵勇挑重担。

改革开放新时期,以百万大裁军为标志,我国国防和军队建设指导思想实行战略性转变,即从准备"早打、大打、打核战争"的临战状态转到和平时期建设的轨道上来。

也就是从那时开始,军营响彻一个响亮的口号——在大局下行动!

仅进入新世纪以来,全军和武警部队就先后参加和支援三峡工程、西气东输、西电东送、青藏铁路等国家重点工程建设数百项,建立扶贫联系点3万多个,转让科技成果数万项,援建"希望学校""红军学校"上千所……

洪水涌来,他们冲锋在波峰浪尖;疫情肆虐,他们战斗在无形的战场;大地震颤,他们投身于抗震救灾一线;扶贫攻坚,他们承担起"最难啃的骨头"……人民的需要就是子弟兵奋勇前行的号令。

"一切为了人民,一切依靠人民,这正是人民军队能够战胜一切艰难险阻的法宝。"国防大学教授徐焰说,从诞生的那一天起,我们这支无产阶级政党缔造和领导的军队,便深深地打上了"人民"的烙印。

一切向前走,都不能忘记走过的路。

今天,中国的发展成就举世瞩目,国际地位日益稳固。然而,中华民族伟大复兴绝不是轻轻松松、顺顺当当就能实现的,国防和军队建设是国家安全的坚强后盾。实现中国梦,对军队来说就要实现强军梦。

人民军队以党在新形势下的强军目标为引领,向着世界一流军队迈出历史性步伐:政治建军深入推进,练兵备战紧锣密鼓,改革强军蹄疾步稳,依法治军蔚然成风,军民融合纵深推进,科技兴军蓬勃发展……

历史是过去的现实,现实是未来的历史。

可以告慰毛泽东等老一辈无产阶级革命家的是,他们亲手缔造的人民军队初心不改、本色不变,永远是党、国家和人民最可信赖的力量。

在习主席的统帅下,走过了90年光辉历程的人民军队,向着实现强军目标,建设世界一流军队阔步前行!

出版后记

为了庆祝建军90周年，歌颂英雄事迹，弘扬英雄精神，新华社解放军分社派出多个采访小组，深入到英雄当年奋战过的地方和英雄的家乡，采访英雄的后人、战友以及传承英雄精神的部队官兵，采写人民军队90年发展壮大征程中33位有代表性的英雄人物和英雄集体的光辉事迹。采访文稿以新华社通稿形式先后发布，受到军内外各界读者的高度赞扬和热烈呼应。这33篇采访稿汇集成册，由新华社解放军分社分党组书记、社长曹智主编并撰写序言，新华社解放军分社分党组成员、副社长李宣良撰写后记，新华社解放军分社编辑部和各相关支社十多名记者参与采访编写，最终交由上海社会科学院出版社出版。

《英雄》全书32万余字，图稿160余幅。图文相得益彰，彰显英雄本色。书中的图片除少量历史资料外，大多为英雄生前所在部队及亲友提供，有利于读者在阅读英雄故事时加深理解。

通读全书，最让人感动的不仅仅是英雄后人、战友对英雄的长久纪念和缅怀，也不仅仅是英雄的事迹在当地乃至全国的广为流传和歌颂，更是在新时代中解放军战士对英雄精神的传承和在实际行动中的"保持血性"。"大渡河连""刘老庄连""杨根思连""硬骨头六连"等以英雄命名的连队始终保持英雄血性，不落人后，时刻谨记先烈的英雄壮举并发扬在生活的每一件小事中。这才是学习英雄的最终目的，这才是英雄给予我们最珍贵的财富。

上海社会科学院出版社高度重视《英雄》一书的编辑工作，组织精干编审人员，在新华社解放军分社编辑认真审校的基础上，怀着对英雄的无限崇敬之情，反复核对史料，统一全书体例，还特别邀请上海市党史研究专家帮助审核把关，努力提高编校质量，以告慰英雄的英灵，弘扬和传承好英雄主义精神。

由于书中的33篇文章成于众手，编辑出版时间又比较紧，书中还难免存在

文字错讹和体例不够统一等不足之处,希望专家、读者阅读后提出批评意见,以便我们在重印时予以改正,进一步改进我们的编辑出版工作。

上海社会科学院出版社

2017 年 10 月 20 日